ペリーの横浜上陸（横浜開港資料館所蔵）

嘉永7年2月10日（1854年3月8日）の上陸の様子を描いた大判の石版画．ハイネによって描かれた水彩画である．ペリーは前年の嘉永6年6月9日（1853年7月14日）に浦賀に隣接する久里浜に上陸した際，アメリカ大統領フィルモアの親書を，浦賀奉行（戸《と》田《だ》伊豆守《いずのかみ》氏栄《うじよし》・井《い》戸《ど》石見守《いしみのかみ》弘道《ひろみち》）に渡して翌春の再来航を予告していた．

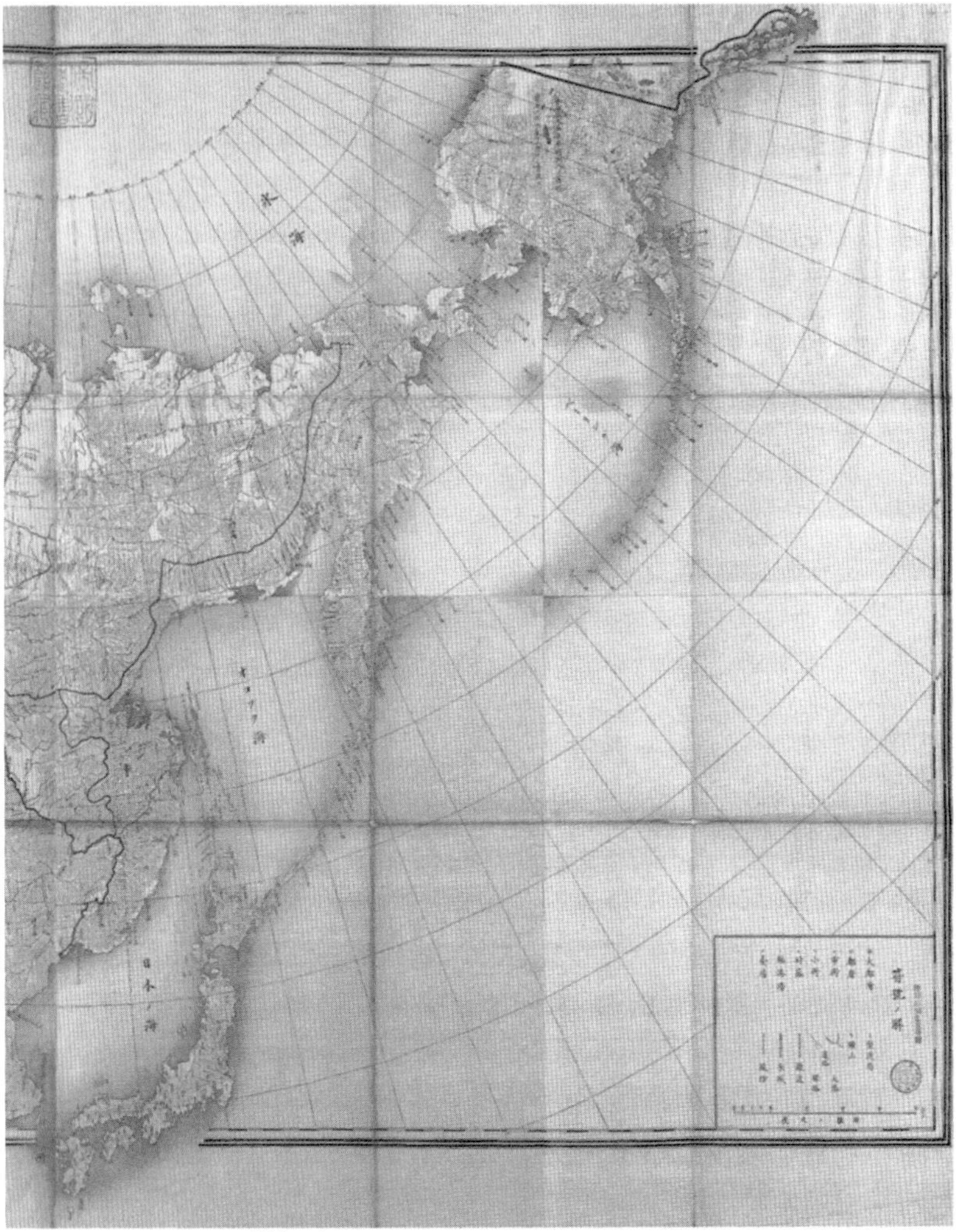

峨羅斯《ロシア》及《および》亞西亞《アジア》ノ図（84×130 cm，国立国会図書館所蔵）

1860 年にペテルブルクで刊行された図が，幕府のフランス人軍事顧問シャノワンによって翻訳され，慶応 3 年（1867）に陸軍所より刊行された．アメリカ大陸に「魯西亜《ロシア》人《じん》及《および》亜米利加《アメリカ》人《じん》ノ舊領《きゆうりよう》」と記載されていて，そのあとに「慶応三年中魯人亜人ニ賣渡《うりわたす》」とある．1867 年まではロシア領であったこの土地が，アメリカ合衆国に売却されたことが注記されている．

日本歴史叢書　新装版

開国と条約締結

麓　慎一［著］

日本歴史学会編集
吉川弘文館

目　次

口絵

挿図

はじめに

本書の目的は、日本の開国過程を、条約の締結とその解釈を中心に考察することである。すでに多くの研究蓄積がある日本の開国過程を、条約の締結に視点をあてて再び取り上げて検討しようとする意図は次の点にある。

日本の開国過程をめぐる研究は、一九八〇年代後半から大きく変化した。この新しい研究を生み出したのは加藤祐三氏である。加藤氏は、『黒船前後の世界』（岩波書店、一九八五年）や『黒船異変』（岩波書店、一九八八年）などで、アメリカ合衆国の外交文書を詳細に分析して新たな見解を示すとともに、日本の開国を中国との比較の視点から捉え直し、幕府の対外政策は、それまで評価されてきたような極端に拙劣で無能な対応であったとは言えない、という結論を導き出した。加藤氏の研究は、開国史の研究に大きな影響を与えることになった。

さらに、井上勝生氏は『開国と幕末変革』（講談社、二〇〇二年）や『幕末・維新』（岩波書店、二〇〇六年）において、幕府の国際認識や国際法に対する理解を詳細に分析し、その高い到達点に注目して新たな開国史像を提起した。特にペリーの行動や幕吏たちの対応を、「文明」と「未開」という対立軸を設定して新たな視点から解き明かした。また、幕吏たちの評議書を詳細に検討し、彼らが当時の世界情勢を十分に踏まえたうえで、柔軟で穏健な対外政策を推進していたことを明らかにした。そのうえで、朝廷内における孝明《こうめい》天皇の位置づけや、彼の意見が幕末の対外政策に果たした役割を明確にした。

一方、三谷博氏は、『明治維新とナショナリズム』（山川出版社、一九九七年）や『ペリー来航』〈日本歴史叢書〉（吉川弘文館、二〇〇三年）において、近世後期の幕府の対外政策の変動を全体として明らかにするとともに、幕府が「避戦」を対外政策の指針として、巧みにそれを展開していったことを論証した。特に、後者の『ペリー来航』では、老中や米使応接掛といった幕府の対外政策の中枢にいた幕吏たちの認識だけでなく、日米交渉で通訳を務めた森山栄之助《もりやまえいのすけ》の役割などを分析することで、日米間の条約の理解の齟齬《そご》が生まれた原因などを解明した。さらに、条約文の精査に基づく日本とアメリカ合衆国の解釈の相違やそこから生じる問題などについて、多くの見解を示した。

本書「アメリカ条約の再翻訳」（二〇三頁）では、三谷氏の日米条約の批准における両国の見解の相違の分析などを参照している。また、三谷氏は応接掛によって作成された複数の記録——たとえば『墨夷応接録』や『続通信全覧』——に相違があることに注意を喚起し、史料的価値の高い史料を中心に分析を進める必要性を示唆した。

これらの新しい研究潮流は説得的であり、現在では通説的な見解となっている。本書もこの点に疑義を呈するものではなく、幕府の対外政策がそれまで指摘されていたような「拙劣」なものではなかった、と捉えている。一方で、このような開国期における幕府の対外政策に対する再評価が展開される以前の研究が、それに低い評価を与えることになった何らかの理由もあるのではないか、と考えている。

たとえば、幕府の対外政策を低く評価する根拠の一つとなっていた嘉永六年（一八五三）十一月一日の幕令――「大号令」と呼ばれている――を考察するならば、たしかに幕府の対外政策に低い評価を付さざるをえないであろう。これは、ペリーの再来に備えて幕府が諸大名・諸有司の意見を聴取して出した対外方針である。この幕令については、本書でも詳細に分析するが、この「はじめに」では、石井孝氏が『日本開国史』（吉川弘文館、一九七二年）の中で「曖昧模糊」たる「大号令」と評価し、小野正雄氏が『岩波講座　日本歴史　一三』（岩波書店、一九七七年）の「開国」の中で、「無定見」かつ「無責任」と評価していることを指摘するにとどめておきたい。

この幕令に対する評価はその一例であるが、幕府の対外政策にかつて低い評価が付されていたことは確かである。本書が最初に指摘しておきたいのは、幕府の対外政策に対する低い評価にもその根拠が存在する、という点である。

ここで紹介した研究者たちの論考を通読すれば、それらがそれぞれ説得的であり、十分に史料的根拠を踏まえて書かれていることを理解するであろう。本書の基本的な問いは、なぜこのように開国期における幕府の対外政策に対して、あたかも相反するような評価が生まれることになったのか、ということである。

この課題の解明のためには、さらに幕府の対外政策の策定のメカニズムを明らかにすることが必要であると考えている。それによって、先の相反するような評価が生まれた理由を明確にできると見通している。この課題を果たすために、本書では特に次の二つの史料群を可能な限り利用することに努めた。その史料群とは、『大日本維新史料稿本』と『徳川圀順《くにゆき》家文書』である。

前者の『大日本維新史料稿本』とは、明治四十四年（一九一一）五月に維新史料編纂会が設置されてから事業を開始して昭和六年（一九三一）七月まで作られた史料集である。この史料集は、弘化三年（一八四六）二月から明治四年（一八七一）七月の廃藩置県までを収集の対象にしている。この『大日本維新史料稿本』には、『維新史料綱要』と題する一〇冊の目録がある。この『維新史料綱要』から関係記事を検索して『大日本維新史料稿本』で史料を閲覧することを心掛けた。現在、この『維新史料綱要』は、『大日本維新史料稿本』とともに東京大学史料編纂所のウェブ・サイトで公開されており、閲覧することができる。

後者の『徳川圀順家文書』は、『大日本維新史料稿本』で史料を閲覧した際に、特に嘉永六年（一八五三）から安政三年（一八五六）ぐらいまでの時期について、従来の研究者が依拠してきた『大日本古文書　幕末外国関係文書』などにはほとんど収録されていない重要な史料が収録されている史料群であることを理解するに至った。これまで多くの研究者が、この『徳川圀順家文書』に依拠して編纂された『水戸藩史料』からその史料を再引用して利用してきた。この史料をできるだけ閲覧して本書に利用することを心掛けた。この『徳川圀順家文書』については、東京大学史料編纂所の写真帖を閲覧した。

従来の史料群に加えて、『大日本維新史料稿本』や『徳川圀順家文書』を利用することで、日本の開国過程を再検討し、先の課題を達成したいと考えている。

本論に入る前に書名と用語について説明を加えておきたい。本書の書名は『開国と条約締結』である。

書名に「開国」という用語を使った。「開国」は「鎖国」に対する概念である。近世の対外関係が、その当初から「鎖国」という国を閉ざしたものではなかったのであり、近世後期になってそれが使用されるようになった、という点についてはかつて板沢武雄氏の「鎖国および「鎖国論」について」（『明治文化研究論叢』一元社、一九三四年〈『日蘭文化交渉史の研究』〈吉川弘文館、一九五九年〉に再録〉）によって提起され、荒野泰典氏の『近世日本と東アジア』（東京大学出版会、一九八八年）によって詳細な分析が加えられた。

一方で、本書が対象とする時代にあっては「鎖国」は祖法として考えられていた。この「鎖国」が祖法として形成されていく過程については、藤田覚氏が『近世後期政治史と対外関係』（東京大学出版会、二〇〇五年）で論証し、現在、通説になっている。

この「鎖国」という概念が、どのように変容していき、「開国」になったのか、という点についても、すでに遠山茂樹氏が「幕末外交と祖法観念」（『専修史学』一六号、一九八四年一二月）の中で見通しを示している。

本書はこのような「開国」をめぐる研究史を踏まえたうえで、分析にあたって留意したのは、次の二点である。第一に、この「開国」の過程、すなわち「鎖国」の崩壊過程がなぜこれほどまでにジグザクでわかりにくい道筋をたどるのか、という点を解明できるようにすることである。第二は、第一の点とも関連するが、「開国」といっても、開港して薪水を給与するのか、開港地以外の港にきたら排撃するのか、制限付の貿易をするのか、自由貿易に近いかたちでの貿易を念頭に置くのかなど、「開国」の政策に関係する人たちの間でも、共通する認識があったわけではなかった。そこで、「どのように」、「そしてどの程度に」、さらには「どこで」、という「開国」のありようのバリエーションをできるだけ提示することに留意した。

この結果、「開国」過程のポイントの一つが、安政二年（一八五五）の終り頃——老中堀田正睦の再任——にあることが判明した。すなわち、この時期に「鎖国」は祖法ではない、という主張が筆頭老中阿部正弘から提示されることになる。本書は、従来の多くの研究者が理解している「開国」・「通商」への転換点よりも早い時期にそれを見いだしている。これは本書が強調したい点の一つなので、書名に「開国」という用語を使用した。

本書の分析は、条約の締結とそれをめぐる対外政策の決定過程が中心になる。しかし、本書では、一般的に使われる「日米和親条約」や「日露和親条約」などではなく、単に「アメリカ条約」や「ロシア条約」と記す。「和親」という用語は、条約を締結する際に、そして締結後にも多用されてはいるが、本書の執筆にあたって、実際にこれまで「和親条約」と呼ばれてきたこれらの条約が、当時どのように呼ばれ、そして表記されていたのか、という点を検討した。このような再検討の必要性を提起したのは、三谷氏の「条約の多義性」（『ペリー来航』吉川弘文館）である。

たとえば、本書でも多用する『村垣淡路守範正公務日記』には、「亜墨利加《アメリカ》條約」（安政二年（一八五五）一月二日）とあり、安政元年（一八五四）十二月に評定所が条約の内容を評議した際の文書も「亜墨利加條約書御調印之儀ニ付評議仕候趣申上候書付」となっており、やはり「亜墨利加条約」とある。同様に「魯西亜《ロシア》条約」「暎咭唎《イギリス》条約」と記されている。結局、本書が採用したのは、「アメリカ条約」「ロシア条約」「イギリス条約」である。

たしかに、締結された条約の漢文には「親睦」とあり、その和文には「和親」と記されている。この二つの言葉は同じ意義を有していたことが、羽賀祥二氏の研究で指摘されている。さらに羽賀氏は、いわゆる「和親条約」は幕府の対外関係の中で「通信」・「通商」・「和親」の三段階の一つであり、それは幕府のそれまでの「薪水給与令を体系化した契約書」であった、と分析している。そして、この「和親関係」は「一時的な権宜の処置」であり、「通信通商関係に従属する非政治的外交関係として、位置付けられていた」と分析している（「和親条約期の幕府外交について」『歴史学研究』四八二号、一九八〇年七月）。

本書は、この羽賀氏の指摘に影響を受けている。私たちは、「和親」という言葉に「仲よくすること」や「親しむこと」などの意味を見いだすのではないであろうか。しかし、羽賀氏は、幕府の対外政策の中で、その言葉が、このような私たちの想起するものとは異なる意味が付帯されていることを論証された。そこで本書は、当時、条約がどのように呼ばれていたのか、という点を検討し、既述のような結論に達したのである。

なお、本書の対象とする時期は、主に嘉永六年（一八五三）から安政三年（一八五六）までとした。

第一　ペリーの来航と幕府の対応

一　ペリーの来航

アメリカ合衆国東インド艦隊司令長官ペリー（Matthew Calbraith Perry）が、嘉永六年（一八五三）六月に浦賀沖に到着した。彼は六月九日に久里浜に上陸し、アメリカ合衆国大統領フィルモア（Millard Fillmore）の親書を提出して、六月十二日に江戸湾を出航した。最初に、このペリーの来日から退去までの動向を見ていく。

最初の交渉　六月三日にアメリカ側と最初に接触したのは、浦賀奉行組与力の中島三郎助《なかじまさぶろうすけ》であった。派遣された「一番御用船」に乗船していたのは、彼のほかに浦賀奉行組与力の香山栄左衛門《かやまえいざえもん》・近藤良次《こんどうよしつぐ》・佐々倉桐太郎《ささくらとうたろう》と、同心通詞《つうじ》の堀達之助《ほりたつのすけ》・立石得十郎《たていしとくじゅうろう》であった。『続通信全覧類輯』に所収されている「浦賀応接書」によれば、この六月三日には二度にわたって対談が行なわれている。第一回目の対談では、オランダ語で船の国名と来航の目的を日本側が照会した。しかし、オランダ語の通詞が乗船していないようだったので、英語でオランダ語が理解できる者がいないかを問い質した。そしてポートマン（Anton L. C. Portman）を介して、最初の話し合いがもたれた。ペリーは報告書の中で、自らは Tabroske（中島三郎助）とは会わず、士官のコンティ大尉（Lieutenant Contee）に対応させた、と記している。

浦賀奉行組与力の中島三郎助と通詞の堀達之助が、サスケハナ号（Susquehanna）に乗船することが許されて、コンティと対談した。中島は、この場所が外国人の「接遇地」ではないので「長崎港」に向かうように求めた。コンティは、長崎には行かないことを明言し、政府から江戸で「高官之人」に会って書翰を提出するように指示されている、と述べた。中島は、戻って状況を浦賀奉行に報告したのち、再びアメリカ側に長崎への回航を求めた。ペリーは、長崎への回航を明確に拒否し、さらに幕府の高官が対応することを求め、そのうえで書翰を提示する意志を日本側に伝えた。

ペリーは、この六月三日の中島三郎助との話し合いで、ある成果があったことを一八五三年七月（西暦）の報告書に記している。それは、アメリカ側が中島三郎助に警備船（The guard-boats）の撤退を求め、それを受け入れさせたことであった。ペリーは、日本との対応における第一の重要な成果であった、と報告している。彼は、最初の話し合いで、アメリカ側の要求を日本側に受け入れさせたことに成果を見いだしたのである（Correspondence〈二八三—一五一〉）。

国務卿代理コンラッド指令　ペリーの要求に対する幕府の対応を考察する前に、彼を派遣したアメリカ合衆国の意図を確認しておくことにしたい。国務卿ウェブスター（Daniel Webster）の死去により、国務卿代理を兼任していた陸軍卿のコンラッド（Charles Magill Conrad）は、一八五二年十一月五日（嘉永五年九月二十四日）、海軍卿ケネディ（John Pendleton Kennedy）に、ペリーの派遣に関する大統領からの指令を伝達した。その指令は、日本との対外関係を次のように記している。

かつてポルトガルが、短期間ではあるが日本と交易を行なっていた。その後、オフンダは長崎に人を派遣することが許され、さらに中国も貿易が許されることになった。日本は、それ以外の国を受け入れないシステム（this system of exclusion）を採っている。このシステムは厳格で、外国の船が被災しても日本の港に入ることを許可していないし、日本人がそれらに親切に対応することも許していないのである。

日本の船が漂流して一八三一年にオレゴンのコロンビア川の河口に打ち上げられた。アメリカのモリソン号（Morrison）が彼らを運んで江戸湾に到達したとき（一八三七年）、モリソン号は砲撃を加えられた。モリソン号は、他の場所でも同様な処遇を受けて、アメリカに日本人を乗せて戻ってきた。また、アメリカ船のラゴダ号（Lagoda）とローレンス号（Lawrence）が一八四六年に座礁したとき、その乗員はとても酷い扱いを受けた。

指令は、このように日本と外国人の関係を説明したうえで次のように述べる。

それぞれの国家が関係を形成する範囲は、自ら決定することができる。しかし、国家群の一般法は、それぞれの国家が無視しえない一定の義務を課しており、海上における危険のために海岸に来た人たちを保護し救助することは、その義務の中に入る。このように漂流民などの被災者の保護は、すべての国々が当然行なうべきものである、と指摘する。さらに、アメリカ政府が日本に求める事項として、以下の三点をあげている。

産が保護される恒久的な協定を締結する。

第一に、日本の島々に座礁したり、悪天候のために日本の港に避難したアメリカの水夫と彼らの資産が保護される恒久的な協定を締結する。

第二に、アメリカの船舶が、食料・水・燃料などを得るために、そして被災している場合には、航海が継続できるように、船舶の修理をするための一つないしはそれ以上の港に入る許可が与えられる。これに関連して、主要な島でなくとも、近隣の無人島の一つに石炭の補給所の設置の許可が得られることが特に望まれる。

第三は、アメリカの船舶が荷物を売買、ないしは物々交換するために、一つないしはそれ以上の港に入る権利が与えられる。

このように日本に求める三つの事項を記したうえで次のように指令には記されている。アメリカ合衆国は、この遠征によって排他的な商業上の優位性を獲得することを求めてはいない。その一方で、この遠征に起因する利益はどのようなものであれ、無条件に文明世界（the civilized world）に共有されることを望むとともに期待している。

海軍卿ケネディ指令　海軍卿のケネディは、先のコンラッドの指令を添付して、一八五二年十一月十三日（嘉永五年十月二日）、ペリーに次のように自らの指令を示した。

ミシシッピ号（Mississippi）の出発準備ができたなら、すぐにプリンストン号（Princeton）をともなってマカオないしは香港に向かう。そこに艦隊を集結させる。東インドおよび中国海域におけるアメリカ合衆国の海軍力の増強が必要である。あなたには大きな裁量が与えられており、目的を達するのに必要であるとあなたが考えるすべてのもの——通信船・通訳者・人員など——を雇用することが許される。あなたの注意は、日本およびそれに隣接する大陸や島々の海岸の調査に向けられる。また、地図を作製するための情報を収集し、さらには、アメリカ合衆国の領事やエージェントからあなたが訪問した国々や地域の社会的・政治的・商業的状況についての情報を収集する（Correspondence〈二七七—一〇八〉）。

海軍卿ケネディは、ペリーに広範囲な裁量を承認し、さらに訪問した地域の状況調査の必要性を喚起した。このような指示を受けて、ペリーは日本に来ることになった。

二　幕府の対応

浦賀奉行の対応　ここでは、幕府がペリーの書翰の受け取りを決定するまでの経過と、ペリー来航までの状況を、浦賀奉行の対応から見ていくことにする。

浦賀奉行組与力の香山栄左衛門は、六月四日の早朝、通詞の堀達之助・立石得十郎を伴ってサスケハナ号に乗船した。香山は面会を拒否されないために、自らを浦賀の「応接長官」と称している。しかし、この日もペリーは直接には応対せず、ブキャナン中佐・アダムス中佐・コンティ大尉に対応を指示した。香山は、前日の中島三郎助と同様に長崎への回航を促したが、受け入れられないとわかると、幕府からの指示を得るために四日間の猶予を申し入れた。それに対する回答は四日目の昼、すなわち六月七日の昼まで待つというものであった（『続通信全覧類輯』〈二七八―六七〉）。
香山栄左衛門は、浦賀奉行戸田氏栄《とだうじよし》によって、江戸駐在の浦賀奉行の井戸弘道《いどひろみち》のところに派遣された。香山は、井戸へ穏便な処置（「平穏之御取計」）の必要性を上申するように命じられていた（『大日本古文書　幕末外国関係文書』〈二七八―九七〉）。一方、浦賀奉行の戸田は、自らも老中に「書付」を六月四日付で出し、アメリカ側が提出しようとしている書翰を受け取らずに引き返らせれば、すぐさま問題（「即刻異変」）が生じる、と懸念を表明して指示を求めた（『続通信全覧類輯』〈二七八―九二〉）。

このように幕府に指示を求める一方で、浦賀奉行は、川越藩など江戸湾を警備している諸藩に、六月四日、アメリカの書翰を受け取るか否かについて江戸からの指示を待っているが、もしも受け取らないという判断が下されれば、アメリカ側が「乱妨」する可能性がある、と状況を伝達している（『川越藩記録』〈二七八―一〇〇〉）。

月番老中の牧野《まきの》忠雅《ただまさ》も六月四日、江戸湾を警備している川越藩・忍《おし》藩・会津藩・彦根藩に、アメリカ船が来航したので、警備を「平常よりは一際《ひときわ》手厚」くするとともに軽率なことがないように、と指示している。しかし、この指示では具体的にどのように警備すればよいのかは不明だった。そこで、川越藩の城使高橋左百里は、老中牧野忠雅の「御用人」である長谷川権輔にそのことを問うと、彼は先の指示は警備の人数の増加などを求めているのではなく、これまでの人員で「御手厚」に警備を行なう、という意味であると説明している。さらに、「先方より少々無礼」なことがあっても、こちらから「軽卒之振舞」をしない、というのがこの指示の「御主意」であろう、と答えている（同前〈二七八―一〇六〉）。

この長谷川権輔の回答から考えるならば、浦賀奉行が指示したように、書翰を受け取らないことでアメリカ側からの「乱妨」の懸念があるものの、老中の警備四藩への指示の主意は、アメリカとの紛争を回避する点にあったようである。

老中阿部正弘の対応

老中阿部《あべ》正弘《まさひろ》の最初の行動は、前水戸藩主徳川斉昭《とくがわなりあき》に対応策を聴取することだった。六月五日の夜、阿部は斉昭に、アメリカ船の渡来の状況とそれについて老中たちの協議が開始されたことを伝えたうえで、対応策（「御良考」）を翌日（六月六日）の自分の登城までに示してほしい、と書き送った（『新伊勢物語』〈二七九―九四〉）。

阿部正弘（個人蔵）

斉昭は同日（六月五日）の返書で、アメリカを「打払」えば、これを契機として戦争を仕掛けてくるであろうし、もし「打払」ができたとしても伊豆の島々や八丈島などを奪うであろう、と強硬策を取った場合に惹起《じやつき》される事態を予想している。一方で、「書翰」を受け取れば、「通信交易」ないしは「土地ヲ借リル」など、さらに要求してくるであろうから、その受け取りが日本を手に入れる

徳川斉昭（徳川ミュージアム所蔵）
(C)徳川ミュージアム・イメージアーカイブ／DNPartcom

ための「はしご」（契機）になる、と見通しを述べ、その受け取りは、「打払」を行なうよりも大きな問題を惹起することになる、と述べる。結局、それに対する方針は話し合い（「衆評」）で決定するしかない、と返答している（『懐旧記事』〈二七九―九六〉）。

　前水戸藩主徳川斉昭はこのように返信したものの、やはり自ら登城して阿部正弘に対面して協議のなりゆきを聴取したい、と翌日（六月六日）さらに書翰を書き送った（『新伊勢物語』〈二七九―九八〉）。

書翰の受け取りの決定　ペリーは六月六日、ミシシッピ号に江戸湾の内海の測量を行なわせた。中島三郎助と通詞の立石得十郎は、神奈川の富岡沖（現神奈川）までミシシッピ号を追走した。その一方で、香山栄左衛門と通詞の堀達之助がこのことをポートマンに抗議すると、彼は書翰が受け取られないときには内海に乗り入れるので、その時のために海底の浅深を測量している、と回答した（『続通信全覧類輯』〈二七九―一四〇〉）。

ペリーは報告書の中で、測量についての日本側の抗議に対して「私たちは、彼（香山栄左衛門）が日本の法

ペリー久里浜上陸図（東洋文庫所蔵）

律に従うように、アメリカの法律に従うことが義務なのである」と抗議を撥ねつけたことを第二の大きな成果と記している（Correspondence〈二八三―一五五〉）。第一の成果は、「最初の交渉」で触れたように、アメリカの艦船を取り巻いていた日本の警備船を撤退させたことである。

　幕府は、容易ならざる事態である、と認識した。老中阿部正弘は六月六日夜に「急登城」し、老中・若年寄・三奉行・大目付などを招集した。老中松平忠優《ただます》（のちに忠固《ただかた》）の「日記」には、「アメリカ船内海近く乗寄候」ことが老中阿部から伝達され、即刻登城することになった、と記されている（『松平忠固日記』六月六日）。

　香山栄左衛門は翌日の六月七日にアメリカ側に対して、二日後の六月九日に久里浜で書翰を受け取ることを伝達した。香山に対応したのはブキャナンとアダムスであった。香山は、久里浜が「外国人応接之地」ではないので、書翰を受け取るさいには言葉を発せず単に受け取るだけである、と申し入れている。さらに、この書翰の受け取りは「使節之苦情」を察して特別に受け取るのであり、これに対する返翰は、日本の「国法」に従って長崎で渡す、とも通知している。アメリカ側は、長崎で返翰は受け取らないことを明言し、五ヵ月ないしは六ヵ月以内には再来する、と主張した（『続通信全覧類輯』〈二七九—六〉）。

このように六月六日の夜に急登城が指示され、書翰の受け取りについての評議が江戸城で行なわれて受け取りが決定し、香山栄左衛門がそれを六月七日にアメリカ側に伝達した。それでは、六月六日の評議とはどのような内容だったのであろうか。

評議は六月五日に、香山が浦賀奉行戸田氏栄の書翰を老中阿部正弘に提出した直後から開始された。しかし、なかなかまとまらなかった。このときの幕府の評議について、川越藩の馬淵又六が、幕府の奥右筆《おくゆうひつ》黒沢正助から聴取し、六月七日付で同藩に送った書翰には、「大評議」となり、今回に限り浦賀で書翰を受け取るものの、回答は示さずに長崎で回答する、と伝達し、それも翌春に来るように指示する、と記されている（『川越藩記録』〈二八〇—二八〉）。

最終的には、「先《まず》一時之権策」として浦賀での書翰の受け取りを決した。結局、六月六日の夜に在府の浦賀奉行の井戸弘道に書翰の受け取りを指示し、六月七日に浦賀へ向かわせた（『続通信全覧類輯』〈二八〇—一〇〉）。

この評議について触れた『続通信全覧類輯』は、評議に関係して二つのことを記している。一つは、嘉永五年（一八五二）のオランダ本国よりの忠告（「阿蘭陀本国よりの忠告」）であり、もう一つはアヘン戦争（「阿片煙騒乱」）のことであった。ペリーからの書翰を「先一時之権策」として受け取る決定を幕閣たちに促す要因となったこれらの問題について、次に分析することにしたい。

オランダの忠告とアヘン戦争

『続通信全覧類輯』は書翰の受け取り手順とともに次のように記す。

オランダからの勧告は今回の処置に関することであり、「旧制」を堅持してすべてのことを拒否すれば、必ず「御国害」を醸成する。また、アヘン戦争については、天保年間に来日した中国人が長崎奉行に申し立てた「阿片煙騒乱」（アヘン戦争）の事例にもあるように、大国の中国が国を縮小させられるほどの「国害」を惹起したのであり、四方を海に囲まれている日本（「環海之御国柄」）が外国からの攻撃を受けたなら、海防が不十分な状況で「御国難」を招来することになる。このような理由から「一時之権策」として書翰を受け取る、という「御評議」になった（『続通信全覧類輯』〈二八〇―一〇〉）。

次に、オランダの忠告について見ていく。既述の『続通信全覧類輯』のオランダよりの忠告の箇所には、「蘭国《（オランダ）》甲必丹《（カピタン）》警告ノ事ハ嘉永五年八月ニ見ユ」と、頭注が付されている。これは次のような状況を示唆している、と推定される。長崎奉行は、嘉永五年八月十七日、オランダ商館からオランダ通詞へ受け取りを求められているジャカルタ（バタビア）の総督からの書翰について、その受け取りを決定した（『開国起源』〈一八四―九四〉）。このとき受領した一八五二年六月二十五日（嘉永五年五月八日）付けの書翰には次のように記されていた。

アメリカ合衆国が貿易関係を結ぶために軍艦を派遣する。オランダの国王は、このことを懸念している。新たにカピタン（オランダ商館長）に就任するドンケル・クルチウス（Jan Hendrick Donker Curtius）に方策を指示しているので聴取してほしい。

この書翰は、オランダ通詞の森山栄之助《もりやまえいのすけ》（多吉郎〈憲直〉）と西吉兵衛《にしきちべえ》らが翻訳した。長崎奉行牧義制《まきよしのり》はこの翻訳を江戸に送付し、老中阿部正弘はこの書翰を嘉永五年九月に勘定奉行、目付ならびに西丸留守居の筒井《つつい》政憲《まさのり》らに示して意見を求めている（『開国起源』〈二五三―九八〉）。そして、オランダ商館長ドンケル・クルチウスは嘉永五年九月、アメリカ合衆国への対応策を長崎奉行の牧義制と大沢秉哲《おおさわのりあき》に次のように提示している。

アメリカ合衆国の使節は、「交易之志願、是非遂度《とげたき》様子」なので、交易は許可しつつも日本のこれまでの法令（「旧来之御定」）にも抵触せずに処理するのがよいであろう。さらに太平洋の海域では捕鯨などが盛んになってきている。それにともなって海難事故（「洋中危難之患」）に遭遇することもあるので、この海域で航海をする国々は、船舶の修理や食料品の供与などを日本で受けたい、と考えている。これを踏まえて次の二項目を提案する。

第一に、アメリカ合衆国の要求をいくらか（「聊計《いささかばかり》之事」）は受け入れたほうがよいであろう。オランダ人に対してだけでなく、「食料」「薪水」「船修復等之ため入用之品」を与えるとともに、「病人」の手当てを行なう。

第二に、日本にこれまで敵対してこなかった国からの「通商」の要求には、次のように対応する。

①通商を「長崎」で許可する。

②通商を許可した国の「重役」を長崎に駐在させる。
③通商を許可した国の人たちの住居も長崎で手当てする。
この三つの条件が取り決められれば、長崎以外の地域に外国人が出入りすることはないであろう、と見通す。そのうえで、
④外国人との交易は、江戸・京都・大坂・堺・長崎の商人に限って取り扱わせる。
⑤長崎に「御番所」を設置して、荷物の積み下ろしのさいに検査を行なう。
⑥交易を行なう場合には、「長崎会所」あるいは「大阪会所」の「手形」を使って行なう。これは、日本の金や銀が外国において、またその一方で外国の金や銀が日本で流通することを日本の法律が禁止しているからである。
⑦関税（「諸品運上」）の規定を設ける。これにより過剰な貿易を抑えることができるが、一方で、過度な関税を設定すると相手から苦情が出る。
⑧もし交易に関して問題が発生した場合には、長崎奉行所と外国の「重役」で協議する。
⑨法律を犯した外国人は、その国の法律によって処罰される。
⑩日本は、外国人に対して石炭の貯蔵場所を与える。これは、アメリカ合衆国が、アメリカ大陸の西海岸からアジアの東方地域ならびに中国への蒸気船による航行に便利だからであり、すでにその石炭の貯蔵場所が設定されているところもある。日本でも必ず必要になるであろう。
最後に、このようなアメリカ合衆国の使節への対応策は、オランダ国王が日本の「御安全之御策」

として考案したものである、と記している（『開国起源』〈二五三―一一八〉）。

幕府は、このようなペリー来航についての情報と、それへの対応策を指南されたのであるが、実際にどのような対策を講じたのであろうか。

これに関して紹介したいのは、嘉永五年（一八五二）十一月二十二日の前水戸藩主徳川斉昭に出された「不時登城」の指示である。老中阿部正弘は、斉昭を十月二十三日に登城させ、将軍徳川家慶《とくがわいえよし》に拝謁させた。斉昭は弘化元年（一八四四）五月六日、「不興之御事」を理由に「御隠居急度慎《きっとつつしみ》」を将軍家慶から命じられ、家督を世子鶴千代麻呂（慶篤《よしあつ》）に譲ることになった（『水戸藩史料』〈九―一〇〉）。斉昭は弘化元年十一月二十六日、「御慎之事」は解かれたが、「政事向」に携わることは許されていなかった（同前〈九―五九〉）。この日の登城は、まさに彼の復権であった。

ここで注目したいのは、なぜ斉昭が登城して将軍徳川家慶に拝謁することになったのか、という点である。斉昭は、この処置が老中阿部正弘によることを理解していた。それゆえ、彼は登城した十一月二十三日に老中阿部に謝意を示す手紙とともに、水戸藩が精力を結集して編纂してきた歴史書の『大日本史』と「鮮魚」を御礼として送った。その手紙の中で、江戸城での会話にあった「異舩《（船）》之儀」について、くれぐれも「交易」や「土地」についての願い出はもとより、オランダ人の謀略（「奸謀」）に陥って、彼らの願いなどを姑息にも了承するようでは「後患」が生じる、と記している（『石河幹忠《いしかわもとただ》手記』〈二六〇―一一六〉）。

徳川斉昭はこのとき、「異舩之儀」すなわちアメリカ船の来航と、それに対するオランダ人の謀略について、老中阿部正弘と意見を交換していたのである。彼の復権は、幕府の対外政策の諮問という政治状況と連動していた、と推定される。徳川斉昭の対外政策に果たした役割は、本書が特に注視することであり、この点に留意して分析を進める。

ペリー来航の噂　ペリーの来航の情報は、先のオランダからの情報などにより、多くの大名たちが知るところになっていた。ここでは薩摩藩の事例を示しておきたい。

薩摩藩主島津斉彬《しまづなりあきら》は、異母弟島津忠教《ただゆき》（久光《ひさみつ》）に宛てた嘉永五年十一月二日の書翰の中で、「来年「アメリカ」参《まいり》候事は何となく評判に御座候」と、アメリカ合衆国の使節が到来する、という情報が、参勤交代で到着した江戸で評判になっていることを伝えている（『照国公文書』一―六七）。

さらに、島津斉彬が嘉永六年（一八五三）二月二日に家老の島津久寶《ひさたか》へ出した書翰には、西丸留守居の筒井政憲がアメリカの使節への対応について次のように考えている、と記されている。彼は「商法御免は相成らず」、と貿易は許可しない方針であり、それはかつて貿易を求めてきたロシアにも許していないからである。さらにこの書翰は、老中阿部正弘の状況にも触れている。老中阿部も考案していることはあるのだが、多勢から言い立てられて処置が延びている。彼は万一に備えてはいるが、「台場」を整備するだけでは、たとえ相手に「打勝」ったとしても追撃することはできない、と考えている。良策は、軍艦（「軍船」）を建造することであるが、「勘定辺」――勘定奉行を指すと推定される――は「異国之事」を理解していない者が多く、経費が莫大にかかることを嫌って、これまでの大船製造の禁止を主張して、状況がなかなか進展しないのは「残念至極之義」である、と心中を吐露しているというのである。

このように老中阿部正弘は、アメリカの使節の来航に対して「台場」の整備だけでは不十分だと考えて軍艦を製造しようとしていたのである（『照国公文書』一―七一）。アメリカ合衆国からの使節の来日の噂は、すでに幕府内部の政策方針とともに流布されていたのであった。

三　書翰の受け取りと徳川斉昭の登用

書翰の受理―嘉永六年六月九日―　書翰の受け取りを指示された浦賀奉行の井戸弘道は六月八日、横浜に到着し、翌日の六月九日にペリーから書翰を受け取った。ペリーは書翰を提出するさいに「日本国帝」の前でこれを開封するように求めた。退去するさいには、二日から三日の間に琉球および広《カン》東《トン》に向けて出航することを告げるとともに、来春の四月ないしは五月に再来することを伝えてきた（『米使日本航海日誌』〈二八三―一〇七〉）。ペリーは、実際には六月十二日に江戸湾を出航する。

次に、提出されたペリーの将軍宛書翰と、フィルモアの将軍宛書翰の内容を考察する。

①一八五三年七月七日（嘉永六年六月二日）付ペリー書翰将軍宛（Commodore Perry to the Emperor. U.S. Steam Frigate Susquehanna, Off the coast of Japan, July 7, 1853.〈二八三―一二八〉）

この書翰には次のように記されている。

私は東インド・中国・日本海におけるアメリカ海軍の長官であり、アメリカ政府から友好使節として日本政府と交渉するために派遣された。その交渉の事案については、アメリカ大統領の書翰に記されている。私は、大統領が日本に最大限の友好的な感情を抱いていることを伝えるように指示されている。しかし、アメリカ人が自分の意思で、ないしは海難によって日本の領域内に入ったときに、彼らがあたかも日本の最大の敵（the worst enemies）のように扱われていることを知り、驚くとともに遺憾である。その事例は、モリソン号・ラゴダ号・ローレンス号である。すべてのキリスト教国の人びとと同様に、アメリカ人はいかなる国であっても海岸に漂着したすべての人を親切に受け入れて、救助し保護することを義務とみなしている。それは、アメリカ人の保護下に入ったすべての日本人への対応でもある。

アメリカ政府は、座礁して日本の海岸に到達した人たちや悪天候のために日本の港に入港する人たちが人道的に扱われる、という明確な保証を日本政府から獲得したい、と希望している。私は、日本人に次のことを説明することも指示されている。アメリカ合衆国は、ヨーロッパのいかなる国とも関係を有していない。また、アメリカ合衆国の法律は自国の市民の宗教に干渉しないし、他の国家のそれに対してはなおさらである。

アメリカ合衆国のある大きな土地は、まさに日本とヨーロッパの間にある。その土地は、日本がヨーロッパ人の最初の訪問を受けたのと同じ時期にヨーロッパ人によって発見された。そして、アメリカ大陸の最もヨーロッパに近接している地域が、その移民によって最初に植民されたのである。その人口は急激に増えて太平洋岸に到達した。私たちにはいくつもの都市があり、そこから蒸気船で一八

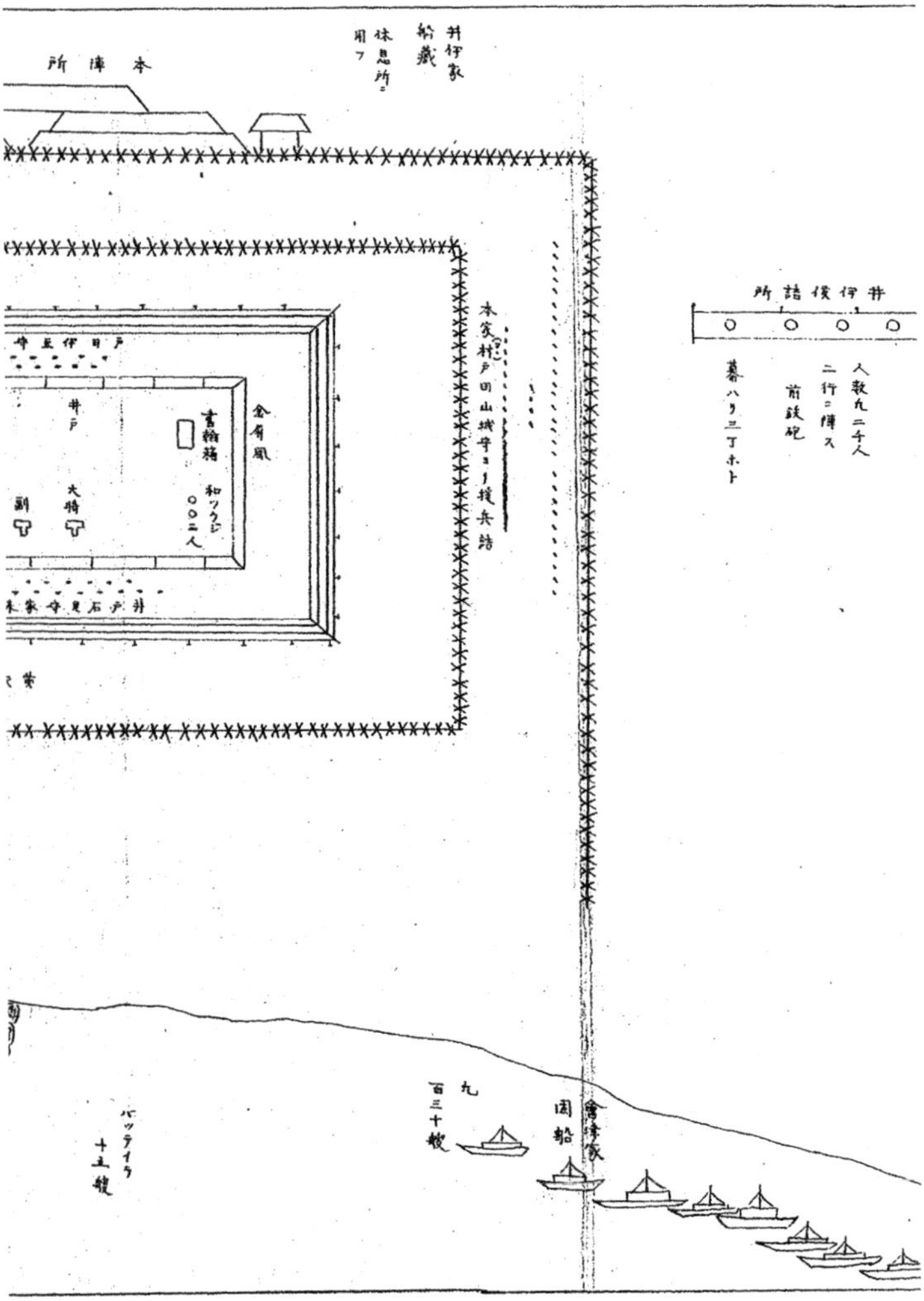

嘉永6年6月9日に行われた，ペリーと応接掛に任じられた二人の浦賀奉行の会談を図示している．図の上部に「本陣所」の文字，下部に海上のペリー艦隊，真ん中には，会談時の座次が記されている．上座が「井戸（弘道）」，次いで「戸田（氏栄）」，アメリカ側には「大将」「副」と記されている．

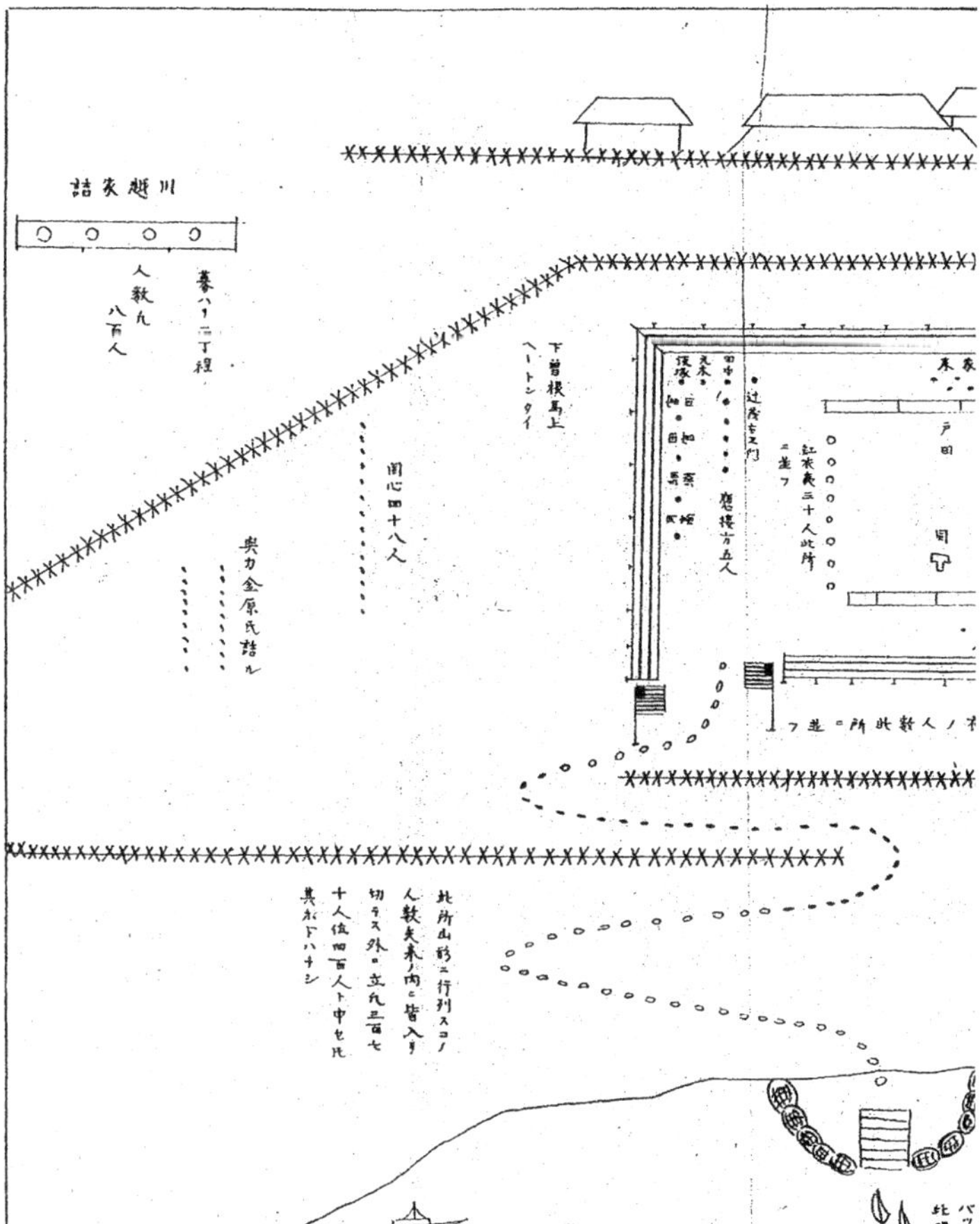

ペリーの米国大統領親書進呈時の配置図
（『続通信全覧類輯』〈283-15〉0028.tif
〔『大日本維新史料稿本』東京大学史料編纂所所蔵〕）

日ないしは二〇日で日本に到達することができる。私たちの交易は地球上のあらゆる地域と急速に拡大している。日本海もすぐにアメリカの船の航行圏内に入るであろう。アメリカ合衆国と日本は、日々近くなっており、大統領は将軍との平和と友好を望んでいる。しかし、日本人がアメリカ人を敵のように扱うのを止めなければ、友好は長くは続かないのである。これまでの政策が、もともとは賢明なものであったとしても、二つの国の交際はこれまでよりも容易にそして急速に進んでおり、現在にあっては、それは賢明なものではないし、また実用的でもないのである。今誠意をもって申し入れている親睦の提案に好意的に回答することにより、二つの国民の間の不幸な衝突を防ぐ必要性を日本政府が見いだすことを希望して、私はこのように述べている。

まもなく到着すると予想されるが、日本を訪問するはずの大型軍艦の数艘がまだこの海域には到着していない。私は、友好的な企図の証拠として、より小規模の四艘でやってきた。必要な場合には、来春、さらに強力な軍事力を伴って江戸に来るつもりである。しかし、日本政府が、ただちに大統領の書翰に示された極めて妥当な、そして友好的な提案――それについては初期の段階で私がさらに説明を行なう――を受け入れて、そのような再来の必要がないことを期待する。

ペリーの書翰はこのような内容であった。おおよそ次のようにまとめられるであろう。

第一に、日本に来ることになったアメリカ人に対する人道的な対応の要求である。

第二に、アメリカ合衆国の形成と発展の説明である。

第三に、第二の点を踏まえて、アメリカ合衆国と日本の関係の必要性と、その方策の提示である。

第四に、アメリカ大統領の提案の受諾に対する希望の表明である。

②一八五二年十一月十三日（嘉永五年十月二日）付フィルモア書翰将軍宛（The President of the United States to the Emperor of Japan.〈二八三―六七〉）

アメリカ合衆国大統領フィルモアの書翰を紹介する。大統領の書翰は、ペリーに自分の意思を伝えさせる、という形式で作成されている。

私は、将軍閣下の国民と政府に対して友好的な感情を持っている。アメリカ合衆国と日本は、友好的な関係を形成すべきであり、また相互に商業的な関係を持つべきである。このことを将軍閣下に伝えるために、ペリーを日本に派遣した。アメリカ合衆国の法律や法令は、他国の宗教や政治問題に干渉することを禁じている。私は、将軍閣下の統治の安定を妨害するすべての行為をペリーに差し控えることを特に指示している。

アメリカ合衆国は、大西洋から太平洋に到達し、オレゴンの領土とカリフォルニア州は、日本の対岸に位置している。私たちの蒸気船は、カリフォルニアから日本まで一八日で行くことができる。カリフォルニアでは、毎年金を六〇〇〇万ドルとその他の貴重な物資を生産している。日本もまた豊かで肥沃な国であり、多くのいろいろな物産を生み出している。日本人は多くの技術に長《た》けている。日本とアメリカ合衆国の利益のために二つの国家が相互に交易を行なうことを私は望んでいる。

私たちは、日本政府が中国人とオランダ人以外には交易を許していないことを知っている。しかし、世界の情勢は変化し、新しい国家が形成されたのだから、時の経過に応じて新しい法制を作るのが賢明なことである。日本の古い法制が作られた時代があった。およそ、同じ時期に新世界としばしば呼称されるアメリカが、初めてヨーロッパ人たちによって発見され開拓された。しかし、長い間、人口は少なく貧困であった。現在は、人口も多くなり、商業はとても規模が大きくなっている。アメリカ人は、将軍閣下が古い法制を改変して、二つの国の自由な交易（a free trade）が許されたなら、両者にとても利益があると考えている。

外国人との交易を禁止している古い法制を廃止しても大丈夫である、ということに将軍閣下が承服できないのならば、五年ないしは一〇年それを試みて、また停止することもできる。もし、期待されたような利益がなければ古い法制に戻すこともできる。アメリカ合衆国は、外国との条約を数年に限定したり、外国の求めに応じてそれらを改訂することもある。

私は、ペリーが将軍閣下に次のことを述べるように指示した。私たちの船舶の多くが、毎年、カリフォルニアから中国に航行している。また、多くのアメリカ人が日本の近海で捕鯨業に携わっている。そして、嵐によりアメリカ船が日本の海岸で破船することがしばしば発生している。そのような場合に、私たちは船を派遣し彼らを運送するまでの間、被災したアメリカ人たちが親切に扱われ、彼らとその財産が保全されることを私たちは切望している。

さらに、ペリーは、将軍閣下に次のことを表明するように指示されている。アメリカからの全行程の石炭を船が運ぶのは便利なことではない。その一方で、日本には豊富な石炭と食料がある。アメリカの蒸気船は大洋を航行するさいに、とても多くの石炭を燃料として消費する。アメリカの蒸気船や船舶が日本に寄港して石炭・食料・水が供給されることを私たちは求めている。それに対して、金銭ないしは日本の法令が定めるところの物品によって支払いを行なう。私たちは、日本の南部においてこの目的のために便利な港が選定されることを求める。私がペリーを強力な艦隊とともにあなたの国、そして有名な江戸に派遣した無比の目的は友好と交易であり、さらに石炭の補給と難破した人たちの保護である。

このように大統領の書翰はペリー派遣の理由を述べた。次のようにまとめることができるだろう。

第一は、日本との友好および交易関係の樹立の要求である。その背景にはアメリカ合衆国の太平洋岸までの領土拡張と産業の発展がある。

第二は、アメリカ人の船に対する対応の改変である。日本の近海でアメリカ船の破船が増加している原因として、日本がアメリカ合衆国から中国に行くさいの航路に位置していることと、日本近海のアメリカ人による捕鯨業があげられている。

第三に、アメリカ船が入港して石炭・食料・水が供給される港の選定の要求である。この大統領の書翰では、日本の南方地域における便利な港（「a convenient port in the southern part of the empire」）と単数形で示されている。

受け取り後　浦賀奉行からペリーに宛てた「御諭書」が六月九日付で出された。この「御諭書」には次のように記されている。

書翰を受け取り、それを「国都」（江戸）に送ることにする。この地は応接の場所ではないので長崎

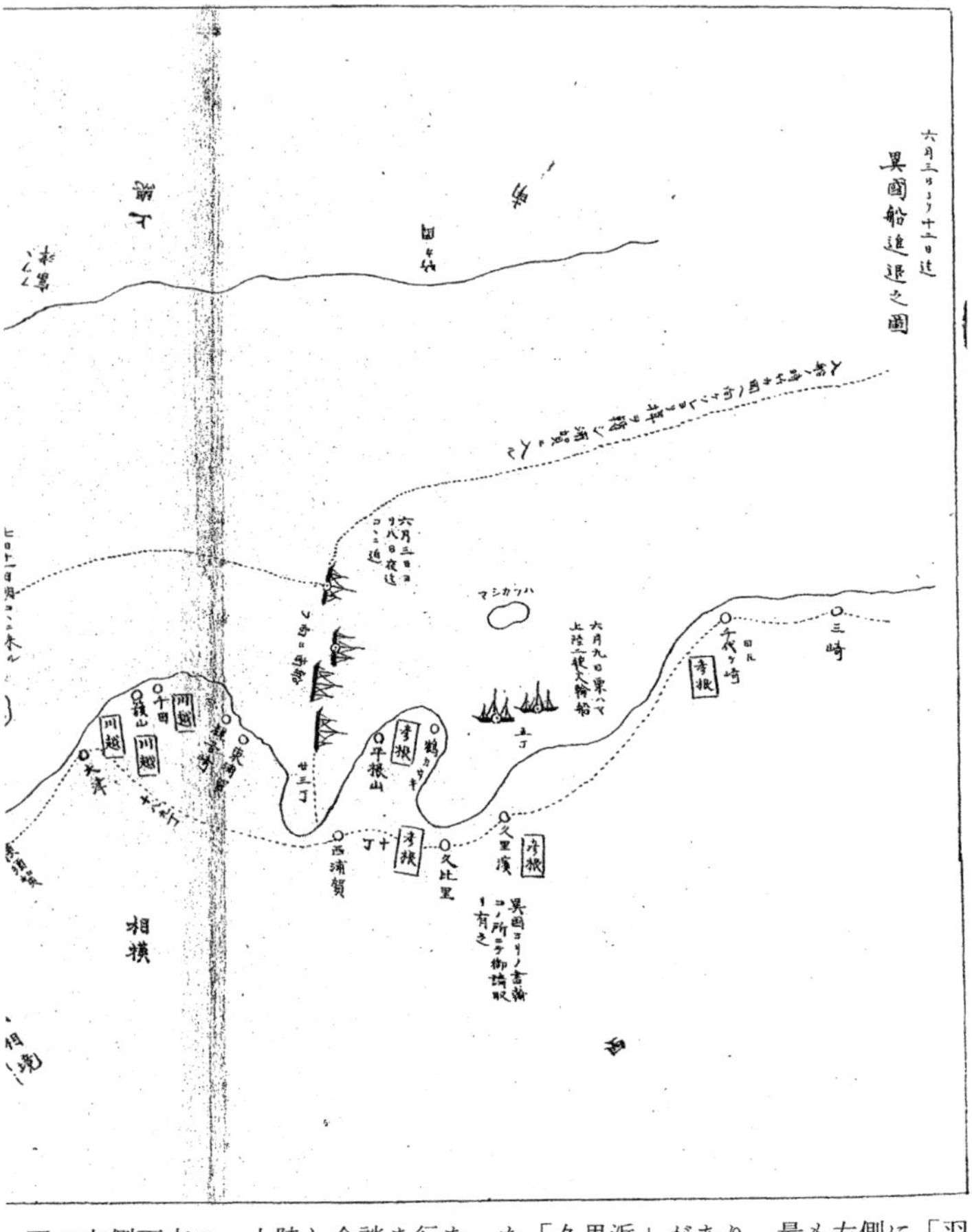

図の右側下方に，上陸し会談を行なった「久里浜」があり，最も左側に「羽田」と記されている．

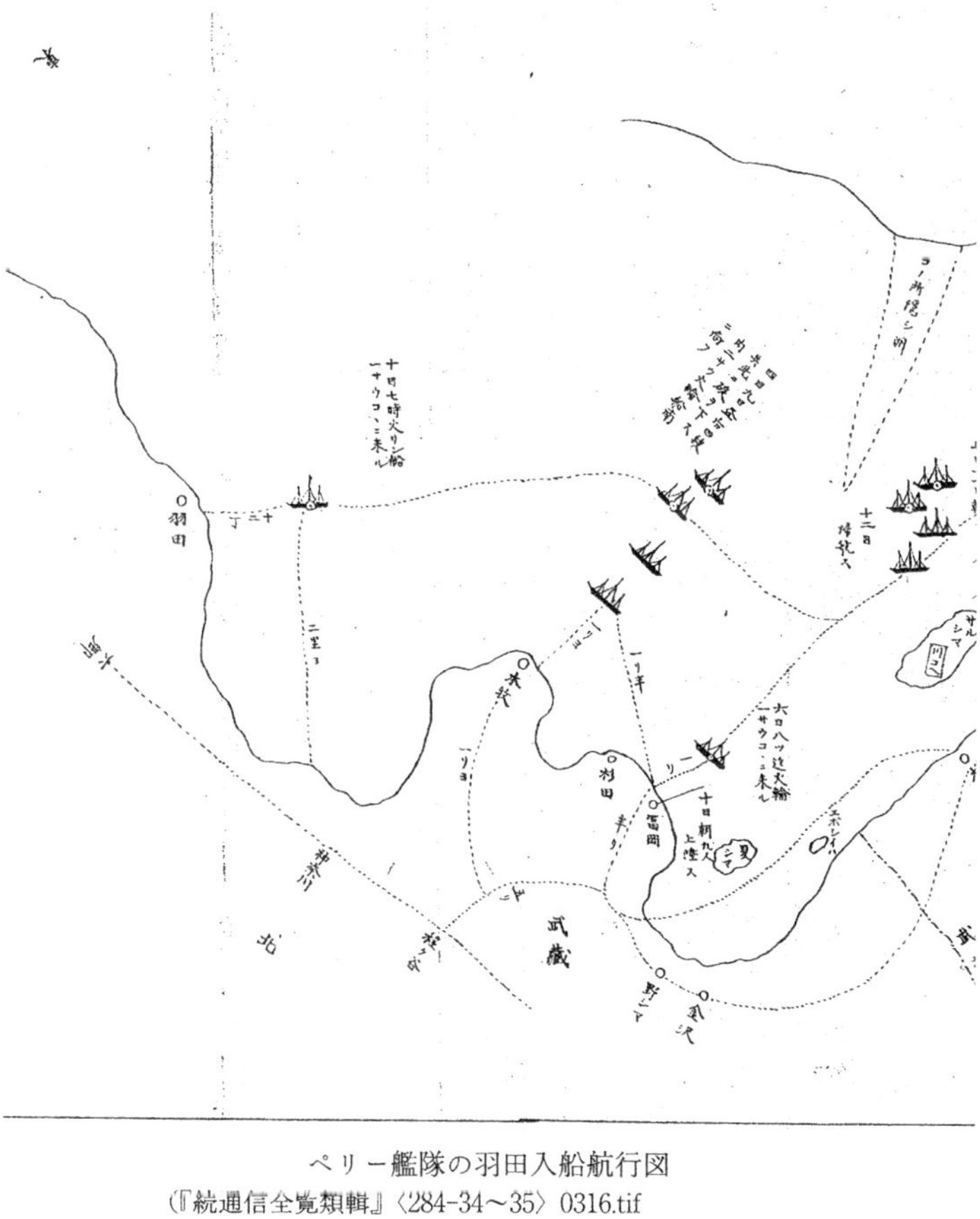

ペリー艦隊の羽田入船航行図
(『続通信全覧類輯』〈284-34～35〉0316.tif
〔『大日本維新史料稿本』東京大学史料編纂所所蔵〕)

に行くことを何度も指示したにもかかわらず、それを受け入れなかった。長崎に行っては使命を達成することができない、という申し出は、使節としては、やむをえないことである。しかし、我が「国法」に違反することもできない。今回は、使節の「苦労」を察して「まけて《（曲げて）》書翰を受とる」けれども、ここは応接の地ではないので返答はできない。この点を理解し、職務（「使命」）を全うしてすみやかに出航すべきである。

この「御諭書」が、浦賀奉行からペリーに渡された（『通航一覧続輯』〈二八三―八〇〉）。この「御諭書」によれば、アメリカ側の書翰の受け取りは、ペリーの「苦労」を察して、特別な計らいとして受理したことになっている。しかし、「御諭書」で示した職務を全うしてすみやかに帰帆すべきである、という要請は、ペリーに顧みられることはなかった。

艦隊はこの六月九日の夕方、浦賀から金沢沖（現横浜市）に侵入して、測量を開始したのである。香山栄左衛門は、通詞の堀達之助を伴ってサスケハナ号に漕ぎ寄せた（『ペルリ提督日本遠征記』三―一七）。彼は、浦賀から内海へ入ることは「国禁」である、と抗議したうえで、日本側が希望を受け入れて「国法を暫く差置」いて、さらには使節の「苦心」を察して書翰をこの地で受け取ったのにもかかわらず、勝手に内海に乗り入れられては人心も騒ぎ立ち問題である、と抗議している。

ブキャナンは、再来する時には「巨大之船」で来るので、それに見合う良好な停泊地を測量しているのであり、三日から四日間はここにとどまることになる、と回答している（『続通信全覧類輯』〈二八四―三九〉・『ペルリ提督日本遠征記』三―一七）。しかし、『日本遠征記』によれば、ペリーの行動は、書翰を受け取ったら立ち去るように、という命令（「御諭書」）に対しての抗議行動だった（『ペルリ提督日本遠征記』三―一一）。翌日の六月十日には、ミシシッピ号が、さらに羽田近くまで侵入している。ペリーは六月十二日にようやく退去した。

徳川斉昭への諮問　老中阿部正弘は六月七日の夜、駒籠にある水戸藩邸の徳川斉昭を訪ね、ペリーへの対応について話し合った。斉昭は、阿部の意見を聞き、結局は穏健な対応（「安ニ落入」）になるのであろうが仕方がないので受け入れる、と答えた。斉昭はこの状況を、福井藩主松平慶永《まつだいらよしなが》（春嶽《しゅんがく》）宛に六月八日付の書翰で伝えている。それによれば、斉昭は老中阿部に「密策」を教授したが、とても行なわれないであろう、と記している。この斉昭の「密策」とは、アメリカの船を拿捕《だほ》して四艘の船と大砲を手に入れる、という案であった（『聿脩叢書』［一三―一〇五］）。

ペリーが退去した翌日の六月十三日、老中阿部正弘は斉昭に書翰を出して、ペリーが再来航するまでに防備（「御備」）を早く整える必要があり、斉昭がこれまで思案してきた方策（「明謀奇策」）を示してくれるように求めている。これに対して斉昭は、浦賀奉行の井戸弘道が帰府して提出する書翰を閲覧してから自らの考えを示す、と同日（六月十三日）に返書を出している（『新伊勢物語』二五五）。

老中阿部正弘は六月十四日、川路聖謨《かわじとしあきら》（勘定奉行海防掛）と筒井政憲（西丸留守居）を徳川斉昭のところに派遣した（『新伊勢物語』〈二八八―一五〇〉）。川路と筒井は、最初にいろいろな意見が出ていて幕府内部の評議が定まっていないことを率直に述べたうえで、次のように現状と方策を提示した。

幕府と諸藩の防備は不十分であり、二〇〇年にわたる平和（「太平」）により兵力は衰えている。さらにアメリカは強国であり、オランダ人なども恐れるほどである。方策として、「打払」などを実施して敗北すれば「御国体」を汚すことになるので、オランダに「遣され候品」の半分をアメリカ合衆国に割りあて「交易御済せ然るべき哉」と、交易の許可について諮問した（『水戸藩史料』〈二八八―一五二〉）。

この案を、徳川斉昭は受け入れなかった。そこで川路聖謨と筒井政憲は、「ぶらかし」策を提起するのである（『新伊勢物語』二五六）。「ぶらかし」策とは、五年も一〇年もアメリカの要求に許可も与えず拒否も与えないで、その間に武備を充実させて最終的には拒絶する、という策である。斉昭は、防備が不十分なので「ぶらかし」を確実にできるのであれば、一時的な方策としてやむをえない、と理解を示した。しかし、「交易御済せ之儀」は「祖宗の御厳禁」であり、これについては了承できない、と明言した。両者は、四日後の六月十八日にも斉昭を訪問して話し合っている（『水戸藩史料』〈二八八―一五三〉・『西野宣明日記』〈二八八―一五七〉）。

川路聖謨と筒井政憲が、前水戸藩主斉昭を訪問した政治的意義について考えておきたい。後述するように、徳川斉昭は七月三日、「海岸防禦《ぼうぎょ》筋御用」という役職に就任する。しかし、八月六日にはその役職を辞任したい、と老中に願い出る。そのときの書翰の中で、この六月十四日と六月十八日の二度の会談について言及し、次のように記している。

川路聖謨と筒井政憲がやってきて、もはや「交易」を許可するしか方法がない、と述べた。しかし、自分はかねてから「打払の説」を述べているのに、わざわざ違う意見（「引違ひ論」）を提起したので、当然行なわれるべきことが行なわれるように求めた（『水戸藩史料　上編乾』七六）。このように斉昭は、六月の二度にわたる対談を、幕府内部の交易を推進する勢力との対立の起点と捉えている。

　川路聖謨と筒井政憲は、老中阿部正弘の指示で徳川斉昭のところに来たのであり、両者の意見を斉昭が受け入れれば、限定的ながら交易の開始、という状況になったのである。しかし、斉昭は同意しなかった。おそらく、斉昭を「交易論」に引き寄せることは容易なことではない、と捉えられていたであろう。この時点で幕府が対外方針を確定していたと評価することはできない。しかし、老中阿部正弘が派遣した二人が斉昭に伝えた対外方針は交易であった。このような、幕府の対外方針として有力な選択肢となっていた交易の許可とは乖離する方針を標榜する徳川斉昭という人物を、説得する必要があった。この点に、条約の締結をめぐる政治史の理解を難しくさせている要因がある。さらに斉昭の動向に留意して分析を進める。

徳川斉昭の「海岸防禦筋御用」への就任　前水戸藩主徳川斉昭の登用を提起したのは、目付の戸川《とがわ》安鎮《やすしげ》・鵜殿長鋭《うどのながとし》・大久保信弘《おおくぼのぶひろ》であった。彼らは六月十四日、ペリーの来航と書翰の受け取りによって惹起した状況は未曾有の「御国患」であり、斉昭に幕府の政策（「御計画筋」）を相談すべきである、と提案していた（『水戸藩史料』〈二八八―一六五〉）。

　彼らはさらに、斉昭を登用することに何ら問題ないことを二つあげている。一つは、「先年御慎も御免」という点である。もう一つは、今回「水戸殿江御縁組」がなされ、特別な関係が形成された、という点である。前者は、徳川斉昭の謹慎が、「政事向」には携われないものの、弘化元年（一八四四）十一月二十六日に解かれたことを指している。後者は、将軍徳川家慶が養女にしていた有栖川宮幟仁親《ありすがわのみやたかひとしん》王《のう》の娘の幟子《たかこ》（線姫《いとひめ》）を、水戸藩主徳川慶篤に嫁がせたことを指している。徳川慶篤と幟子の婚姻は、嘉永五年（一八五二）十二月十四日のことである。目付たちは、斉昭がすでに復権して幕政に参画する資格を欠いていない、と強調したのであった。

斉昭の幕政への参画についての評議が、六月十四日に行なわれた。『水戸藩史料』に収録された『原田成徳手記』によれば、目付が連署して提起した斉昭の「海岸防禦筋御用」の役職への就任が話し合われた。これに反対したのは儒者林煒《はやしあきら》（式部少輔）だけだった。彼は、斉昭がかつて嫌疑を受けて退隠を命じられた者であり、登用することはできない、と主張したのである（『水戸藩史料』〈二八九—七八〉）。

この意見について、林健（大学頭）の意向が聴取されたが、彼は林煒の意向を支持し、この日（六月十四日）の評議は中止された。水戸藩の藤田《ふじた》東湖《とうこ》（彪《たけき》）、は、この林煒の動きについて、徳川斉昭の「御登城」を「一旦相防」いだ、と後々まで根に持っている（『聿脩叢書』〈二九六—三二〉）。

老中阿部正弘は翌々日の六月十六日、今度は「御参議」という役職に徳川斉昭を就任させなければこの難局を乗り切れない、と彼の登用を老中たちに提起した。この「御参議」とは、先の「海岸防禦筋御用」に限定されるものではなく、広範に幕政に参与させる役職であった。老中久世《くぜ》広周《ひろちか》はこれに大賛成し、老中牧野忠雅と松平乗全《まつだいらのりやす》も賛成した。しかし、老中松平忠優は、斉昭は気難しい人であり、登城するようになれば、人事に関与してくるかもしれない、と警戒感を示した。そのうえで、意見を聞きたいときにはこちらから出向けばよい、と主張した。この松平忠優の提案に、牧野忠雅も松平乗全も同調した。

しかし、阿部は譲らなかった。老中たちは翌日の六月十七日に、再び斉昭の「御参議」の登用について議論している。老中牧野忠雅と松平乗全は、老中阿部正弘の意見を入れた。また、久世広周は、斉昭の登用の必要性を主張した。阿部は、もし斉昭を登用して問題が発生した場合には、自分が諫める、と述べたうえで、松平忠優に、なぜそれほどまでに斉昭を忌避するのか、と問い質した。

松平忠優は、忌避しているわけではなく、登城してもらうよりもこちらから参上する方がよいと述べているだけである、と反論した。しかし、他の老中たちが同意しているのならば、それを受け入れる、としぶしぶ同意した。

こうして、斉昭を「御参議」として登用することが決まりかけた。しかし、ここで側用人本郷泰固《ほんごうやすかた》と平岡道弘《ひらおかみちひろ》から将軍徳川家慶の意向が伝えられたことで、状況は変化する。本郷と平岡は前日（六月十六日）に斉昭の「御参議」への登用を、病床にある将軍家慶（六月二十二日に死去）に伝えたところ、家慶は、自分が頼りにされていないと感じて落胆していた、と伝えたのである。

斉昭を「御参議」へ登用することに難色を示していた松平忠優は、「恐入候」と合いの手を入れた。老中阿部正弘は、これが側用人本郷泰固・平岡道弘と老中松平忠優の謀議であると考えて、自ら将軍徳川家慶に拝謁した。すると、将軍家慶は病床で「御煩悶御苦痛」の状況で、とても会話のできる状況ではなく、ここで無理に斉昭を「御参議」にすることを主張するのは得策ではない、と考え、しばらく時間をおくことにした。斉昭を「海岸防禦筋御用」に登用することについては、すでに合意ができていたので、この役職に就任してもらうことを決めたのである（『水戸藩史料』〈二八九—七九〉）。徳川斉昭は、七月三日、「海岸防禦筋御用」に就任した。

徳川斉昭の「海岸防禦筋御用」の役職への就任について、本書が詳述したのには意味がある。斉昭の役職は「海岸防禦筋御用」だが、実際にはその役割は海岸を防御する、というのではない。「海防掛」と通称されるが、彼は、ペリーへの対応や、後述するロシア使節プチャーチンとの交渉方針など、幕府の対外方針を掌ることになるのである。この点を考慮して、彼の登用過程について詳述した。

結局、この時点では、「御参議」という広範囲に幕政に参与させる役職に、斉昭を就けることはなかった。ここで留意しておきたいのは、前水戸藩主徳川斉昭の「御参議」の登用に強く反対したのが、老中松平忠優だったという点である。この点は、「下田三箇条の政治的意義」のところで後述するように、安政二年（一八五五）八月の幕閣改造と連関することになる。

四　ペリーの再来への対応

書翰に対する諮問　浦賀奉行の井戸弘道は、嘉永六年（一八五三）六月十四日の夕方に、書翰を持って登城した（『中山忠能履歴資料』〈二八八—一四七〉）。すでに浦賀の通詞たちによって、およそその翻訳ができていたが、老中は六月十五日、林健（大学頭）・筒井政憲（西丸留守居）・林緯（西丸留守居）・佐藤捨造（一斎〈儒者〉）・古賀《こが》謹一郎《きんいちろう》（増《まさる》〈儒者〉）・安積重信《あさかしげのぶ》（艮斎《ごんさい》〈儒者〉）に書翰の翻訳を命じた。また、山《やま》路弥左衛門《じやざえもん》（諧孝《ゆきたか》〈天文方蘭書翻訳御用兼帯〉）には「横文和解《わげ》」が命じられた（『続通信全覧類輯』〈二八九―六八〉）。さらに、杉田《すぎた》成卿《せいけい》と箕作阮甫《みつくりげんぽ》が「翻訳御用掛手伝」として山路の翻訳を手伝うことになった（『続通信全覧類輯』〈二八九―六九〉）。

老中は六月二十三日、評定所・大目付・目付・海防掛にアメリカ船が再来するときの処置を諮問した。その諮問には以下のように記されていた。

アメリカ船の書翰を受け取ったが、「内海」の防備が整わないうちに回答を求めて再び来航し、その際に「内海」に侵入したら、どのように対処すべきか。さらに、日本がアメリカの書翰を浦賀で受け取ったことを知って、他の国も浦賀や他の港に到来するかもしれないので、それにどのように対応すべきか（『町奉行所書類　外国事件書類雑纂』〈二九二―一〇六〉）。

佐藤捨蔵（一斎）
（『水藩人物肖像』より）

老中は六月二十六日、評定所にアメリカからの書翰の翻訳二冊を渡し、「通商御許容」になれば、「御国法」が立たず「後患」も少なくない。その一方で、「御許容無之《これなし》」と、許容しなければ防御を厳重にしなければならない、と状況を説明して意見を求めた（同前〈二九四―一四〉）。老中阿部正弘は、翌六月二十七日には溜間詰《たまりのまづめ》の大名（松平頼胤《まつだいらよりたね》〈高松藩主〉・松平容保《まつだいらかたもり》〈会津藩主〉・松平忠国《まつだいらただくに》〈忍《おし》藩主〉・堀田正篤《ほったまさひろ》（正睦《まさよし》）〈佐倉藩主（溜詰格）〉）にも書翰の翻訳を渡し、意見を上申するように伝えている（『松平忠固日記』〈二九四―二〇〉）。これを皮切りに、諸大名に対しても、七月一日に同様に意見を上申するように指示を出した。

諮問に対する回答　本書が依拠する『大日本維新史料稿本』の嘉永六年（一八五三）七月から十月にかけては、幕府の諮問に対する回答が四三〇以上収録されている。『大日本維新史料稿本』が採録した史料は、「逷蠻彙議《てきばんいぎ》」「逷蠻彙議拾遺」「海防続彙議」などが主である。ここで回答の概数しか示すことができないのは、一人でいくつもの上申をしていたり、複数で一つの上申を作成しているからである。それぞれの意見書が、幕府の対外方針や政策に与えた影響を分析することは困難であろう。

ここでは、嘉永六年十一月一日のペリー再来に対する幕府の方針、いわゆる「大号令」が、その冒頭で諸大名らの建議を参照した結論として、と記されていることを指摘するにとどめておく。

徳川斉昭の対外方針　「海岸防禦筋御用」を拝命した前水戸藩主徳川斉昭は、七月八日に一〇条にわたる対外方針を老中に提起した。その核心は第一条にある。

この第一条では、「和戦の二字」を幕府が決定することが急務である、と対外方針を明確にする必要を説く。そのうえで「戦の一字へ御決に相成候上ハ」と、戦うという方針を「大号令」として発布するように求めた。この「大号令」を出して質素倹約に努め、武士だけでなく、百姓や町人までも「覚悟」を決め、「神国総体の心力」を一致させることを求めたのである（『水戸藩史料』〈二九六―五四〉）。

さらに斉昭は七月十日、いわゆる「十条五事」と言われる海防意見（「海防愚存」）を提出し、自説を展開している。「戦」と決定すれば、天下の士気は上がり、たとえ一度、戦いに負けたとしても最後は「夷賊」を排除することができるが、「和」と決定すれば、当分は平穏であるが、国内の士気は低下して日本は「滅亡」する、と主張する（同前〈二九六―五九〉）。このように、斉昭は七月三日、「海岸防禦筋御用」に就任してすぐに、かねてからの望みであった幕府の対外方針の決定とその発布（「大号令」）を求めたのである。

ペリー来航によって変動しようとしている対外関係を再構築しようとしたときに登用された徳川斉昭という人物は、アメリカ合衆国をはじめとする諸外国との友好と交易という方向とは、まったく相容れない対外方針を持っていたようである。彼は対外方針（「大号令」）について、六月八日の松平慶永宛の書翰の中でも明確に、「諸国へ已前の如く、打払之御触」を出したい、と述べている（『昨夢紀事』一―三六）。なにゆえこのような人物が登用されたのであろうか。彼が、対外政策にどのように関与していたのか、という点に特段に留意して分析を進めていきたい。

第二　プチャーチンの来航と幕府の対応

一　プチャーチン来航

ロシアの使節プチャーチン（Евфимий Васильевич Путятин）が、嘉永六年（一八五三）七月十七日、長崎に到着した。彼は七月十八日、書翰を長崎奉行に提出した。すぐに翻訳が開始され、当日の夜には翻訳ができあがった。七月十九日には、プチャーチンの書翰にこの翻訳が添えられて江戸に送付された（『大澤秉哲日記』〈二九九―三〉）。この書翰には次のように記されていた。

江戸に行って会談をするところであるが、日本の法令によれば、外国に関する事務は長崎で対応することになっている。それゆえ長崎に到来した。宰相ネッセルローデ（Карл Васильевич Нессельроде）の書翰を提出したい。来航の主旨は、「和平之事」であり、交易によって利益を貪欲に得よう（「通商之利益を貪候」）とするものではない。さらに、両国にとって重大な事案についても協議したい（『通航一覧続輯』〈二九九―六〉）。

このプチャーチンの来航と書翰の提出に対する幕府の対応を考察する前に、彼が派遣された経緯について考えたい。プチャーチンの派遣の経緯とそれに関する情報については、「一八五二年七月七日

〔露〕（嘉永五年六月三日）ロシア外務省文書」「一八五二年五月七日〔露〕（嘉永五年四月一日）特別審議会の報告とその裁可」「プチャーチンへの訓令」「オランダ風説書」の四点に分けて考察する。

＊ 日付の次に〔露〕と記したのは、ロシア暦（ユリウス暦）を指す。本書で扱う時期の場合は、この日付に十二日を加算すると西暦（グレゴリウス暦）になる。本書が、利用するロシア語史料は、特に注記をしないかぎりロシア国立海軍文書館所蔵の史料である。史料の典拠については、フォンド・オーピシ・ジェーラを記す。

一八五二年五月七日〔露〕ロシア外務省文書―日本の問題について（РГАВМФ. Ф 296. Оп 1. Д 75а）

一八五二年五月七日〔露〕に開催された特別審議会には、ロシア外務省が作成した「日本の問題について」（По Японским делам）と題する文書が提出された。プチャーチンの派遣を提起した文書である。この文書は、アメリカ合衆国の遣日使節について次のように述べる。

日本に向けてアメリカ合衆国が派遣の準備をしている遠征隊の動向が注目される。アメリカ合衆国は、日本政府が他の国から隔絶するというシステム―「鎖国」―を放棄させることを、以前から望んでいた。カリフォルニアのアメリカ領土への編入と、急速に発展する貿易と産業活動は、アメリカ人たちに、日本へ行って貿易のために寄港できる港を獲得し、さらに太平洋の北方地域を航行する多くの捕鯨船にとって都合のよい避難所を獲得することを希望させた。これまで、とても多くの捕鯨船が日本に寄港する必要があった。しかし、彼らが常に非社交的な扱いを受けてきたことが一八四六年の軍艦―米国海軍のビッドルの日本遠征を指していると推定される―の派遣の理由となった。だが、この遠征は、予想されたような成果を得られなかった。日本人たちは、その船の艦長に対して優しく対応して、必要な食料を供給するとともに、アメリカ人の捕虜を返した。しかし、それと同時にどのような政治的・商業的関係も結ばない、と宣言した。その後、アメリカ合衆国はあのような規模の海軍の遠征隊の派遣を決定した。それは、船舶の数量と武器によって日本政府を威嚇し、アメリカ人の要求に同意させようとするものである。もし、それに反対した場合には、武力によってそれを強いるためである。艦隊は、三艘の武装された大規模な汽船と二艘の軍艦、そして武装された運送船であり、全部で七四の大砲を備えている。このペリー提督を隊長とする遠征隊は、本年五月末に出発する。

このように、ロシア外務省は、ペリーの遠征についての情報を得ていた。この情報を踏まえて、ロシア外務省は次のような予想と、それに関する皇帝の指示を記している。

アメリカ合衆国による遠征は、他の国々がこれまで近寄りがたかった国家の政治システムを改変させることになる。そして、ロシアに日本と交易を行なう可能性を開くことになる。皇帝は、日本の問題に関してどのような方策をとるべきなのか、ということを検討するために、サンクトペテルブルグに特別審議会を設置する必要がある、と考えて、メンバーを選出することにした。

さらに、ロシア外務省はこの文書に、ロシアがこれまで日本と友好的な条約を結ぶために行なってきた活動の経緯を記している。この点は、ロシア外務省がそれまでの露日関係をどのように捉えていたのかを理解することができるので、示しておきたい。

ロシアが日本との関係を希求したのは、シベリアの東海岸・クリル諸島（千島列島のこと）・ロシア領アメリカ（アラスカ）の植民地と日本が近接しているからである。このように地勢的要因を指摘したうえで、ロシアの活動の経緯が三つに分けられて記されている。

第一は、エカテリーナ二世の時代、一七九二年にラクスマンが派遣された。しかし、彼は派遣の目的を達成できなかった。

第二に、レザノフが一八〇三年に派遣された（日本来航は一八〇四年）。先のラクスマンと日本の間できわめて好意的な会談がもたれたので、望ましい結果が長崎において得られるのではないか、という期待から、皇帝アレクサンドルⅠ世によってレザノフの派遣が実施された。しかし、この派遣は、長崎のオランダ商館の陰謀によって成功しなかった。このレザノフの派遣の後は、ゴローニン提督の解放のために一八一三年に船を派遣したことと、露米会社を通じて難破した日本人たちを返送したことがあった。

第三は、一八四三年に特別な訓令が二つ出された。一つは、イギリスと清国の条約の締結により、ヨーロッパの商人たちに五つの港が開かれるので、ロシアの軍艦がその港に行き有益な情報を集める、という訓令である。もう一つは、そこから日本に向かい、友好と通商に関する条約を結ぶことである。しかし、この計画は特別な事情から、皇帝による中止命令が出されて実現しなかった。

「日本の問題について」は、このように従来の活動の経緯を記したのち、特別審議会に付される議題は、疑いなくアメリカ合衆国が、貿易上の優先権を自国に与えることを日本人たちに強要することで得られる利益を、ロシアの商人が獲得するための方策を考案することである、と記している。

ロシア外務省は、これまで不成功に終わった日本との友好と通商の条約の締結を、アメリカ合衆国のペリーの成果をロシアも享受する、という方法で達成しようとしたのである。

一八五二年五月七日〔露〕特別審議会の報告と裁可（РГАВМФ. Ф 296. Оп 1. Д 75а）

外務省が作成した先の文書が特別審議会に提起され、日本に対する政策の審議が求められた。これを受けて特別審議会は、日本への使節の派遣について討議するが、最初にそのメンバーを確認しておく。チェルヌイシェフ（Александр Чернышев）陸軍大臣、メンシコフ（Александр Меншков）海軍本部参謀部長、ブローグ（Петр Брак）大蔵大臣、セニャーヴィン（Лев Синявин）外務次官である。特別審議会はこの問題を審議するにあたって、次の二点を考慮している。

第一は、これまでの露日関係の形成の働きかけが日本の鎖国政策のために望ましい結果を得られなかった、という点である。

第二は、アメリカ人たちはカリフォルニア獲得以後、日本との貿易関係を形成するという目的を求めるようになった、とペリーの日本遠征をアメリカ合衆国のカリフォルニア獲得の延長線上に位置づけたうえで、日本は、彼らの開国と通商の要求を受け入れざるをえないであろう、という点である。

これらの点を踏まえて、特別審議会はロシアの対日政策を審議した。特別審議会は、ロシアにとっての日本との貿易の重要性と、それを必要とする理由を次のように捉えている。

ロシアにとって日本との海上貿易は、アメリカ合衆国が日本に求めるほどには重要ではない、と日本との貿易が緊急な課題であるとはみなしてはいなかった。そして、日本との関係は、将来における利益を確保するという点以外に、ロシア領アメリカ（アラスカ）やカムチャッカに食料と物品を運送するために必要である、と位置づけている。

特別審議会は使節の派遣に関して、アメリカ合衆国が獲得し、その成果に対して黙っていることはないであろう海洋国家——イギリスを示していると推定される——が獲得するであろう利益を、ロシアが失わないために使節の派遣が必要である、と結論づけている。具体的な方策として、一八四三年のアヘン戦争の際に、皇帝によって承認されたものの、その後、中止命令によって頓挫した決議に基づいて今回の政策を提案する。これはアヘン戦争後のプチャーチンの中国および日本への派遣の中止を示唆している。そのうえで、前回の計画を以下のように改訂する。

一つには、一八四三年には上位にあった清国の港を訪問するという任務を、第二の課題にする。すなわち最も重要な任務は、日本とロシアの貿易関係の樹立のための交渉になったのである。艦隊を指揮する人物として、一八四三年の計画のときに選抜されたプチャーチンを今回も充て、彼の任務には、それ以外にもサハリン島ならびにオホーツク海の調査と情報の収集も加える。

さらに特別審議会は、プチャーチンの艦隊の編成について次のように提案する。

フリゲート（三本マストの帆走軍艦）以外に、露米会社の船を加える必要がある。それは、交渉が成立することによって大きな利益を得るのは、露米会社だから、と理由づけられている。特別審議会は、日本との関係の樹立が成功しなかったとしても、遠征隊の派遣は、一つには、ロシアの国旗がその海域に品位をもって現れることで、オホーツク海での不法や勝手を働く国の捕鯨業者たちに有効な影響を与えることができ、また一つには、この世界周遊の航海が、海軍に必要な経験豊かな海軍士官の育成になる、という意義も見いだしている。

派遣の時期について特別審議会は、八月から九月が適当であると考えた。この時期に艦隊が出発すれば、フリゲートは翌年（一八五三年）の春に日本に到着することになり、アメリカ合衆国の遠征隊が成功していれば、この国と日本の新しい関係が形成されている。これを利用して、日本との交渉を成功させることができる。アメリカ合衆国の遠征隊が今年の夏に目的を達しなかったとしても、翌春には再編されて派遣されるであろう。したがって、ロシアの艦隊が来年の春に日本に到着するのが適当である。そのうえで、日本との関係において、特別審議会はあらゆる敵対的な行動を自制するようにと注意を喚起している。

特別審議会は、ペリーの艦隊の成功を確信し、その成果をロシアにも拡充させることで、日本との関係の樹立を企図していたことがわかる。

二　プチャーチンへの訓令

この特別審議会の議事は皇帝によって承認され、プチャーチンに対して二つの訓令が与えられることになった。第一は外務省の訓令、第二は海軍省の訓令である。以上の二つの訓令がプチャーチンの派遣に際して発令された。その後、外務省が追加訓令を発し、プチャーチンは小笠原でこの第三の訓令を受け取ることになる。

外務省訓令　第一の外務省の訓令は、一八五二年八月二十九日〔露〕（嘉永五年七月二十七日）に皇帝の裁可を得た。この訓令は従来の露日交渉の経過を記すとともに、それが失敗に終わった経緯を述べる。一方で、カリフォルニア獲得後のアメリカ合衆国の日本への志向と遠征隊の派遣について、平和的な交渉によってだけでなく、必要な場合には武力に訴えてでも、自分たちの要求を実現する、と予想して、その成果をロシアも得る必要があると述べている。このようにアメリカ合衆国の動向を踏まえたうえで、プチャーチンに次のように指示した。

日本への遠征はまったく平和的な手段、すなわち交渉という手段によって行なわれなければならない。この交渉の核心は、私たちの船と商人が、日本のいくつかの港ではないにしろ、良好な港に往来し、そこでロシア人の物品と彼らの国の産物の交換を許すように、日本政府を説得することである。日本政府が外国人との関係を忌避することから考えて、困難に直面するのは疑う余地がない。しかし、ロシアのフリゲートがアメリカ合衆国の遠征隊の次に日本に現れ、アメリカ合衆国の事業がきっとそうなるであろうが、成功に終わっていたら、日本の状況は変化し、ロシアの希望の実現を促進するであろう。もし日本政府が、アメリカ人たちに貿易に関する権利や利益を供与していたなら、ロシアに対しても同様の譲歩を説き伏せるのは、それほど難しくないように思われる。極めて重要なのは、アメリカ合衆国の遠征隊が成功を収めた状況下にあって交渉が開始できる、ということである。どのように交渉するのかを明確に指示することはできない。このことは、プチャーチンの判断とアメリカ合衆国の遠征隊の進捗状況によるからである。アメリカ合衆国の遠征隊がこの冬にまだその任務を完了せず、来冬に再開されることになった場合には、アメリカ合衆国と日本の交渉の結果が出るまで待機するかどうかは、プチャーチンの判断に任せる。

外務省は、アメリカと日本の交渉が妥結していなければ、プチャーチンの成功はあまり見込めない、と予想していたので、期待される状況が創出されるのを待つことになる場合には、他の任務――サハリン島の調査など――の遂行をプチャーチンに求めた。

また、プチャーチンは、平和的な交渉による目的の達成以外に、ロシアの偉大さやロシア皇帝の平和的な政策、さらには領土が広大である点などについて日本人に認識させることも求められている。

プチャーチンは、交渉がよい方向に進展した場合には、次の二つの点を獲得するように指示された。第一は、日本政府がアメリカ人に与える権利や優先権がロシア人にも適応されるようにすること、第二は、日本との貿易を行なうのに都合がよく、アメリカや他の国との競争者がいない北方の島々の中で貿易が行なえるようにすること、である。

外務省はプチャーチンに、日本における彼の活動とアメリカ合衆国・イギリス・オランダとの関係についても次のように指示している。

アメリカ合衆国は、ロシアが日本との通商関係を形成したい、という希望に対して干渉することはないであろう。それは、アメリカ合衆国がこの地域における貿易の敵対者としてロシアを捉えていないからである。イギリスも、アメリカの交渉の成果を自国の利益とするために活動すると予想される。一方、レザノフの派遣が不成功に終わった要因として、オランダ人の活動をあげて、彼らを過度に信頼してはならず、仲介などを求めるべきではない、と指示している。
さらに外務省は、サハリン島の調査を任務の中に入れている。サハリン島の地理的状況のみならず、住んでいる種族、彼らと清国との関係について調査することである。特にサハリン島の北部と東部の海岸の調査と、それによって良好な港を探すことも求めた。

海軍省訓令　第二の海軍省の訓令は、まずプチャーチンの指揮下に入る艦隊、およびその資金について通達している。その次に出されたのが海事に関する次のような指示である。

一つには、アジア大陸およびアメリカ大陸北西部のロシア領——ロシア領アメリカ（アラスカ）——沿岸の情報収集である。これは、近年この海域で外国の捕鯨船が増加し、ロシアのこれらの地域の支配に悪影響が出ている、という状況が関係していた。さらに訓令は、この情報をもとにカムチャツカの艦隊の隻数が不足している状態を勘案したうえで、捕鯨業者の不法からロシアの国益を守る方策を考案するように求めている。海軍省は、外務省の訓令内容を繰り返すかたちで、あらゆる目的の達成が交渉と平和的な手段によって実施されるよう喚起している。

追加訓令　第三の外務省の追加訓令については、まず先行研究について触れておく。追加訓令については、保田孝一氏が『朝日新聞』の一九九一年十月十五日付で紹介し、K・サルキソフ氏ならびにK・チエレフコ氏が『イズベスチヤ』の一九九一年十月四日付において紹介と論評を加えている。これらの紹介や評論は、千島列島の帰属問題との関連で追加訓令を考察している。本書では、この点を踏まえながら、追加訓令を全体として分析することに努める。

長崎港図（川原慶賀筆，神戸市立博物館所蔵）

一八五三年二月二十七日〔露〕（嘉永六年二月二日）付で作成されたこの追加訓令は、まず作成されることになった経緯について、シーボルトがサンクトペテルブルグに招聘されてロシア外務省と会談したことを記している。彼は、日本に貿易関係を承諾させるのにどのようにすべきか、という交渉のための良策を示したのである。追加訓令は、シーボルトの助言として以下の三点を示している。

第一は、寄港地についてである。ロシアのフリゲートは、長崎以外の港に行くべきではない。それは、昔から日本の法律では、長崎が外国との関係を取り扱うことができる場所になっているからである。それゆえ他の場所に行くことは、最初の段階で日本政府を怒らせ、さらなる関係の形成や交渉を放棄させることになる。

第二は、回答の要求の仕方である。まず、最高会議(老中)宛の書翰を提出して、この書翰の重要性について強調したのち、この書翰に対する回答がどれくらいで得られるのかを尋ねるとともに、短期間の間に回答が得られるように要請する。六週間などは時間がかかりすぎであり、長崎から江戸への往路に一五日、将軍への報告や回答の作成にいくらかの日数を要し、復路に一五日である。長崎奉行が日本の秩序に基づいて、日本の皇帝―将軍―は、精神的な皇帝―天皇―と話し合わなければならない、と発言した場合には、ヨーロッパにおいて日本に二人の皇帝が存在することは知られているが、将軍(世俗界の皇帝)は精神的な皇帝に配慮しながらも、彼の考えですべてのことを行なえることも知っている、と返答する。

第三は、長崎奉行が、外国人との関係を持つことを厳しく禁止されている、と述べて日本の沿岸から遠のくことを示唆し、日本の最高会議(老中)への書翰の伝達やプチャーチンとの会談さえも拒否したときの措置である。このような状況になった場合、プチャーチンは到着したときに出した書翰を取り返して、さらに会談の拒否を書翰で示すように求める。そして、すべての秩序を遵守し、外国人のために開かれている長崎に来て十分な敬意を払ったことを示したうえで、江戸に行くのである。江戸では、長崎で入手した会談の拒否を示された書翰を、江戸に駐在している長崎奉行に渡し、最高会議(老中)宛の書翰を渡してくれるように依頼する。長崎奉行が来航の趣旨を照会してきたら、日本とロシアは隣国であること、皇帝からの秘密の書翰を持ってきていること、両国の国民の利益に適う友好的な提案を携えていることを伝える。このように、最高会議（老中）宛の書翰の受け取りについての詳細な手続きを追加訓令は指示している。

追加訓令は、最高会議（老中）宛の書翰の内容について、次のように説明している。

第一に、この書翰は、ロシアの商船と、必要な場合には軍艦が、指定された日本の港に入港する許可を求めている。第二に、これにはロシアと日本の間の国境の画定の必要性について記されている。

このように、書翰が通商と国境の画定を求めていることをプチャーチンに伝え、国境の画定は日本が拒否することが困難な事項なので、これによって日本を交渉のテーブルに着かせることができる、と位置づけている。そのうえで通商と国境の関係について、ロシアは国境について寛容であってよい、なぜなら現段階にあっては、通商の利益のほうがより現実的な重要性を持っているからである、と通商により高い意義を見いだしている。国境の画定については、次のように具体的に指針を示している。

クリル諸島（千島列島）については、ウルップ島とエトロフ島の間を境界とする。日本政府がウルップ島の権利を主張した場合には、露米会社が他のクリル諸島と同様にウルップ島を支配していることを述べる。サハリン島はロシアにとって特別な意義を持っている。なぜなら対岸にアムール川の河口があるからである。この島を所有する国は、アムールの「カギ」を握ることになる。この点から、ロシアはこの島に対する抱負を持っていて、おそらくそう遠くないうちに最も有益な地域を占領する。情報によれば、サハリン島は「無主」の状態であり、島の最南端である日本人が移住地を持っているアニワ湾を除けば、いかなる国家にも所有されていない。日本政府は疑いなく強硬にこの島の権利を主張し、もし全体、それは十分な根拠をもって裏づけるのは困難であるが、そうでないとしても島の南の場所については主張するであろう。追加訓令は、アニワ湾の漁場はサハリン島の対岸――北海道を意味する――の人の食料を供給しているので、日本人は大切にしている、と説明している。

サハリン島の国境と通商の関係については、日本政府が通商についての要求に柔軟であったならば、サハリン島の最南端は、すでに日本人に占有されているものとして譲歩を示すことができる、と示唆しているが、いかなる場合でもサハリン島の他の部分における日本の権利を認めてはならない、とも厳命している。また、サハリン島について日本側と交渉するさいには、次のように述べることも追加訓令は求めている。

サハリン島が遠くない時期に強い海洋国家――イギリスを指すと推定される――のものになる可能性があること、この隣人たちは決して日本人にとって利益とはならないし、安全でもないということである。

サハリン島のロシアの権利に関して日本政府から妨害があった場合には、この問題をこれまでの状態のままにしておくことがよい。それはサハリン島におけるロシアの実質的な影響力を強化する時間と状況をもたらす。プチャーチンに求められる最も重要な問題は、日本と貿易を行なうのに適した港の開港であるが、その場所について、シーボルトの意見として、最も有益な場所は長崎である。さらに「蝦夷島」(北海道)の「アトキス」(厚岸)ないしは松前である、と示唆する。

このように指示を出しながらも、追加訓令は外務省がこれらのことを絶対に実行せよ、と命じているわけではなく、日本が極めて遠方にあることやこの問題の進捗状況――アメリカ合衆国の遠征隊の状況を指していると推定される――がわからないのでプチャーチンに裁量の自由が与えられる、と述べている。

最後に交渉を開始することができなかったときの処置が指示された。シーボルトの意見によれば、すべての国民を寄せつけないこのシステムを維持し、日本政府がプチャーチンの要求を拒否し、会談さえ拒否したときにはウルップ島に向かい、そこでアメリカ人の遠征が終わるのを待つのがよいであろう。そして、しかるべきときに要求を再提出する。もう一つの提案としては、サハリン島の南岸にあるアニワ湾とそこの日本の村を占拠する。それによって日本人を威嚇し譲歩をさせる。

以上のように交渉開始の形式、交渉の内容、さらには交渉を開始することができなかったときの対応策がプチャーチンに指示されたのである。

三　幕府の対応

一八五三年のオランダ風説書　幕府は、プチャーチンの来航を予想していたのであろうか。交渉の経過を分析する前に、この点について考えたい。

幕府は、対外問題に関する重要案件や情報を集めて『町奉行書類　外国事件書類雑纂』という史料を編纂していた。この中に、長崎奉行大沢秉哲《おおさわのりあき》が嘉永六年（一八五三）七月、老中へ発送した書翰が綴られている。その書翰の内容は、オランダがもたらした『別段風説書《べつだんふうせつがき》』の翻訳を送付する、というものである。この書類には、老中阿部正弘《あべまさひろ》が七月二十四日に「御渡」と記されていて、このとき町奉行に回覧されたことが推定できる。

長崎奉行大沢秉哲の「日記」には、七月二日に「別段風説書出来」とあり、この日に『別段風説書』の翻訳ができたことがわかる。おそらく、この直後には老中に『別段風説書』が発送されて、江戸に到着した後、町奉行に回覧されたのである。『別段風説書』の内容を紹介する前に、これに関連した熊本藩の動向について触れておきたい。

熊本藩の国元の家老たちが、江戸詰の家老である有吉頼母《ありよしたのも》と小笠原備前に七月十七日付で送った書翰には、七月一日の夕方に西吉兵衛《にしきちべえ》らから聴取した「密話」として、「紅毛《こうもう》内密風説書」の翻訳が六月三十日と七月一日の二日間、長崎奉行の「御手許」で六人によって行なわれた、と記されている。「紅毛内密風説書」、すなわち『別段風説書』を指しているのであるが、その情報として具体的に次の三点が記されている。

第一に、アメリカ合衆国が日本と通商を行なうために昨年から準備をしており、今年の夏に琉球を経由して浦賀に来る。第二は、イギリス船も軍艦を用意している。これも何らかの事情があるようである。第三は、ロシアも日本に軍艦を派遣する。これは、アメリカ合衆国の「通商願之模様」を勘案して、派遣の状況を考えているようである（『改訂肥後藩国事史料』〈三〇二―一八九〉）。

このように、西吉兵衛の情報として『別段風説書』の情報が熊本藩の江戸家老に通知されている。

ここで確認しておきたいのは、嘉永六年七月の一日には、ほぼ翻訳ができていたということであり、プチャーチンが長崎に入港（七月十八日）する以前に、ロシア船の来航の可能性について『別段風説書』から予知していた、という点である。プチャーチン来航の情報が江戸に到達したのは、目付の一《いっ》色直温《しきなおあつ》の「日記」によれば七月二十七日なので、幕府がそれより早く来航を予想したのは確実である（『目付一色直温日記』〈三〇二一―二〉）。

さらに付言しておきたいのはこの情報が西吉兵衛という人物から漏えいしている、という点である。『別段風説書』は、長崎奉行のもとで六人の通詞によって翻訳されたのであるが、その六人とは、名《な》村五八郎《むらごはちろう》・楢林栄七郎《ならばやしえいしちろう》・本木昌造《もときしょうぞう》・西慶太郎《けいたろう》・森山栄之助《もりやまえいのすけ》（多吉郎《たきちろう》）・西吉兵衛であった。すなわち、熊本藩の情報源は翻訳したオランダ通詞だったのであり、情報としての精度はかなり高かった、と推定されるのである。

それでは、実際に長崎奉行の大沢秉哲が送付した『別段風説書』の内容を確認する。『別段風説書』にはヨーロッパを中心に世界の情報が記載されているが、ここではプチャーチンとペリーの記載を取り上げる。プチャーチンについては次のように記されている。

ロシア海軍も日本海に船を派遣する準備をしている。「パルラス」《（パルラダ）》号のほかに二艘で、「プララーテン」《（プチャーチン）》の指揮による。この派遣の目的は、「アメリカ海軍の様子を見候心得の様に有之候」とペリーの活動を探るために派遣されたと捉えられている（『和蘭甲必丹別段風説書』〈三〇二一―一八七〉）。

ペリーについては、次のように記されている。

昨年の『風説書』にアメリカ合衆国が日本と通商を希望している点については記載したが、その後、一八五二年八月十六日（嘉永五年七月二日）付の「ニューヨーク・ヘラルド」にこの事案について掲載された。船長ロングの蒸気船「ミスシスシッピ《ミシシッピ》」号は、九月二十日から九月二十九日の間にニューヨークを出航する。ペリーを船長とする「プリンセトン《プリンストン》」号が同行するが、現在はボルチモアに滞在中である。ペリーは、九月下旬には日本海に到達するであろう。そして、この派遣は「多分平和の趣意」によるものであろう（同前〈三〇二―一八五〉）。

このように、幕府は『別段風説書』からプチャーチンとペリーについての情報を事前に得ていた。プチャーチンについて言えば、彼はアメリカ合衆国の遠征隊の様子を探る、という意図をもって日本に来る、と位置づけていた。

プチャーチン来航への長崎奉行の対応　大沢秉哲は、七月十九日付で勘定奉行石河《いしこ》政平《まさひら》と松平近直《まつだいらちかなお》に二通の書状を送った。第一の書状は、七月十八日に四艘のロシアの軍艦が入港し、長崎奉行宛の書翰を受領したことを記している。また、書翰の翻訳も同封してあるので、老中阿部正弘に上申してくれるように依頼している（『通航一覧続輯』〈二九九―四一〉）。第二の書状では、大沢の次のような意見が記されている。

すでにアメリカ合衆国の書翰を受け取っているのだから、ロシアに対しても同様の処置をしなければ問題（「変事」）が生じるかもしれず、「甚《はなはだ》心配」であり、眠ることもできない。また、プチャーチンの滞在が長引けば、間違いなどが生じる可能性もあり、できるだけ早く処理をしたい（『長崎港魯西亜船』〈二九九―四二〉)。

大沢秉哲は、ロシア側の行動に規律があることは評価しているものの、その対応にかなりの不安を持っていたようである。一方、プチャーチンに直接対応した長崎奉行手附の馬場五郎左衛門《ばばごろうざえもん》は、嘉永六年七月、白井藤三郎や大井三郎介とともに、アメリカが日本を攻撃するときにはロシアが「御味方」してくれるであろうし、これから長く「信義」を日本と結び続ける国である、とロシアとの友好関係の必要性を主張している(『大槻清崇雑記』〈三〇二―八七〉)。

大沢は七月二十一日、プチャーチンに、「検使」の馬場を派遣して江戸からの指示を受けることになるので、しばらくの猶予を求めた。プチャーチンが、江戸からの指示がどれくらいで届くのか、と質問したのに対して、馬場は三〇日程度と回答している。プチャーチンは、長崎が外国の事案を取り扱う場所なので、日本の国法を守り、ここに来たのである。長崎で対応ができないときは即座に江戸に向かうように指示されている、と主張した(『長崎港魯西亜船』〈二九九―五〇〉)。

プチャーチンの艦隊の動向　プチャーチンは嘉永六年七月二十六日、ボストーク号を出航させ、七月二十九日にはメンシコフ号を出航させた。ボストーク号は、タタール海峡に向けて出航した。ボストーク号の艦長リムスキーコルサコフは、サハリン島の西海岸の調査を指示されている(『海軍収録』一八五八年 NO 5)。ボストーク号は、任務を果たして十月十五日に長崎に戻ってくる。一方、メンシコフ号は、食料の確保とこれまでの経過を記した報告書を提出するために、上海に派遣された。メンシコフ号は八月二十四日、長崎に戻ってきた(『上奏報文』)。日本側は、この両船は食料の補給のために出航し、一艘は中国へ、もう一艘はオホーツク海へ向かう、と伝えられた。

しかし、長崎奉行の大沢秉哲は、これらの船の出航にいたく刺激された。ロシア側が、それらの船は二一日ほどで長崎に帰還する、と伝えてきたので、彼らが三〇日間で書翰についての回答を求めたのと考え合わせれば、これらの船が戻ってきたのちに江戸へ赴くだろう、との予想を、七月二十九日付の勘定奉行への書翰で記している（『長崎港魯西亜船』〈三〇一―一三四〉）。

ロシア方針の評議　ロシア船の長崎来航の情報は、嘉永六年七月二十七日に江戸へ届き、すぐさま書翰の翻訳が開始された（『目付一色直温日記』〈三〇二―三〉）。老中は幕吏たちに、ロシア船への対応を評議させた。評定所（寺社奉行・町奉行・本多《ほんだ》安英《やすひで》〈加賀守、勘定奉行〉）は七月二十九日、次のように上申した。

レザノフが長崎に到来したときに、「国法」を伝達して今後は渡来しないように伝えたにもかかわらず、その後に蝦夷地で乱暴な行為――フヴォストフとダヴィドフの行為を指す――を行なった。それゆえロシアが「通信通商」を申し出たとしても受け入れるべきではない。しかし、すでにアメリカ合衆国の書翰を、防備が十分でない（『御備向御手薄』）という理由で受け取っている。そのことをロシア側が知っているかもしれず、同様に取り扱わなければ、「失体」になる可能性がある。それゆえ、まずは老中宛の書翰を受け取ったうえで、熟慮して処置を決定すべきである（『町奉行所書類　外国事件書類雑纂』〈三〇二―七〉）。

勘定奉行も八月一日頃、書翰をただちに受け取るように長崎奉行へ指示すべきである、と上申している。その根拠は、やはりアメリカ合衆国の書翰を受け取った、という点に見いだされている（『長崎港魯西亜船』〈三〇二―一七〉）。

目付の鵜殿長鋭《うどのながとし》と大久保《おおくぼ》信弘《のぶひろ》も、アメリカ側に対して書翰の受け取りはできない、と申し諭したが、受け取りを求められたので「枉而《まげて》」書翰を受け取ったのだから、ロシアにも国法で受け取りはできない、と諭したうえで、どうしても受け取りを求められた場合には書翰を受け取る、と八月一日頃に上申している（同前〈三〇二―三〇〉）。

このように、評定所・勘定奉行・目付の上申によれば、ロシアの宰相ネッセルローデの書翰の受け取り自体を問題視する意見はなく、その根拠もすでにアメリカ合衆国からの書翰を受け取った、という点に見いだされている。

これらの評議は七月二十九日には開始され、八月二日にはその評議書が出揃った。これらの評議書は、即日（八月二日）に「海岸防禦筋御用」の徳川斉昭《とくがわなりあき》へ回覧された（『水戸藩史料　上編乾』一五四）。幕吏の評議書を回覧された斉昭は八月二日、目付の意見の採用を求めるとともに、オランダを介してロシアに回答（「申諭」）を渡すように、老中阿部正弘に求めた（『聿脩叢書』〈三一三―六〉）。

老中は八月三日、長崎奉行に次のように指示した。

> ロシア使節のレザノフ――「文化度彼国使節」――に申し渡したように、「国法」により本当は書翰を受け取ることはできないのであるが、やむをえない申し立てとして書翰を受け取る。返書について尋ねられても、書翰の内容を見ないと、その可否やそれを伝達する時期については判断できない。

したがって、ロシア側には国内の状況からすぐには回答できないので、オランダのカピタン（商館長）を通じて回答する、と伝えて出航するように促す（『魯西亜一件』〈三一三―二七〉）。

老中は八月五日、長崎奉行に、先の八月三日の指示のうち、ロシアの書翰を見ないうちから、オランダを通じてその回答を行なうので出航するように促すというのでは穏当ではないので、ロシア側から帰帆について聴取し、帰帆するようであれば追ってオランダのカピタンから回答することを伝え、江戸からの回答を求めるような場合には、長崎にそのまま滞留させるように指示を改めている（『通航一覧続輯』〈三一三―四六〉）。

ネッセルローデの書翰の受け取りを決定した老中阿部正弘は八月七日、四艘のロシア船が長崎にやってきて、書翰を提出したいと願い出たが問題もない（「別条無之《べつじょうこれなし》」）と報告が来たので、この書翰を受け取るように指示を出した、と布告を出している（『通航一覧続輯』〈三一四―九九〉）。

この布告を紹介したのは、先のネッセルローデ書翰の受け取りについての評議の結果を示すというだけではない。実は、この布告は出される直前までは、「別条無之」の部分は、「御国法」のことを十分に守っていて穏健（「穏ニ有之」）であり、それゆえ書翰を受け取る、という文章だったのである。しかし、目付の堀利忠《ほりとしただ》（利熙《としひろ》）がこの文章に疑義を呈した。目付の一色直温《いっしきなおあつ》の「日記」には次のように記されている。

ペリーから書翰を受け取ることを布告した七月一日の文章には、「一時之」とあった。実際に出された布告にあたると、それには「一時之権道」と記されていた。「権道」は、方便や目的を達するための臨機応変の処置という意味なので、幕府としては、一時的に臨機応変の処置として書翰をペリーから受け取った、と布告していたのである。しかし、ロシアに対しては、穏健だから書翰を受け取る、というのでは不都合なので、削除されることになったのである（『目付一色直温日記』〈三一四―一〇五〉）。

ここで削除された文言について触れたのは、幕吏たちがペリーと比較して、プチャーチンの行動には礼節と穏健さを見いだし、共感する面があったことを指摘しておきたいからである。

「海防愚存」の上申　ロシアの宰相ネッセルローデの書翰の受け取りに関する幕吏たちの評議書が、徳川斉昭に回覧された翌日（八月三日）に、斉昭は「海防愚存」と題して一三条にわたる意見書を老中に出した。

彼は第一条で、異国船に対する方針を確定して将軍の代替わりの際に示し、人心の一致を図ることが重要である、と述べる。この点について、アメリカへの対応についての諸役人の評議書を参照すると、方策は、結局「御旧法」を守って要求を拒否するか、「通商」を許容するかであり、それは「和」か「戦」かのどちらかになる。この第一条に続いて、江戸湾防備の配置換（第二条）・「旗本」や「御家人」からの人材登用（第三条）・武術に長じた浪人の登用（第四条）・銅材の使用制限と鉄砲の鋳造（第五条）・諸大名の負担の軽減（第六条）・将軍の代替わりの諸事の改正（第七条）・「軍政之儀」の改正と「異国の防御」の拡充（第八条）・旗本のための「文武学校」の建設と「専門之芸」の熟達による海防強化（第九条）・備蓄米の増量と粗食について（第十条）・高輪から須崎（東京都江東区）までの大名屋敷を勤番のために利用（第十一条）・第十の地域の「町屋」の取り払いについて（第十二条）・外国船の到来の際の「早鐘」による通知（第十三条）を提案している。

「海防愚存」と題した意見書の第一条、すなわち対外方針の決定がこの眼目であり、第二条以下は具体的な施策である。「海防愚存」の主旨が要求の拒否（「戦」）にあるのは明らかであろう。

西丸留守居筒井政憲のロシア方針　先の「ロシア方針の評議」で紹介したように、幕吏たちによる書翰の受理などロシアへの方針についての協議が行なわれ、それが徳川斉昭に提示されていたが、少し遅れて西丸留守居の筒井《つつい》政憲《まさのり》が意見書を老中に提出した。この意見書に着目したい。それは、彼が幕府の対外政策の決定過程において重要な位置を占めていたからというだけでなく、この意見書が幕府の対外方針に影響を与えたと予想されるからである。

八月四日に出された意見書は、「長崎表へ渡来魯西亜船御取扱之義ニ付申上候書付」と題されている。

まず、ロシア側が要請しているネッセルローデの書翰を受け取るべきである、と結論を述べる。彼は、プチャーチンが来たのは、アメリカ合衆国の書翰を日本が受け取ったことを、日本が通商を許可した（「通商御免」）と考えてのことであろう、と予想する。そのうえで、もし書翰さえもロシアから受け取らなかったなら、アメリカ合衆国よりも低く扱われた、と考えてきっと怒る（「必憤」）だろう。もしそうならなくても、書翰を受け取るのは「御信義」を失わないために必要である。彼は、ロシアの要求は「和親」と「通商」であろう、と予想し、ロシアが通商を求めた場合には、アメリカ合衆国への対応も踏まえて次のようにすべきである、と主張する。

アメリカ合衆国の要求をすべて拒否すれば必ず「戦闘」になるので、要求のうち一つくらいは聞き入れることになるであろう。それゆえロシアの要求も何か一つは聞き入れる。この二つの国は、日本の隣国（「御隣地」）であることと、外国に対する「御祖制」を策定したときには国名も知らなかった国であることを勘案して、通商を許可する。それ以外の国も同様の要求をするであろうが、日本は「小国」であり、産物も多くないので、アメリカ合衆国とロシアが、他国からの通商の要求を出させないようにする、という条件を付して、両国には通商を許可する。具体的には、長崎に商館を建設して「商法之規定」や「在留中之法度」などを決定すれば、「国威」も立つであろう。

筒井政憲は、将来、国力も充実して、人びとも気力を奮い起こせるようなときになって、やはり「和親」や「通商」は行なうべきではない、という考えに至ったならば、そのときにやめるということも考えられるが、現在の国の状況（「御国勢」）で戦争になることは「甚御不安堵」と、懸念を示す。さらに彼は、「御国典を御守」して鎖国の護持を唱える人たちは「唐土清朝之覆轍《ふくてつ》」――アヘン戦争――を踏まないような見通しがあるのか、と疑問を投げかける。鎖国の護持を唱える人たちは「其節之防禦御受合」と、紛争の際に防御を引き受けてくれるのであろう、と揶揄《やゆ》したうえで、もしその保証もなく鎖国の維持を唱えるのであれば、それは「口先筆先之論」であり「私議」にすぎない、と批判する（『長崎港魯西亜船』〈三〇二―一九〉）。

このように筒井政憲は、ネッセルローデの書翰の受け取りだけでなく、ロシアの要求は通商であろう、と見通して、それを許可するために、これまでの方針や法制に齟齬《そご》しない論理を組み立てて方策を提議したのである。ここで留意したいのは彼の批判である。これは名指しこそしていないものの、徳川斉昭を批判しているのである。また、筒井は、他の幕吏たちの評議書と同様に、自らの意見が斉昭のもとに廻達されることも十分理解したうえで、この意見を上申している。実際、この意見書は、八月五日の朝に斉昭に回覧されたと推定される。

次に、この意見書がどのような政治状況を惹起することになったのかを考察する。徳川斉昭は八月五日、老中に書翰を出して筒井政憲の意見書を「熟覧」し、いつもながら感心した、と述べたうえで、結局はアメリカにもロシアにも「交易」を「御許容」したいのであろう、と筒井の意見書の核心を最初に指摘する。そして、鎖国を護持することが「口先筆先之論」であり「私議」、と非難されたことに反駁《はんばく》する。通信や通商を許可する以前に、「御制禁」の場所にやってきて勝手な申し出をして、それを受け入れなければ戦争する、という脅しに負けて「御旧典」を崩すことはできない。さらに、腰抜けの武士は切腹か追放するしかない、という。

斉昭が批判の対象としているのは、通信と通商の許可を唱える者たちであり、その中心人物は筒井政憲である。彼は、「肥前守《(筒井政憲)》存意之趣ニてハ皇国上下一統を腰ぬけに可致」と、筒井を名指しして、彼の意見を批判する。斉昭も、武備が整っていない状況で日本側から「無謀の事」を起こすというのではなく、平和に諭し、そのうえでアメリカ側が「兵端を開」くのであれば、全員が「死を決し」て「異人」を残らず「退治」する、と述べる。そのためにも一日も早く「和戦の二字」を決定して、天下に「大号令」を出す必要があるという（『水戸藩史料　上編乾』七二）。なお、ここでの「和戦の二字」

の決定の必要は、八月三日に斉昭が提出した「海防愚存」の書き出しにあった字句である。

徳川斉昭の辞任

徳川斉昭は八月六日、老中に書翰を出して自らの立場を次のように述べている。

自分が意見を述べると「表向《おもてむき》のみ尤《もっとも》と申様」では、幕府のためにならない。現実には「愚拙(斉昭)も防禦筋御用」をしているのでなく、「通商筋《つうしょうすじ》の御用相勤候」と、通商政策の推進に与しているかのような状態だ、と不満を示す。「和戦の二字」を決定するときであり、方針が決まらないままペリーの再来航を迎えて混乱するのは、徳川家の威光を傷つけるだけでなく、「国持《くにもち》始めニ笑ハれ候」と述べて大名たちの失笑を受ける、と強い懸念を表明して、「海岸防禦筋御用」の辞任を申し出たのである。

さらに斉昭は、幕府内部の通商許可論と、自身が求める「大号令」の関係について、「各方御信用の肥前守(筒井)ますます交易之説を主張いたし候様ニてハ太平の人情、誰も当座無事の処へハ泥《なじ》みやすく」と、多くの幕吏が信頼を寄せている筒井政憲が、ますます「交易論」を主張するようになり、平和な世の中で当面の無事を願う方に人びとが靡《なび》いていき、「交易論」が優勢になり、さらには「大号令」を出すことも防御のための「台場」なども早急に建設することもできそうにない、と嘆いた。そのうえで、筒井なども「心をきりかえへ」て「日本魂」を磨く必要がある、と「交易論」の破棄を求めている(同前、七六)。

老中阿部正弘は八月六日、登城した斉昭に、もし辞任するようなことになれば、自分なども辞任するしかない、と述べて、思いとどまるように説得した。しかし斉昭は、「何《いず》レ御移り迄」で辞職する、と明言して、自分の辞任後は名古屋藩主徳川慶恕《とくがわよしくみ》(慶勝)か、福井藩主松平慶永《まつだいらよしなが》などに相談すればよいのだ、と言い放った。老中阿部は、徳川慶恕や松平慶永では「人々承知致さず」、と返答している。ここでの「御移り迄」とは、将軍が本丸へ移ることを指しており、将軍徳川家慶《とくがわいえよし》の世子家祥《いえさち》（家定《いえさだ》）が本丸に移るのは、嘉永六年（一八五三）十月二十一日のことである。

徳川斉昭に「海岸防禦筋御用」の辞任を吐露させた要因の一つは、西丸留守居である筒井政憲の交易論であった。ここで確認しておきたいのは、ロシアの宰相ネッセルローデの書翰の受け取りについての評議が、対外方針——鎖国の維持か交易か——をめぐる対立を表面化させた、という点である。

松平慶永（春嶽）

第三　幕府の対外方針

一　「大号令」の作成過程

「大号令」案の作成　嘉永六年（一八五三）八月上旬に、徳川斉昭《とくがわなりあき》が求めていた「大号令」の草案が、彼と老中阿部《あべ》正弘《まさひろ》によって作成されることになる。この「大号令」作成過程を、次の二点に絞って見ていくことにする。第一に、老中阿部正弘が八月八日頃、斉昭に対して「大号令」案の作成を求めたときの状況、第二に、この「大号令」の草稿が老中阿部によって作成された八月十一日頃の状況、である。

まず第一の点だが、老中阿部正弘は、八月八日に「海岸防禦筋御用」の辞退を申し出た徳川斉昭に会い、「大号令」の草案の作成を求めた。斉昭は、この老中阿部との対談の内容を、藩士の戸田《とだ》銀次《ぎんじ》郎《ろう》（忠太夫、忠敞《ただたか》）と藤田《ふじた》東湖《とうこ》に次のように書き送っている。

老中阿部正弘は、諮問に答えた諸大名たちの意見は「和」、すなわちアメリカの要求を何らかのかたちで受け入れる、というものが多く、「同列」すなわち老中たちも同じような意見である。このままでは埒《らち》が明かないので、今日か明日にでも「大号令」を作成して示してほしい。それを基本に評議を「押抜」く、と阿部は考えている。

斉昭は、戸田と藤田に「過日認《したため》候号令下書」を出し、それを思う存分に書き直すようにと指示した。なぜなら、「号令下書」を提出しても、一〇のうち八分や九分は老中たちによって穏当なものにされてしまう、と彼が考えていたからであった。斉昭は、「上田」すなわち老中松平忠優《まつだいらただます》（上田藩主）にいたっては、「大号令」を出すこと自体にも反対しているようであり、自分も老中阿部も「戦」を選択するので、国内にはどこまでも「戦」とする必要を両者に示した。しかし、その一方で、アメリカが到来したときには「和」になることがあるかもしれない、と自らの意見も付している（『水戸藩史料　上編乾』七八）。

戸田銀次郎（忠太夫）
（『水藩人物肖像』より）

これによれば、水戸藩にはすでに「号令下書」が存在したようである。『水戸藩史料』の編纂者は、この「下書」は存在しない、と記している。しかし、『大日本維新史料稿本』には「徳川斉昭大号令」案として『聿脩叢書』から採録した文章がある。この「徳川斉昭大号令」案が、老中阿部正弘の「大号令」案になったのではない。実際には、阿部が作成した「大号令」案を斉昭らが添削するというかたちで十一月一日の「大号令」が作られる。しかし、老中阿部も草案を作成する際に参照していた、と推定されるので、この「徳川斉昭大号令」案を紹介しておきたい。

この「大号令」案は、幕府の対外関係の変遷を大きく四つにまとめている。

第一に、慶長期（一五九六〜一六一四年）のキリスト教の禁止と「天草騒動」（一六三七〜一六三八年）である。これによりキリスト教を禁止する、という政策が決定された。

第二に、正保期（一六四四〜一六四八年）以後は、外国船が日本の近海に来ることがなくなった。外国船の渡来の減少である。

第三に、文化期のロシア人の「松前」渡来による騒動――フヴォストフとダヴィドフの事件（一八〇六年）――と、長崎で起こったイギリスとオランダによるフェートン号事件（一八〇八年）があり、その後もイギリス人の「横行」が発生した。そして、文政期の打払令（一八二五年）が発布された。

第四に、天保期に薪水給与令（一八四二年）が出されることになった。ペリーの来航は、この第四の天保の薪水給与令という幕府の配慮（「御仁恵」）に親しみを持ったか、ないしは幕府の威光を侮っているのかの、どちらかである。アメリカの書翰を嘉永六年（一八五三）六月に受け取ったのは、凶作のあと、まだ時間も経っておらず、江戸城の火災による財政難から軍備が不充分であったためである。アメリカの書翰には、長崎以外の港の開港と交易の要求が記されているだけでなく、今回は小船で来航したが、要求が満たされなければ数艘の「大軍船」で渡来する、と記されており、「傲慢無礼」である。さらに、ペリーが出発前に江戸湾の内海に侵入し測量したことは「横行之振舞」であり、「言語道断」、と怒りを顕《あら》わにしている。アメリカの不法をそのままにしておくことは、「御旧法ニ触」れるだけでなく、「武門の恥辱」である。

このように従来の経過とそれへの評価を記したうえで、この「大号令」案は次のように述べる。「交易之儀」はどんなに願い出ても決して許可しないという書面が、「栗浜《（久里浜）》」でアメリカ側に渡される。要求が許可されないので、アメリカ側は戦争を仕掛けてくるかもしれないから、全員がしっかりと「覚悟」して、万一の時には「傲慢無礼之夷賊」を残らず「退治」する。

このような「大号令」案を、徳川斉昭たちは起草した（『聿脩叢書』〈三一五—一三三〉）。この文案によれば、幕府は交易の拒否を明言し、それに憤ったアメリカが戦争を仕掛け、日本が応戦するという事態が想定されている。そして、この状況に備えるために「大号令」が出されるというのである。

老中阿部正弘の「大号令」案　徳川斉昭の「大号令」案は採用されず、老中阿部正弘が自ら「大号令」案を作成して斉昭に示し、戸田銀次郎（忠敞）や藤田東湖によって検討されることになった。この老中阿部の「大号令」案には、次のように記されている。

アメリカ合衆国の書翰を示し、それを受け入れるか否か、さらには、それによる「利害得失」などについて意見を建議するように指示したが、それらの建議書を熟覧して衆議の参考としたうえで、将軍に方針を上申した。いろいろな議論はあるが、結局のところ、「和戦の二字」のどちらかである。アメリカ合衆国の願いは「平和」で、「穏当」なものではあるが、「交易御許容之儀」については、それを許可した場合にどのような状況が惹起されるのかわからない、と将軍はお考えになった。将軍の代替わりに際して、始祖からの法（「祖宗の御法」）を替えることに深く心痛された。そして、「旧来の御制度」を守って今回の願いを容易には聞きとどけることはできない、という考えになられた。

現状では近海をはじめ防御が手薄であるので、アメリカが再来航しても回答は与えず、できるだけこちらから開戦（「争端を開」）にならないように対応する。しかし、アメリカ側が「乱妨」に及ぶことがないとは言えない。そのときに指示を出した場合には、「無《む》二《に》念《ねん》打払」を行なって国威が立つようにする。怠りがあっては「国辱」になるので、「接戦」の心得で防御を行ない、士気を高めるというのが将軍の意向である（『聿脩叢書』〈三一五―一二五〉）。

老中阿部正弘は、このように「大号令」の草案を作成したのである。この草案では、結局、アメリカ側の要求について回答を与えず、できるだけ穏便に処置をするが、アメリカ側から「乱妨」された場合には打ち払うのでそれに備えるように、と指示されている。

この「大号令」の草案が、紆余曲折を経て、後述する嘉永六年十一月一日の幕令（「大号令」）として結実していくことになる。それでは、徳川斉昭はこの老中阿部正弘の草案について、どのように対応したのだろうか。

斉昭は八月十二日、戸田忠敞（銀次郎）と藤田東湖に書翰を送り、「号令之義」（阿部の「大号令」の草案を指す）、明後日（八月十四日）に老中阿部に返却するので、意見（「心付」）があれば上申するか、ないしはこちらからさらに草案を出してもよい、という考えを示している（同前〈三一五―一二九〉）。

ここで、老中阿部正弘の「大号令」案の政治的な意義を示しておきたい。水戸藩士戸田忠敞は八月十一日、出仕前に水戸藩士原田成徳《はらだしげのり》のもとに寄り、斉昭から伝えられた阿部の「大号令」案の政治的意義を次のように伝えている。

「海岸防御」について「打払」の心得で準備を行ない、もし外国船（「異船」）から攻撃（「仕懸」）されたなら、そのときは「接戦」の心得で臨むという「大号令」が出されることになった。これは、幕府の有司の中の「交易論」（「交易姑息論」）を退けて決定された。

すなわちこの草案には、交易論を退ける決定がなされた、という政治的意義があったのである（『原田成徳日記』〈三一五―一二八〉）。このように、ロシアの宰相ネッセルローデの書翰の受け取りに関する筒井政憲《つついまさのり》の意見と、それに対する徳川斉昭の「海岸防禦筋御用」の辞退が、「大号令」の作成を推進することになり、その草案が作成されることになった。

二　ロシア方針

露使応接掛の派遣とロシアへの方針　長崎奉行の大沢安宅《おおさわ》（秉哲《のりあき》）は八月十九日、プチャーチンの老中宛書翰と、ロシアの宰相ネッセルローデの老中宛の書翰を受け取った（『大日本古文書　幕末外国関係文書』二―一四九）。プチャーチンの書翰には、次のように記されていた。

彼が、ネッセルローデの書翰を老中に提出するためにロシアの全権として派遣された。国境の画定は急務であり、江戸で老中と交渉する必要がある。なぜなら、江戸でならば一〇日程度で済むことも、

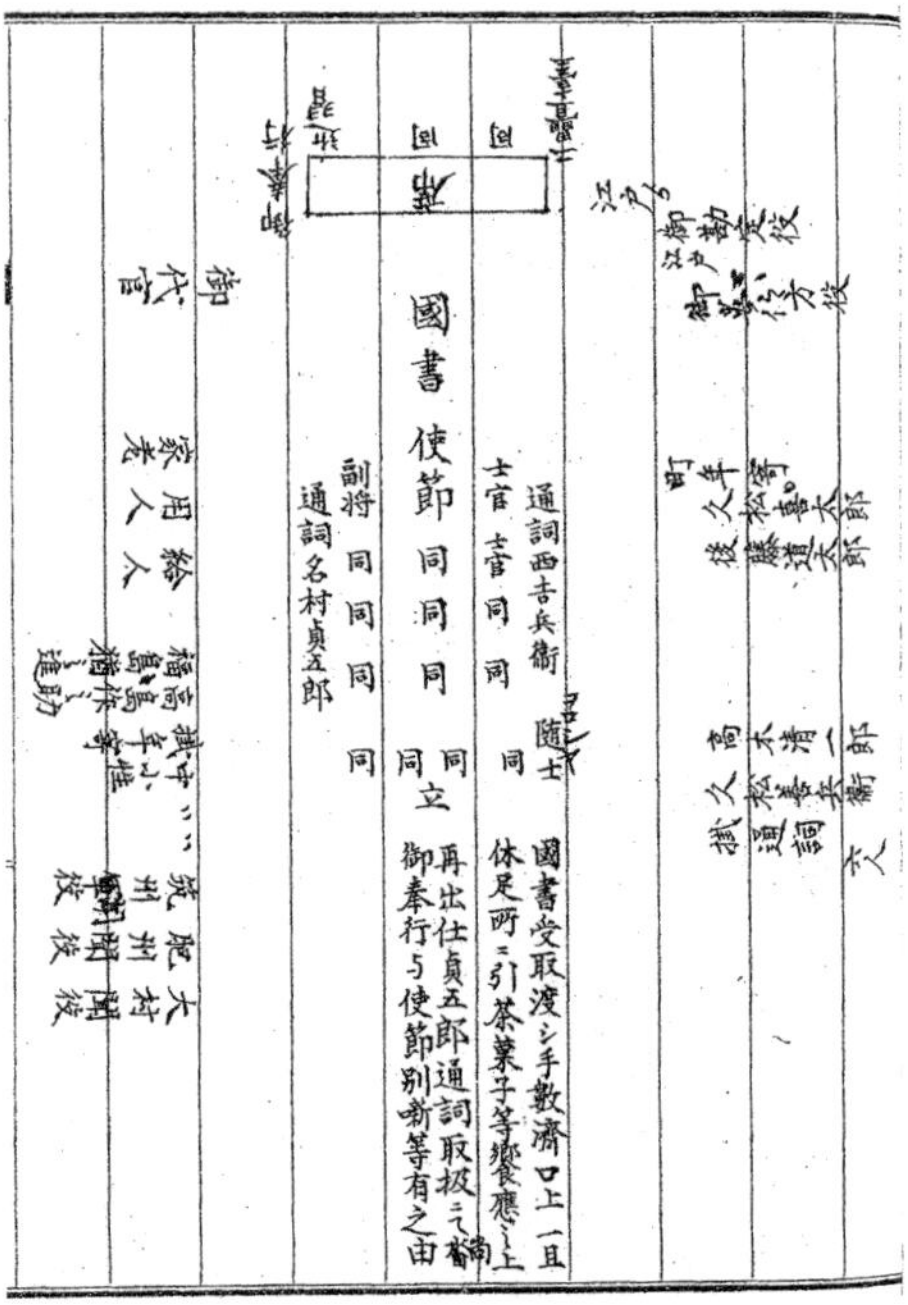

プチャーチンの国書進呈時の配置図
（『外寇叢書』二〈316-95〉0436.tif
〔『大日本維新史料稿本』東京大学史料編纂所所蔵〕）
嘉永6年8月19日の会談時を図示しており，図の中央の「使節」はプチャーチン，その上部の「御奉行」は長崎奉行の大沢安宅（秉哲）のことである．

長崎では数ヵ月も要するからである。江戸への行程は、海路でも陸路でも老中の指示に従う（『通航一覧続輯』〈三一六―七八〉）。

　一方、ネッセルローデの書翰は、両国の交渉のために全権としてプチャーチンを選抜したことを記し、国境の画定と交易の開始について記されていた。

　国境については、日本に所属する島（「貴国属之海島」）とロシアに所属する島（「本国所属之海島」）の決定と、樺太の「南岸」について検討する。前者の所属する「海島」は千島列島を意味している。交易については、ロシア人に開港し、交易の開始を許可するように求めたうえで、ロシアの軍艦（「兵船」）がカムチャッカや「亜米利加中の魯西亜領」（ロシア領アメリカ〈アラスカ〉）に往来する途中、日本の港に入って食料やその他の必要な物品を購入できるように求めている。日付は、一八五二年八月二十三日〈露〉（嘉永五年七月二十一日）である（同前〈三一六―八二〉）。

長崎奉行手附の馬場五郎左衛門は、八月二十日の朝に、これらの書翰を江戸に届けるために長崎を出発した。長崎奉行の大沢秉哲は、馬場を九月十五日までに江戸に到着させる予定で派遣した（『大澤秉哲日記』〈三一七―二〉）。大沢は、馬場による書翰の運送を八月二十日付の老中宛書翰で通知するとともに、プチャーチンが長期にわたって長崎に滞船するのを嫌がり、江戸に行きたい、と述べたが、「国法」によりそれは許されない、と説得したことを書き送っている（『長崎港魯西亜船』〈三一七―五〉）。

一方、プチャーチンは八月二十四日、ポシェット（Константин Николаевич Посьет）を通じて書翰を出して、ネッセルローデの書翰に対する回答を四二日以内に提出するように求めた。また、ネッセルローデの書翰についての回答はオランダを通じて行なう、という八月五日付で老中から指示されていた日本側の通知に、彼は拒否を伝えてきた。このロシア側の拒否を、長崎奉行は八月二十九日に江戸へ報告している（同前〈三一七―一四五〉）。

ロシア艦隊の動向　七月二十九日に長崎を出発して上海に向かったメンシコフ号が、八月二十四日に戻ってきた。メンシコフ号は、ロシアとトルコ・イギリス・フランスとの予想される開戦についての情報をもたらした。クリミヤ戦争の情報である。プチャーチンは、イギリスやフランスの軍事力の優位さから、食料や必要な物資を中国の港で調達できなくなると考えて、恒常的に寄港する場所を、サンフランシスコにしようと考えた。その後、イギリス艦隊がアメリカ西海岸を巡航している、という情報を得て、サンフランシスコ行きは中止される。このように、クリミヤ戦争の情報により、プチャーチンの行動は制約されていくことになる（『上奏報文』）。

メンシコフ号は九月一日、再び長崎を出航した。プチャーチンは、もう一度メンシコフ号を上海に派遣して、新しい情報とカリフォルニアに行くための食料を調達させようとした。さらに彼は、江戸からの回答と、タタール海峡（間宮海峡）に派遣したボストーク号が長崎に戻ったら、すぐに行動できるように準備を開始した（同前）。

メンシコフ号は十月二日に上海から長崎に戻ってきたが、その情報によれば、上海における敵の海軍力――イギリスやフランス――は、ロシアのそれを凌駕するものではないことがわかった（同前）。

ネッセルローデの書翰の翻訳と評議　ロシア宰相ネッセルローデの書翰は九月十五日の夜、江戸に到着した。九月十七日、古賀《こが》謹一郎《きんいちろう》（増《まさる》）と安積《あさか》艮斎《ごんさい》（重信）に翻訳が命じられた（『古賀増西使日記』〈三三八―五〉）。

老中阿部正弘は、ネッセルローデの書翰についての評議を行なう前に、その時間を確保する必要があると考え、九月二十三日、長崎奉行へ、ロシア側が四二日間で回答するように求めてきているが、書翰は九月十五日に江戸に到着したのであり、その回答には五〇日から六〇日は要することを、ロシア側に伝達するように指示した（『魯西亜一件』〈三三八―一一〉）。

老中は九月二十二日、評定所（寺社奉行・町奉行・本多加賀守〈安英《やすひで》〉）にロシアへの対応について意見を求めた。彼らは九月下旬、次のように老中に上申している。

ネッセルローデの書翰について、その詳細も聴取せずに回答するという対応に、ロシア側が承伏せず、浦賀に行って意見を伝えたい、というような段階になって応接掛を派遣する、というのでは、「国威」が立たなくなる。「通信通商」については、すぐには決定できなくても問題ではないが、「国境」の確定を延期することはできない。蝦夷地での調査の必要などもあるが、まずは長崎に応接掛を派遣して会談すべきである。

評定所はこのように、特に国境問題に懸念を表明し、露使応接掛の派遣を求めたのである（『大日本古文書 幕末外国関係文書』二—一五一）。老中は、翻訳を命じていた古賀謹一郎に対して、さらに九月二十一日、ロシアへの「返翰」案も起草するように指示した（『古賀増西使日記』〈三三八—五〉）。老中阿部正弘と牧野《まきの》忠雅《ただまさ》は十月五日、評定所・海防掛・大小目付にこの「返翰」案を協議するように求めるが（『目付一色直温日記』〈三二八—二三〉）、この点は「ロシアへの「返翰」案」で分析する。

三 「大号令」案の審議

「大号令」案の改変　ロシア宰相ネッセルローデの書翰の受け取りに関する評議を契機に、徳川斉昭が主張していた「和戦の二字」の決定と、それを「大号令」として発布することが検討されていた。嘉永六年（一八五三）八月上旬に、斉昭と老中阿部正弘の「大号令」案が作成され、さらに「大号令」は、阿部の草案を改定する、というかたちで整えられた。

この老中阿部正弘の「大号令」案は、少なくとも八月十一日には、徳川斉昭の手に渡っていた。この老中阿部の「大号令」案を照会された斉昭は、朱書で添削するとともに、意見を記した書翰を八月十三日付で出している。この添削の中で幕府の対外方針に深く関係する箇所を二点取り上げる。

一つは、通商拒否の理由についてである。老中阿部正弘が、交易の許容がどのような事態を惹起するかわからない、と記した箇所に、斉昭は、「交易御許容」になっては「邪宗門厳重の廉《かど》に触候」のみならず、「国力衰弊人心惑溺《わくでき》」の契機になる、とその拒否の理由を訂正している。

もう一つは、アメリカ側に回答を与えないことで、アメリカが「乱妨」してきた場合の処置である。老中阿部が、やむをえないので（「無拠儀《よんどころなきぎ》」）、指示を出し次第「無二念打払」と記した箇所に、斉昭は、もう「容赦」も「堪忍」もできないので指示を出し次第、と書き換えるように求めた。これは「無拠儀」という表現では幕府が困窮しているような印象を与える、と斉昭が考えたためである。さらに斉昭はこの箇所に、頭注を朱書で「一発たり共、弾丸打懸候儀無相違見届候《だんがんうちかけそういなく》ハヾ、一統《いっとう》無二念打払」と記した。この朱書の文言には大きな意味がある。日本側からの反撃が、幕府の指示によるのではなく、一発の「弾丸」がアメリカから発せられた時点で開始されることを意味する（『水戸藩史料上編乾』八〇）。

このように、嘉永六年八月上旬に、「大号令」の草案が老中阿部正弘と徳川斉昭の間で精査された。斉昭は朱書によって修正を求めたものの、老中阿部の「大号令」案に満足していた。問題は、できるだけ早くこの「大号令」を公にすることであった。

「大号令」案の評議　「大号令」案は、幕吏たちの評議に付されることになった。次にこの評議を検討するが、徳川斉昭がのちに評議書を閲覧して付した意見も合わせて考察する。この斉昭の意見は、嘉永六年（一八五三）十月六日から八日にかけて記されたものである。なお、評議書を提出した幕吏は、①三奉行（寺社奉行・町奉行・本多加賀守〈安英〉）、②大目付・目付、③大目付深谷《ふかや》盛房《もりふさ》、④海防掛目付（戸川中務少輔〈安鎮《やすしげ》〉・鵜殿《うどの》甚左衛門〈長鋭《ながとし》〉・大久保市郎兵衛〈信弘《のぶひろ》〉・堀織部〈利忠〉）、⑤海防掛勘定奉行・勘定吟味役（石河《いしこ》土佐守〈政平《まさひら》〉・松平河内守〈近直《ちかなお》〉・川路《かわじ》左衛門尉〈聖謨《としあきら》〉・竹内清太郎〈保徳《やすのり》〉・松井助左衛門〈恭直〉）、⑥韮山《にらやま》代官・勘定吟味役格江川太郎左衛門（英龍《ひでたつ》、坦庵《たんあん》）、⑦西丸留守居筒井政憲である。

①の三奉行は九月、アメリカの「通商」要求を厳格に拒否すれば、アメリカがどのような「不法」を働くかわからない、と懸念を表明する。そのうえで、「大号令」がそのまま出されれば、もう「和之御取計」はできず、戦争するしかない（「戦争より外無之《ほかこれなし》」）、と指摘する。防備が整い大船が完成するまでは、無礼な行為や不義に対しても堪忍して「隠ニ御取扱」、アメリカ側の願いを後弊のないように聞き届けるべきであり、来春にアメリカが渡来してきたら、「臨機之御取扱」をするべきである。したがって、この「大号令」は出すべきではない、と発布に反対した（『号令案海防掛建議』〈三三五―五三〉）。徳川斉昭はこの評議書に不満を示し、三奉行に再考を求めている。

②の大目付・目付は、九月二十二日に提出した評議書の中で、「大号令」案に賛同し、すぐにこの「御良令」を発布するように求めている。さらに彼らは、諮問された老中阿部正弘の「大号令」案に、斉昭が朱書で添削した口本とアメリカの開戦の契機について触れた箇所に、意見を付した。それは、アメリカ側が「弾丸」を撃ったならば、幕府の意向を確かめることなく打ち払う（「無二念打払候」）と

斉昭が添削した箇所に、実に的確である（「寔《まこと》ニ的當《（当）》」）、と賛意を示したのである（『号令案海防掛建議』〈三三五―八九〉）。徳川斉昭は、自分の意向に合致した大目付・目付の評議書に対して、特に論評はないと記している（同前〈三三五―九一〉）。

③の大目付の深谷盛房は、②の大目付・目付とは別に、単独で上申書を提出した。このことからも、彼が大目付・目付と意見の一致を見なかったことが推定できる。深谷は、アメリカとの交易をある程度許容すべきであり、穏便な処置をとる必要がある、と述べる。そのうえで、五年の間アメリカと交易を行なうことを理由に他の国との交易を断る、という方策を提起した。しかし、深谷も、アメリカ側が不法を働いた場合には打ち払うのが当然である、と考えていた（同前〈三三五―九三〉）。これに対して斉昭は、アメリカとの交易によって他の国との交易を防ぐことができる、という見通しはまったく理解できない、と深谷の考えを否定する。しかし、アメリカが不法を働いた場合には反撃する、と述べた箇所に着眼して、深谷盛房も「大号令」とほぼ同じ考え（「号令と大同小異」）であり安心した、と意見の一致点を見いだそうとしている（同前〈三三五―一〇二〉）。

④の海防掛目付（戸川安鎮・鵜殿長鋭・大久保信弘・堀利忠）は、字句の訂正を一部求めたうえで、早期に「大号令」を発布するように求めた。徳川斉昭は、この評議は「逐一尤《もつとも》」である、と満足している（同前〈三三五―一〇四〉）。

⑤の海防掛勘定奉行・勘定吟味役（石河政平・松平近直・川路聖謨・竹内保徳・松井恭直）は、「大号令」を発布するのではなく、口頭での指示にとどめるように上申した。その理由を、彼らは二つあげてい

る。一つは、日本が「和議」を求めているかのような姿勢を示したうえで、相手が予想していない行動に出ることで目的を達する、というのが「軍略」の通例である。しかし、この「大号令」を発布すれば、国内にアメリカに対する取り扱いが一定していないような印象を与えてしまう。これを避ける必要がある。もう一つはロシア問題である。プチャーチンが提出した書翰には、交易のことが記されている。近いうちに幕府は、ロシアとこの問題について交渉することになる。その際、この「大号令」が障害になる（同前〈三三五―五九〉）。徳川斉昭は、「萬《万》一の覚悟」が重要なのであり、この「大号令」を布達すれば武備は自然に整うはずであり、覚悟を示さないで油断のないように、と指示するのは油断を許容するようなものだ、と嘆き、彼らに再評議を促した（同前〈三三五―六二〉）。

⑥の韮山代官勘定吟味役格の江川英龍は九月、武備が整っていない状況での戦争は避けるべきである、と避戦を述べる。さらに幕府の対外方針の変遷を述べ、これまで「薪水《しんすい》」の給与を認めたことがあり、さらにはアメリカの書翰を浦賀で受け取ったことを引き合いに出して「臨機応変宜《ぎ》ニ適候《かない》」処置をするように、と柔軟な対応を求めている（同前〈三三五―八六〉）。徳川斉昭は、「大号令」がただちに開戦に繋がると解釈するのは間違っており、アメリカ側から「不法」が働かれたときの処置なのであり、「豪傑」として名高い江川のような人の考えが人心を左右することになるのだから十分に考えてほしい、と再考を促した（同前〈三三五―八七〉）。

⑦の西丸留守居の筒井政憲は、九月に二つの上申書を作成して考えを述べている。第一の上申書では、事柄の重大性を鑑みて朝廷に報告し、「叡慮」を伺ったうえで、諸大名ならびに諸役人に将軍か

ら指示を出すべきである。日本から事を起こしてはならず、アメリカ側が事を起こして、それに対抗するというのでなければならない、と述べる。さらに第二の上申書（「別段」）では、アヘン戦争における清国の対外政策の失敗（「清国之覆轍」）について述べる。そのうえで、アメリカは和親・交易と漂流民の保護を求めてきたのであり、アメリカ側から「不法」が行なわれたわけではない。したがって、アメリカには討たれなければならない罪などない、と明言する。要求のうち、法律に抵触しない事柄（「御国典不障義」）を許せばアメリカも納得するであろう、と見通しを述べている（『号令案海防掛建議』〈三三五―七六〉）。

徳川斉昭は、第一の上申の朝廷に報告する、という点には理解を示したが、第二の上申には、逐一、反論を加えている。特に、「大号令」の発布を、清朝の林則除《りんそくじょ》のような行為――アヘンを焼き払う――と同様などと筒井政憲が捉えているのは、まったくの間違いで、これまで江戸湾内海を測量させ、書翰までも受け取ったうえで再来しないように申し入れ、もし聞き入れずにアメリア側がやってきたとしても「平穏」に取り扱うのであり、それでも理解を示さないときに、どう対応するのか、ということを問題にしているのである。この対外方針も「大号令」などと呼ぶ必要もなく、「大和魂」がある者であれば、当然の布令と考えるであろう。斉昭は反論の最初に「流石《さすが》博学老練、御かげにて学問致し候」と、筒井の意見書を皮肉たっぷりに評価したあと、このように反論しており、意見書の内容だけでなく、感情的にも両者の溝は深いものがあったようである。

このように、「大号令」案の諮問を受けた幕吏たちは、②と④を除けば「大号令」の発布に明確に賛同する者はいなかった。しかし、徳川斉昭は違った認識を示している。①と⑤のみが「御見合之方と申出」たと捉え、十月上旬、「大号令」の発布に賛同しなかった幕吏たちに再考を促がすことを老中に求めた（『水戸藩史料　上編乾』八四）。

これを受けて老中は十月十四日、再評議を幕吏たちに求めた。寺社奉行・町奉行・勘定奉行・勘定吟味役は、連名で返書を提出した。この評議書には、「大号令」案に彼らが修正を加えた「別紙」が添えられている。この別紙を検討すれば、彼らが何を問題にしていたのかがわかる。彼らは「別紙」で、一発でも弾丸が発射された場合には「無二念打払」、と記していた開戦の契機を削除するように主張したのである。結局、再諮問を受けた幕吏たちは、「大号令」を発布すること自体にも賛同していなかった（同前、八七）。

徳川斉昭の辞任発言を契機に進展するかに見えた「大号令」案は、幕吏たちの反対により容易には進行しなかった。この「大号令」の発布には、さらにプチャーチンへの対応をめぐる協議が影響を与えることになる。

四　露使応接掛の派遣

露使応接掛の方針の評議　老中は嘉永六年（一八五三）十月八日、川路聖謨（勘定奉行）・筒井政憲（西丸留守居）・荒尾成允《あらおしげまさ》（目付）・古賀謹一郎（儒者）を露使応接掛に任命した（『大日本古文書　幕末外国関係文

書』三―九)。筒井と川路が江戸を出発して長崎に向かうのは、十月晦日である。このほぼ三週間、両者は徳川斉昭と、ロシアに対する方針をめぐって激しく応酬することになる。その最初の契機になるのが、十月十一日、老中に提出した評議書である。両者は、次のように指摘する。

ロシアが大国となり、樺太で日本と国境を接するようになった。このような国は日本にとって初めてであり、先例に倣うことはできない。そこで、中国の唐代の状況を参照して二つの方策を示す。一つは、武力によって外国を近づけない、という方策である。もう一つは、「和親」を取り結ぶという方策である。彼らの意向が後者にあるのは明らかである。彼らは、ロシアに行って問題が穏やかに解決できるならば身命も厭わない、と述べ、穏便な対応を求めた(『水戸藩史料　上編乾』一六八)。

斉昭は、すぐさま筒井政憲と川路聖謨の意見に批判を加え、真意を確かめた。斉昭は、二つの点を照会している。

第一は、筒井政憲と川路聖謨が求める「平穏之処置」である。その意味を問い質した。第二に、ロシアに対しては筒井と川路が示す対処をしたとして、アメリカ・イギリス・フランスなどの国に対してはどのように対応するのか、と質問する。

第一の点に関して筒井・川路は、再び先の軍事力による排斥か否かを述べるのであるが、ここでは「和親」ではなく「相当之交易」をして「隣国」としての交際を行ない、軍事力が整ったら排斥する、と主張している。しかし、現段階では国内は疲弊した状況にあり戦争がなくても困難な状況である、と指摘する。第二の点に関しては、ロシアと交易する際に、ロシアに他の国から日本に交易の要求を出させないように説得させる、というのである（『水戸藩史料　上編乾』一七〇）。

ここで徳川斉昭は登城して、「海岸防禦筋御用」の辞退を十月十九日に言い出すのである。『水戸藩史料』に掲載された斉昭の戸田銀次郎（忠敞）と藤田東湖への「手書」によれば、辞任を申し出る前日の十月十八日、老中牧野忠雅・松平乗全《まつだいらのりやす》・松平忠優は、斉昭が辞任しても「勝手」にすればよい、という様子であった。十月十九日に辞任を申し出ると、老中阿部正弘が、辞任は困ると表明したのにたいし、牧野は平伏するのみで、松平忠優は顔を真っ赤にして何も発言しなかった、と記されている（『水戸藩史料』〈三四四—四二〉）。徳川斉昭の辞任に慰留を表明したのは、老中阿部だけだったのである。

この後、筒井政憲と川路聖謨は十月二十四日、斉昭の質問に回答を示した。筒井と川路はこの書翰で、交易についてプチャーチンとの交渉で発言しない、と明言した。すなわち、これまでいく度となくその必要を述べていたロシアとの交易を放棄したのである。ここで問題にしたいのは、徳川斉昭の辞任とこの両者の交易については交渉しない、という方針の転換の関係である。

次にこの点を考察するが、斉昭はこの「海岸防禦筋御用」の辞退について、松平慶永《よしなが》に「有司《ゆうし》之中ニハ下官（斉昭）居候てハ交易出来《でき》不申《もうさず》と邪魔ニいたし候人も可有之、いミ（忌）居候人も有之」と、自分がいては幕府の有司の中に、交易ができなくて邪魔だ、と忌む者もいるので「御免願《ごめんじ》候程の良策ハ有之《これあり》間敷《まじき》歟《か》」と「海岸防禦筋御用」を辞退するよりもよい方法はないのである、と述べている（『水戸藩史料　上編乾』九二）。

露使応接掛の筒井政憲と川路聖謨の「交易論」の放棄は、斉昭の反対とその抗議の一環である「海岸防禦筋御用」の辞任発言によって惹起されたのである。斉昭の辞任表明が、その後、どのように処理されたのかを確認すると、そのことはより明確になる。

第一に、老中阿部正弘は十月二十六日、徳川斉昭に「今暫《しばらく》之内、是迄之通」と「海岸防禦筋御用」の勤務の継続を求めた（『東湖日録』〈三四四—三九〉）。

第二に、老中は十月二十九日、露使応接掛の筒井政憲と川路聖謨に対して次のように指示した。境界を決定することも、通信・通商についても、今回は応答しない。それ以外のことは委任するので、長崎奉行と相談のうえで交渉する。もしプチャーチンがこれに納得しなければ、境界の決定については、将軍の交代が済み、なおかつ書類を精査し、領主とアイヌの考えも調査したうえで、日本とロシアの双方から役人を出して決定することになるので、時間がかかる、と申し諭す。また、樺太へは上陸せず、もし先に上陸した外国人がロシア人であれば、撤退するように求める。

このとき、樺太の南岸のクシュンコタンをロシア人が占拠する事件が発生していたが、幕府はこの時点では、占拠した「外国人」がロシア人であるという確証を得ていなかった。イギリス人という報告もされており、情報は錯綜していたのである。それゆえ露使応接掛は、それを確認したうえで処置することを求められたのであるが（『大日本古文書　幕末外国関係文書』三—四一）、この点は後述する。

第三に、老中は十一月一日、「大号令」を発布したのである。先ほど紹介した徳川斉昭が辞任を申し出たときの十月十九日の状況を戸田銀次郎（忠敞）と藤田東湖に示した書翰では、老中阿部正弘が慰留し、牧野忠雅は平伏、松平忠優が顔を真っ赤にしていた、と記されていた。『水戸藩史料』が引用したこの史料の続きの部分を原本で確認してみると、次のように記されている。

樺太に上陸した「夷人」を捕縛もせず、長崎に来たロシア人が説得を受け入れなければ全員を捕縛し死刑にして、船も取り上げるべきだったのに、そのような「気力」がなかったので、このように「付込」まれるのだ（『聿脩叢書』〔三―八〇〕）。

斉昭は、交易の許可どころかプチャーチンたちの捕縛と死刑まで吐露する、という状況だったのである。このような状況では、彼が交易を許可することを了承することはとうていなかったであろう。結局、露使応接掛の筒井と川路は、通商開始についての発言を老中から留保させられた。徳川斉昭の「海岸防禦筋御用」の辞退が、ロシアとの交易を開始しようとする「交易論」者たちとの確執が引き金だったことを確認しておきたい。

筒井政憲・川路聖謨・古賀謹一郎・荒尾成允は十月二十九日、将軍徳川家祥《とくがわいえさち》（家定《いえさだ》）と老中らに謁見して、十月晦日に出発した。しかし、この出発の時点では、露使応接掛たちはプチャーチンに渡す「返翰」を携帯してはいなかった。後述するように、この「返翰」は嘉永六年十一月十八日、露使応接掛がプチャーチンに渡すことになる。

ロシアへの「返翰」案　九月二十一日に古賀謹一郎に「返翰」案の作成が指示され、十月五日にはその草稿が幕吏たちの討議に付されている（『長崎港魯西亜船』〈三四三―三二〉）。

ロシアへの「返翰」案は、「国境」と「交易」・「往来」について主に記されている。「国境」については、それが明確でないとロシア側が指摘するのであれば、その地域の藩に指示して調査を実施したうえで、日本とロシアの役人が会談して決定する。藩による調査については絵図や書籍なども精査して、確実な証拠をあげて誤謬のないようにしなければならず、ただちにそれを行なうことはできない。「交易」・「往来」のことは、祖先から受け継がれた法律であり改変することはできない。ロシアがかつて交易を求め、日本がそれを断ったことについては承知しているであろう。現在の世界の状況は以前とは異なり、交易が盛んになってきていて古の例（「取古例」）によって現在のことを規定することと（「律今事」）はできない。アメリカ合衆国も、日本に交易を申し込んできており、再来するであろう。このように、諸国が日本に交易を求めている状況であるが、日本にはこれらの国々と交易をする国力はないのである。このように、ネッセルローデの書翰に記された要求をただちに受け入れることはできない、という「返翰」案が作成された。

この「返翰」案も、「海岸防禦筋御用」の徳川斉昭に示された。彼は三つの点について注文をつけた。一つは「返翰」を「日本の仮名」で記すことである。第二は、ある部分（九文字）の削除である。第三は、「国境」に関する記載についてである。

第一の「仮名」で記す、という点については、大学頭の林　韑《はやしあきら》などが反対して採用されなかった（『水戸藩史料』〈三四三―五九〉）。

第二の削除を要請した九文字とは、日本も世界の大勢が変化していて貿易が拡大しているのを理解している、と記した文章のあとの「誠に、古《いにしえ》の例を取りて、今の事《こと》を律する能《あた》わず」（「誠不能取古例律今事」）である（『大日本古文書　幕末外国関係文書』三―一五）。彼は、再三にわたってこの字句の削除を求めた。最終的にこの部分が削除されなかったことを知ったときに、彼はプチャーチンがこの言葉に注目したら、露使応接掛は困難な状況（「大に差支」）に陥るであろう、と手記に記している（『水戸藩史料上編乾』一九〇）。プチャーチンが、この書翰を読んだときの状況を言い当てている。この点は「長崎交渉」のところで分析する。

第三は、「国境」についての記載である。徳川斉昭の主張は次のようなものであった。

今回、ロシアが来たことを好機と捉え、「千島もカラフト（樺太）も此方地と申證を遣し候事」と主張して、千島列島も樺太も日本の領土であることを「返翰」で示すことを求めたのである（『水戸藩史料』〈三四三―六八三〉）。

これについても、大学頭の林𥟩が、蝦夷地の島々（樺太や千島）について詳細に記すべきではないと反論し、目付の堀利忠も、そのようなことを記せば、たちまち国境についての議論が生じてしまう、と反対した（『長崎港魯西亜船』〈三四三―六五・六七〉）。実際の「返翰」でも、樺太や千島列島が日本の領土である、という文言は記されなかった。

すでに江戸を発った露使応接掛たちに届けるために、十一月十一日になってようやく完成した「返翰」をもって、徒目付《かちめつけ》永坂半八郎が江戸を出発した（『永持享次郎筆記』〈三五〇―一一九〉）。

プチャーチン出航　勘定奉行の石河政平《いしこまさひら》と松平近直《まつだいらちかなお》は、露使応接掛（筒井政憲・川路聖謨・荒尾成允・古賀謹一郎）が決定されたことを、その日（十月八日）に長崎奉行水野忠徳《みずのただのり》（忠篤）・大沢秉哲《おおさわのりあき》に伝達した（同前〈三四二―八三〉）。

プチャーチンは十月十七日、近日中に艦隊を長崎から出航させることを通知し、翌日の十月十八日に老中宛の書翰を提出した。この書翰でプチャーチンは、国境問題と通商問題について詳述している。

国境については次のように記されている。

千島列島については、それがロシアの領土でありエトロフ島もその中に属する、とエトロフ島の領有を主張したうえで、その帰属について議論することを提案している。サハリン島については、皇帝の命令によりロシアの所領として軍隊を置いたこと、そしてアニワ湾に居住する日本人には、ロシアの領民とおなじく保護を与える（『大澤秉哲日記』〈三四三―一五三〉）。

次は交易である。

ロシアの軍艦と商船が日本の港に寄港できるか否は、特に重要なことである。なぜならロシアの船舶が、カムチャッカおよびロシア領アメリカ（アラスカ）に行くさいに、日本の近海を航行するからである。交易のために少なくとも二つの港の開港を求める。

このような書翰をプチャーチンが提出したのには、理由があった（『通航一覧続輯』〈三四三―一五八〉）。サハリン島の西海岸の調査などを行ない、石炭の鉱床の状況などを確認するなどの成果をあげたボストーク号が、十月十五日に長崎に戻ってきた。ボストーク号は、皇帝命令によるサハリン島の占拠に関する情報と、日本人が漁業に従事している南端のアニワ湾を除外してこの島を、ロシアに譲渡するよう日本と交渉するように、という指示をもたらしたのである。ネッセルローデの書翰のサハリン島の南岸の帰属について話し合う、という内容とサハリン島南岸の占拠というボストーク号の情報は齟齬しており、プチャーチンは日本側の混乱を回避するために、この書翰を提出したのであった(РГАВМФ. Ф 410. Оп 2. Д 1074.)。

長崎奉行は十月十九日、勘定奉行に、プチャーチンが出航を通知してきたにもかかわらず、その理由を明言しなかったので浦賀に行くのではないか、と懸念し、早急に露使応接掛が到着することを求めた(『長崎港魯西亜船』〈三四五―五一〉)。この長崎奉行の書翰を受けて、老中は露使応接掛を早急に出発させることを決断したのであった(『魯西亜一件』〈三四五―五七〉)。

プチャーチンは十月二十三日、長崎を出航して上海に向かった。そのさい、ポシェットは、長崎奉行に十月二十三日付で、長崎に再来した際には露使応接掛と会談し、書翰についての回答を得られなければただちに江戸に赴く、という内容の書翰を残して出航した(『通航一覧続輯』〈二四四―一三七〉)。

クシュンコタンの占拠　既述の樺太の占拠とは、嘉永六年(一八五三)八月晦日、アニワ湾にロシア兵が上陸して哨所を建設した事件を指している。このアニワ湾のクシュンコタンには、北海道の場所請負商人伊達家と栖原家の拠点があった。松前藩主松前崇広《まつまえたかひろ》は九月十九日、老中にクシュンコタンが占拠されたことを知らせている。この情報を老中牧野忠雅が受け取ったのは、九月二十八日のことであった。

松前藩は、九月十七日に一番手を、九月十八日に二番手を派遣した。一番手と一緒に出発した役人は十月一日に宗谷に到着し、十月九日には一番手も宗谷に到着したが、すでに冬季にさしかかり、樺太に渡航することはできなかった。老中はこのような状況を、十一月十三日に松前藩から報告されている（『胡路謾瞞宜』〈三四五―二七〉）。

ロシアは、一八五三年四月十一日（露）（嘉永六年三月十六日）に露米会社にサハリン島の占領を命じて、それが実行されたのであった。このクシュンコタンの占拠事件については、秋月俊幸氏の研究を特に参照した（『サハリン島占領日記』東洋文庫）。ロシアは一八五三年九月に樺太アニワ湾のクシュンコタンに建設した哨所を、一八五四年五月に撤退することになる。

五　「大号令」の発令

「大号令」の発布とその内容　露使応接掛が出発すると、老中は嘉永六年（一八五三）十一月一日、懸案であった「大号令」を、予想されるペリーの再来航に対する方針として、諸大名ならびに旗本に布告した。これは「大号令」と通称され、幕府の条約締結前の対外方針を示す重要な布告、と捉えられている。「大号令」は次のように述べる。

アメリカから出された書翰に対する諸大名らの建議書を考慮した結果、アメリカへの対応は、結局は、「和戦之二字」のどちらかである。しかし、諮問に答えて提出された建議書が言うように、防御の準備が不十分なので、来年になって渡来しても要求を受け入れるか否かについては回答しない。できるだけ穏便に対処するが、アメリカ側が「乱妨」を働かない、とは言えない。それゆえ、そのような事態に備えて、「国辱」とならないように「防御筋実用」の備えを行ない、精神的にも十分に準備して、アメリカ側の動向を「熟察」して、もしアメリカ側が乱暴して「兵端」を開いた場合には、総力をあげて反撃するので、そのための準備を全員が怠らないようにする（『大日本古文書　幕末外国関係文書』三一―五五）。

この「大号令」に対する研究者の評価については、石井孝氏が「曖昧模糊」たる「大号令」と評し、小野正雄氏が「無定見」で「無責任」と評していることを、本書の「はじめに」で記した。ここで、さらに「大号令」の評価について付言しておきたい。

田保橋潔氏は「斉昭の最も熱心に主張した大号令案はかくして発布せられたが、三か月にわたる修正のため原形は跡を止めず、四民を奮起せしめる当初の精神は全く没却せられて、無きに勝る程度のものとなってしまった」と評している（『増訂近代日本外国関係史』刀江書院、一九四三年）。小西四郎氏は「大号令」を「じっさいにはなんの役にもたたぬもの」（『日本の歴史一九　開国と攘夷』中央公論社、一九六七年）とも評価している。

総じてこれまでの研究は、この「大号令」の、アメリカ側に回答を示さない、という点に着目して幕府の優柔不断な態度の顕れ、ないしは回答延期策を示したものと評価し、幕府の対外政策を低く評価する根拠の一つにもなっていた。このような「大号令」に対する研究者の評価は保留し、「大号令」発布の政治的意義を確認し、次に「大号令」を受け取った諸大名の対応を見てみたい。

「大号令」の政治的意義　本書が注目して分析を加えている「大号令」が、徳川斉昭によって推進された、というのは通説である。この「大号令」に対して独自の見解を示したのは、大久保利謙氏である。大久保氏はこの「大号令」について、「徳川斉昭の反通商強硬論と筒井政憲らの許容論との妥協案を骨子とする老中達《たつし》を発し、西洋諸国に「ぶらかし」策をもって臨むことを公表した」と位置づけている（『日本歴史大系4』山川出版社、一九八七年、三四頁）。本書は、この「大号令」の文面からの分析だけでなく、徳川斉昭と筒井政憲らの政治的対立に「大号令」の評価を見いだしている大久保利謙氏の指摘に示唆を受け、この対立を政策決定の中で立体的に分析し、そしてより長期的に――徳川斉昭が「海岸防禦筋御用」を務めていた時期――分析することを企図している。この点を踏まえて「大号令」の政治的意義と諸大名のそれに対する認識をさらに分析する。

徳川斉昭は嘉永六年十二月、福井藩主松平慶永の「大号令」の発布とその意義に対する質問に、次のように答えている。

斉昭は、慶永から受けた「大号令」についての質問には、名古屋藩主徳川慶恕《とくがわよしくみ》からも同様の質問を受けているが、問題もあるので（「少《しよう》ゝ《しよう》差支之《さしつかえ》筋有之」）自分からそれについて回答することはできない、と前置きし、簡単に言うならば「交易」を許可する、と発布されるよりは少しばかりよいであろう（「交易　御許容と仰出され候よりハ少ゝまさり申べきか」）、と述べている。そのうえで、自分が登城しても何ら幕府のために益するところ（「稗補」）がないので、「海岸防禦筋御用」の辞任を申し出たところ、今しばらくは登城してくれるように指示（「内沙汰」）があった、と伝えている（『聿脩叢書』〔一三一―一三八〕）。

まず、交易許可の指示が出されるよりはよい、という点に注目したい。斉昭は、この「大号令」には、これまで見てきた幕府内部の交易許可の流れを押しとどめたことに、その政治的意義がある、と伝えたうえで、「大号令」が出された直接の契機を伝えているのである。すなわち、「海岸防禦筋御用」の辞任を申し出たという点である。それは、「露使応接掛の派遣」で考察した、十月十九日の「海岸防禦筋御用」の辞任を指している、と捉えて間違いないであろう。この辞任が、「「大号令」案の評議」で考察した「大号令」の発布に幕吏たちが賛同しないことと、露使応接掛の筒井政憲と川路聖謨の「交易論」に対する強い抗議であることはもはや説明を要しないであろう。さらに、しばらくは登城するように、との指示は、十月二十六日の老中阿部正弘による慰留を示唆している。ここに「大号令」の政治的意義が存在するのである。

もう一点、ここで付け加えておきたいことがある。それは、松平慶永が「大号令」の意義を徳川斉昭に照会し、名古屋藩主徳川慶恕も同様の照会を行なっている、という点である。すなわち、「大号令」の審議に加わっていない者には、「大号令」の意図というのは判然としなかった。それゆえ、「大号令」の文面からその意味を判断することは困難だったのである。たとえば宇和島藩主の伊達《だて》宗城《むねなり》も、嘉永六年十二月八日、松平慶永に、「御発令」（「大号令」）は文字が書かれてはいるが、半分からは意味がなく、人々が感動するようなものでもない（「諸人感動不仕儀《つかまつらざるぎ》」）、と「大号令」に対する不満を述べ、さらに、まったくもって「諸侯へも御挨拶位」のものであると、大名への「挨拶」程度の意味しかない、と喝破している（『春嶽公記念文庫所蔵文書』〈三四九―六五〉）。

このように、ペリーの再来航に備えた幕府の対外方針である「大号令」は、諸大名にとってその意図を捉えかねる幕令だったのである。ましてや、その政治的な意義を文面から理解することもできなかった。この点を踏まえたうえで、この「大号令」が惹起した事態について考えたい。

「大号令」は、当然のことながら海岸を防御する諸藩にとって幕府の対外方針の提示、と理解された。しかし実際には、どのように、そしてどれくらいの規模で海岸を防御すべきなのか、という点になると、これもまた判断が難しい問題だった。この点を長州藩と熊本藩の対応を事例に見ていく。

「大号令」に対する長州藩の対応

長州藩主毛利《もうり》慶親《よしちか》（のち敬親《たかちか》）は十一月十五日、長州藩士たちに「大号令」を示したうえで、アメリカ船が再渡来しても要求をまったく受け入れないのであれば、彼らが戦争を仕掛けてくる（「兵端ヲ開キ候」）のは必然の状況である、と幕府がアメリカの要請を受け入れず回答を示さなければ開戦は避けられないであろう、と捉えている。そこで、油断することなく調練を重ね、何かあったときには「大号令」にあったように、日本の「御武威」を海外に示せるように働くことが大切である、と藩士の士気を鼓舞している。このように長州藩主毛利慶親は、アメリカとの開戦に備えて藩士に戦闘の準備を指示したのである（『忠正公実録三』〈三四九―五〇〉）。しかし幕府は、このような長州藩の意欲を、大きくくじく指示をこの後に出すのである。

老中阿部は十二月二十九日、「大号令」に関して「公儀人」を通じて長州藩に次のように指示した。アメリカ船を浦賀沖で停止させる予定であるが、ペリーはすでに小柴や杉田沖などに乗り入れたことがあり、内海の状況を知っている。それゆえアメリカ船を停止させることができず、富津《ふっつ》と観音崎を乗り越える可能性がある。もし江戸湾を防備している各藩の持場を乗り越えたとしても、これを

「不法」である、と捉えてこちらから「無謀ニ兵端」を開いては重大な災いとなり「後患」を惹起する。内海に侵入したとしても攻撃してはならず、浦賀奉行が早船でアメリカ船に出向き、「御国禁」をアメリカ側に伝え浦賀に引き戻す。さらにアメリカ側から「戦争之機」（契機）を起こすまでは、動揺せずに「勇気」を蓄えていてほしい、と指示している（『浦元襄日記』〈三六四―三一〉）。

ここでは、幕府がアメリカの内海への進入を「戦争之機」と捉えていなかったことがわかる。長州藩からすれば、江戸湾における自藩の警備地の前をアメリカ船が通過しても、黙って見過ごすことを求められたことになる。藩主毛利慶親はこの指示を、そのまま受け入れることはなかった。慶親は安政元年（一八五四）正月十二日、先の指示に次のように疑問を呈した。

「戦争之機」は状況によって変化するので、明確にすることは困難であることは認めるが、「渠《かれ》より銃丸一発ニ而も打懸候歟」、あるいは「小船江乗移上陸仕躰」などの「戦争之形」があるまで待つ、というのでは時機を逸してしまう。そこで、ペリーの要求に対して幕府がどのように考えているのか、という点と、これから行なわれる交渉の経過を知らせてくれれば、「戦争之機を熟察」することができる、と主張した（『大日本維新史料』〈二―一―四〇二〉）。

ここでは、毛利慶親がアメリカ側の発砲ないしは小船での上陸の形勢を開戦の契機、と捉えていたことに留意したい。さらに慶親は、老中阿部正弘の指示にあった「御国禁」の内容を照会した。

彼は、「内海江乗入候」「妄《みだり》ニ繫泊之所を移転」「小船を以、海上を徘徊」「海陸を測量」「恣《ほしいまま》ニ致上陸、薪を採、水を汲、田畠を荒し人家江乱入」「台場之広狭、守銃之大小を見廻り候類」など、アメリカ側に禁止事項として通達する「御国禁」の内容を老中に問い合わせた（同前〔二一―一―四〇二〕）。彼は幕府が定める「御国禁」の内容をアメリカ側に通知し、それをアメリカ側が知っていながら犯したならば、それは「乱妨」にあたり、日本を軽侮しているのだから、彼らが開戦した（「兵端を開」）とみなして警備を担当している藩士たちの判断で行動させる、と述べる（同前〔二一―一―四〇三〕）。

これに対して、老中松平乗全は正月十二日、対応はその場の状況によるので、事前に指示をすることはできない、と明確な回答を避け、長州藩の判断で交戦することを許さなかった。さらに、老中阿部正弘は正月十三日、毛利慶親に会って、日本側から開戦することは許さない、と念を押している（同前〔二一―一―四一五〕）。

このように長州藩は、幕府から開戦の権限を与えられることはなかった。長州藩が照会した「戦争之機」も「御国禁」の内容も明示されることはなかった。さらには、江戸湾における自藩の警備地の前をアメリカ船が航行しても黙認しなければならなかったのである。

「大号令」に対する熊本藩の対応　老中阿部正弘は十二月晦日、熊本藩にも長州藩と同様に、アメリカ船の内海乗り入れを「不法」と考えて「無謀ニ兵端」を開かないように指示し、持場をアメリカ船が乗り越えても、平和であれば熊本藩の「越度」にはならない、と伝達している（『改訂肥後藩国事史料』一―三四七）。

さらに老中阿部正弘は、長州藩同様、安政元年一月十三日、藩主細川斉護《ほそかわなりもり》に争端を惹起しないよう指示している（同前、一―四二二）。これを受けて、藩主細川斉護は同年一月、相模警備の「総帥」である家老長岡是容《ながおかこれかた》にアメリカ人への対応を指示している。この指示の内容は、熊本藩の「大号令」に対する理解を端的に示している。この指示で注目したいのは、「大号令」に示されている、「乱妨」されたときに「御国辱」にならない対応をするように、という開戦の契機に関する部分の解釈である。

斉護は次のように述べる。アメリカ人が海岸に近づいて大砲を発し、攻撃してきたならば、「接戦」は当然であり、幕府の「御示」(「大号令」)の全員が奮発して「御国体を不汚様」という事態に相当する。しかし、交渉が不調に終わってアメリカ側が退帆するさいに、小舟などで海岸に乗り付けたり、上陸して「乱妨之振廻」をしたり、「空炮を放抔《など》」の行為を、アメリカ人が「争端」を起こした、と捉えるべきではない(『大日本維新史料』〔二―一―五七二〕)。しかし、アメリカ人に対して、ただ手を拱いて見ているというのではなく、船へ押し戻すなどの処置を取る。この点は、次のような比喩によって説明されている。「疾心之者」や「酔狂人」が暴れていても、すぐに切り捨てるのではなく「押捕」て親類等に引き渡す。これが、状況にあった最も良い対応なのであり、外国人の取り扱いも同様である。さらに国内における一揆の鎮圧の例を示して、アメリカ人に対する防御も「此方よりハ、炮矢兵刃を用ひす取鎮」たならば、それこそが「見事」な対応なのであると説明する(同前〔二―一―五七三〕)。

熊本藩の藩士たちも、アメリカ人への対応に関して強い自重を求められたのである。老中阿部正弘は正月十三日、細川斉護にアメリカに対して「重畳平穏」に対応するように重ねて指示した。この指示で、「屋敷内太平を唱候に成行」と熊本藩士の士気は大きく低下してしまった(同前〔二―一―二八六〕）。

ここでは、幕府と長州藩ならびに熊本藩の「大号令」に関するやりとりを検討した。「大号令」はアメリカ側から攻撃された場合には反撃する、というものの、長州藩は開戦（「兵端」）の契機やそれに繋がる「御国禁」の内容を示されることはなかった。熊本藩も砲撃されて初めて応戦できる、と理解していた。ましてや、アメリカ側が帰りがけに上陸して乱妨しても、自重しなければならなかったのである。江戸湾を防備する藩士たちは、「大号令」にもとづいて、「上下挙て心力」を尽くそうとした。しかし、その後の幕府の指示は、彼らに強く自重を求めている。幕府と諸藩のやりとりを検討すると、幕府は、自らが出した「大号令」によって惹起される事態を収拾するために苦心していたことがわかる。

六　長崎交渉と成果

長崎交渉　プチャーチンは嘉永六年（一八五三）十二月五日、長崎に戻ってきた。彼は、長崎には三日間しか滞在せず江戸に向かう、と通告してきたが、露使応接掛の到着が間近であることが伝えられると、十二月十四日まで待つことを了承した（『大澤秉哲日記』〈三五七―三〉）。露使応接掛たちは、十二月八日から十二月十日にかけて相次いで長崎に到着し、筒井政憲・川路聖謨とプチャーチンの面会は十二月十四日に行なわれた。しかし、この日は挨拶と宴会だけであった。「返翰書」は、十二月十八日にプチャーチンに渡された。

プチャーチンは報告書に、この「返翰書」は明確には自分の要求に対して拒否も賛成もしていなかった、と記している。また、この回答が日本の外交の典型であり、ずる賢い考えの表明であり、日本人の特徴である機転のきいた性格が表れている、とも述べている。プチャーチンは、「返翰書」の内容を次のように理解した。

国境の画定の必要性を認めながらも、老中たちはこのことを実行に移すにはあまりにも困難であり、その解決はほとんど不可能である、と考えている。交易については、世界の情勢の変化から、老中たちはすでに自分たちの古い外国との関係を拒否する法制度を維持できないことを認めながらも、この問題の審議のために、三年から五年もの時間を要求してきた。それでもプチャーチンは、この「返翰書」から日本側の変化の兆候を読み取った。彼は、この「返翰書」から明白なのは、ロシアとアメリカの船が出現したことで、外国との交際に対する日本政府の頑固さが揺らいだ、と報告している

(РГАВМФ. Ф 410. Оп 2. Д 1074.)。

露使応接掛とプチャーチンは、十二月二十日、国境と通商についての協議を開始した。樺太についてプチャーチンは、自分が派遣されたときと状況が変化したことを説明している。すなわち、ロシアの宰相ネッセルローデの国書では樺太の南岸を協議するとあったが、すでにロシア側が陣営を建設したことについて、外国人の樺太への進出を防ぐための措置であり、境界が決定されれば陣営を引き払うと発言した。そのうえでプチャーチンは、樺太の南は日本の所領であるが、北方および中部はロシ

嘉永6年12月14日を描いたものと思われる．プチャーチン使節の正面に4名の露使応接掛（図の最も左側）が描かれる（図の上部から大目付の筒井政憲・勘定奉行の川路聖謨・目付の荒尾成允・古賀謹一郎）．また，プチャーチンらから見て右側に立つ2人が上座より長崎奉行の 大沢安宅（秉哲）と水野忠徳，左側に上座より中村為弥・菊池大助である．目付については，『魯西亜応接日記』『大日本維新史料稿本』〈358-95〉によって推定した．

アの所領である、という見解を示した。また、エトロフ島の領有についての審議の必要性を示した。交易については、日本は「昔と今と事、同じからざる」と状況を理解しているようなので、「交易」を許可するのか、とプチャーチンが質問した。

川路聖謨は、そのことについては評議が開始されたばかりで、今すぐに決定することはできない、と返答している（『大日本古文書　幕末外国関係文書』三—一三七）。ここでプチャーチンが指摘したのは、「返翰書」に「誠に、古《いにしえ》の例

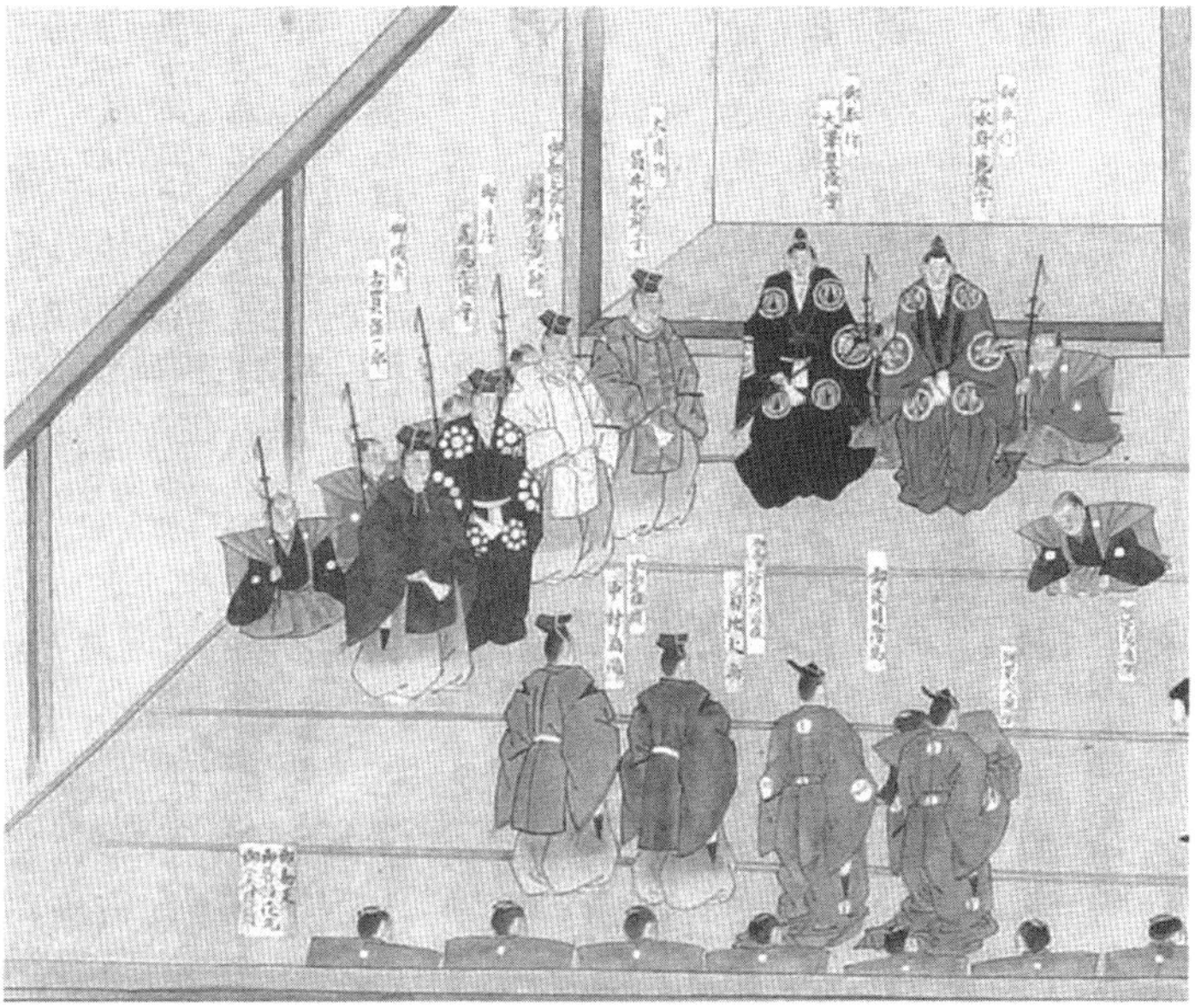

魯西亜使節応接図（早稲田大学図書館所蔵）

を取りて、今の事《こと》を律する能《あた》わず」とあることを指している。徳川斉昭が、「返翰書」のこの文言が交渉で問題になる、と指摘したことは的中した。

この交渉でプチャーチンは、この文言を捉えて状況の変化に幕府が対応しようとしている、と考えたのである。そして、おそらくプチャーチンが報告書の中で、日本に変化の兆候がある、と記していたのも、ここから彼が感じ取ったことを記したのである。彼は、報告書でこの兆候について記したのち、「日本政府が、私たちの主張を完全に退けることが不可能な場合にのみ、開港に同意することを決めているのに気がつかないわけにはいかなかった」と記しており、「返翰書」の文言と最初の会談は、プチャーチンを鼓舞することになったのである（РГАВМФ. Ф 410. Оп 2. Д 1074.）。

さらに十二月二十二日の交渉で川路聖謨は、樺太については五〇度で折半することを提案し、千島列島については、プチャーチンのエトロフ島の折半論に反駁して、エトロフ島はアイヌが居住しており、彼らは「日本所属之人民」である、と主張した。国境についての問題は、これ以上は進展しなかった。交易のための開港場の問題に移ると、プチャーチンは江戸が不可能ならば大坂ではどうか、と打診してきた（『大日本古文書　幕末外国関係文書』三―一四〇）。川路は拒否したが、この大坂という場所にロシア側はある意味を見いだしていた。この点については後述する。

プチャーチンは十二月二十三日、ポシェットを通じて露使応接掛に書翰を差し出した。この書翰の冒頭でも、日本の「返翰書」に現在の状況は、「旧法」によっては対応できない、と記されているのは、外国との通商を禁止する法律にはもはや依拠できない、ということであろう、と記している（同前、三―一四五）。

三度目の十二月二十四日の交渉では、最初に筒井政憲が、この文言がロシア側の理解するような意味ではない、と反駁して紛糾した。この交渉でプチャーチンは、世界情勢の変化を強調し、ロシアと「和親」を結ぶ必要性を指摘する。国境問題では、来春、樺太で双方の立会のうえで取り決めることがプチャーチンから提起された（同前、三―一四七）。

四度目の交渉となった十二月二十六日、プチャーチンは、樺太の境界を決定するために来年の三月から四月までに役人が派遣されなければロシアが植民を実施する、と通告してきた。川路聖謨は、樺太に調査の役人（「見分之役人」）を派遣することには同意したが、彼らは境界を決定する権限は付帯されないことを回答し、そのうえで、アニワ湾が日本の領土であることは明白なのに、日本に通告もなく勝手に軍隊を派遣したことに抗議した（同前、三―一五六）。一方で川路は、樺太全島が日本の領土である、とは言えないことも認めている。プチャーチンは交易について提案が拒否されるとわかると、薪水食料に対価を支払うと提案した。これに対しても筒井政憲は、「交易の端緒」を開くことになると拒否している（同前）。この日（十二月二十六日）、プチャーチンは露使応接掛に書翰を出し、世界の情勢の変化を説明した。その核心は以下の通りである。

航海技術の進歩や蒸気船の発明など、技術革新が世界を小さくし、それによって現在は中国で交易が行なわれるようになり、アメリカ合衆国の西北海岸に市場が形成された。さらにカムチャッカやハワイでの交易が盛んになれば、日本が地勢的にその中心になるのであるから、従来の体制の変革が必要であり、それが受け入れられなければ、外国は武力によって自分たちの要求を達成するであろう。

このようにプチャーチンは、単に日本とロシアの交易の開始を要求するだけでなく、日本の環太平洋地域における位置づけの変化を踏まえて日本を説得しようとしたのである（同前、三―一五七）。

プチャーチンがこのように忠告したのは、外国との関係を拒んできた日本は軍事技術について極端に無知であり、もし外国から攻撃を受けた場合に、その港湾の防備は「海洋国家」に対して何ら意味をもたない、と認識していたからであった。ここでの「海洋国家」とは、イギリスを指していると推定される。

また、プチャーチンはこの書翰を、日本の全権たちに、単なるロシアの政府の代表としてではなく、すべての文明国の代表として提起し、暗に一八四二年の南京条約のときに、イギリス人たちによって示された賞賛に値する事例を示した、と報告書に記している。これは、イギリス人が五港での貿易の権利を中国に強要したときに、この権利を他のヨーロッパ人たちにも適用することを主張したことを意味していた。先の十二月二十六日のプチャーチンの書翰の中で、要求が聞き入れられなければ外国が武力によって要求を達するようになるであろう、と記していたのは、アヘン戦争と南京条約の事例を日本側に示していたのである（РГАВМФ. Ф 410. Оп 2. Д 1074.）。

次の交渉は十二月二十八日に行なわれた。筒井政憲は、樺太への幕吏の派遣に際して、現地のロシア士官たちが穏健に行動するようにプチャーチンに求めた。プチャーチンは、樺太の現地隊長宛の書翰を露使応接掛に提出している。その書翰には、日本の役人が樺太における国境の問題に関して派遣されたこと、地域を調査するさいに問題がないようにすることが指示されるとともに、アニワ湾に自分か、そうでなければ他の船を派遣することを記している（『大日本古文書　幕末外国関係文書』三―一六九）。

二日後の十二月晦日に行なわれた交渉では、千島列島の問題が議題となった。その領有をめぐって、組頭中村為弥《なかむらためや》とプチャーチンは激しい応酬となった（同前、三―一八三）。プチャーチンの国境に関する理解を確認しておきたい。

千島列島については、外務省からの追加訓令により、ロシアに所属する島はウルップ島であり、エトロフ島は日本に所属する、と指示されていた。この点については、本書の「追加訓令」の項を想起していただきたい。しかし既述のように、プチャーチンはエトロフ島の領有を主張していた。それは、「エトロフ島を日本に与えることで、全権たちの要望に対して全ての点で妥協しない、と思わせないためである」と報告書に記しており、交渉のテクニックだったことが確認できる（РГАВМФ. Ф 410. Оп 2. Д 1074.）。この点については、特に秋月俊幸氏の研究を参照した。

一方、プチャーチンを驚かせたのは、樺太の問題だった。プチャーチンは、クシュンコタンの占拠を、ロシアが他の国の樺太に対する計画を未然に防ぐための方策である、と説明し、日本側はこの点については納得した、と報告書に記している。そのうえで、自らの感想を次のように記している。

日本は、国民が外国人と接するのを嫌うので、樺太の占拠を知ってアニワ湾の漁民たちを北海道（「松前島」）に移住させるだろう、と予想した。それは、彼らとロシア人とのあらゆる関係を取り除くためである。しかし、日本側は、日本人が訪れたことのある場所の権利を主張するだけでなく、樺太がどこまで広がっているのかを知らないことを認めながらも、樺太の半分までを主張した。このように日本の樺太の領有権の主張は、彼の予想とはまったく異なるものであった（РГАВМФ. Ф 410. Оп 2. Д 1074.）。

次に、この日（十一月晦日）に提出された条約の草案を紹介する。

プチャーチンは十二月晦日、条約の草案にあたるものを中村為弥に手渡した。草案には、両国の修好・国境画定・大坂と箱館の開港・難破船の救助・信仰の自由・阿片輸入の厳禁・領事の派遣・犯罪人の処罰などが記されていた（『大日本古文書　幕末外国関係文書』三―一八五）。この草案は安政元年（一八五四）一月二日、中村為弥がプチャーチンへ差し返すが、その際に中村は、「通信通商」の取決めもないのに草案を提出するのは不当である、と抗議している（『大日本維新史料』二―一―六二）。

俄羅斯和約章程　プチャーチンは一月二日、今度は「俄羅斯《おろしや》和約章程」と称される書翰を提出した（同前二―一―六八）。それは、中村が返却した草案とほぼ同様の内容である。このように、条約についての草案が二度にわたってロシア側から提出されたことには大きな意義があると思われるので、内容を確認するとともにプチャーチンの企図を紹介しておく。「俄羅斯和約章程」を取り上げるが、テキストは、箕作阮甫《みつくりげんぽ》と武田斐三郎《たけだあやさぶろう》（成章《しげあきら》）が翻訳したものを使用する。

第一条は、両国の修好と国民およびその財産の相互の保護である。

第二条は、千島列島についてはエトロフ島まで、樺太についてはは南岸のアニワ湾を日本領として認める。画定は、両国の代表者の現地での協議によって行なう。

第三条は、開港の問題である。ロシアの軍艦および商船のために大坂と箱館を開き、悪天候や海難のさいに入港して食料や薪水など必要な物品の供与を受ける。供与を受けた際は、それに見合うだけのロシアの物品をもって謝礼とする。もし交易を開始する場合には、上記二港と長崎以外に寄港しない。

第四条は、居留地を設置し、そこに居住するロシア人の信仰の自由を承認する。

第五条は、条約が締結されて交易が実施されるさいに規則を立てる。この点に関して、特にアヘンの売買の禁止を提案している。

第六条は、開港する二港に、領事を駐在させる。

第七条は、相互に領事裁判権を承認する。

第八条は、最恵国待遇の承認である。

中村が述べたように、条約の締結についての合意もないのに、プチャーチンがこのような条約の草案にあたるものを提出したのは、基本的に条約は締結されなければならない、という前提のもと、日本側が時宜の良いときにこの草案を検討することで、条約の交渉の準備ができる、と考えたためである。そして、彼が返却された草案を再提出したのは、老中にそれが送付されることを念頭に置いてのことであった（РГАВМФ. Ф 410. Оп 2. Д 1074.）。

長崎交渉の成功　露使応接掛筒井政憲・川路聖謨・荒尾成允・古賀謹一郎らは、安政元年（一八五四）一月四日、パルラダ号を訪問した。ここでプチャーチンは、もし外国に「通信」「通商」を許したなら、ロシアにもそれを許すように求めた。川路はこれに同意した。さらにプチャーチンはこのことを書面にすることを求めた（『大日本維新史料』二―一―一〇四）。

この点についてプチャーチンは、説得によって日本との関係におけるロシアの権利を十分に獲得する二つの条項を書かせるのに成功した、と交渉における大きな成果と捉えて、それを報告書に記している。その成果とは、先の申し入れを受けて、日本側が一月六日、プチャーチンに渡した書翰のことを指している。その書翰には次の二条が記されていた（『大日本古文書　幕末外国関係文書』四—一五）。

第一に、もし「通商」を許すときにはロシアを最初とする。

第二に、他の国と「通商」することになったときにはロシアにも同様に許可する。

このように露使応接掛は、プチャーチンに対して、ロシアとの通商の開始を優先的に行なう趣旨の書翰を手渡した。これを受け取って、プチャーチンは一月八日に長崎を出航した。また、彼にはこのような成果をこの時点で得る必要がある、と考えた理由がもう一つあった。それについてプチャーチンは、日本に再び戻ってくることを難しくするヨーロッパの政治状況と関係している、と報告書に記している。これは、クリミヤ戦争の勃発によって日本への再訪が難しくなる、という意味であった、と推定される（РГАВМФ. Ф 410. Оп 2. Д 1074.）。

第四　アメリカ条約とイギリス条約の締結

一　ペリーの再来

ペリーの再来　安政元年（一八五四）一月十四日、ペリーはサスケハナ号・ポーハタン号・ミシシッピ号を率いて、合計七艘で、相模の三浦郡長井村（現横須賀市）沖に停泊した（『大日本維新史料』（二―一―五七六））。サスケハナ号に乗ったペリーは、ポーハタン号・ミシシッピ号・マセドニアン号・バンダリア号・レキシントン号の五艘を従えて、小柴（横浜市金沢区芝町）沖に艦隊を進め、サザムプトン号と合流した。浦賀奉行戸田《とだ》氏栄《うじよし》と伊沢《いざわ》政義《まさよし》は、近藤良次らを派遣して、浦賀まで引き戻すための交渉をアダムスと行なったが、アダムスは、浦賀では数艘の軍艦が停泊するには波が高く困難である、と小柴での停泊がやむをえないものであると説明して、退かなかった（同前（二―一―五九六））。米使応接掛の井戸《いど》覚弘《さとひろ》は一月二十一日、勘定奉行石河《いしこ》政平《まさひら》・松平近直《まつだいらちかなお》に、アメリカ船は「表向」は平穏であるが、彼らを浦賀に引き戻すことは困難であり、井戸が江戸から浦賀に到着したことを本日（一月二十一日）、中島三郎助《なかじまさぶろうすけ》を通じてアメリカ側に伝える、ということを通知した。

この井戸覚弘の書翰で留意したいのは、これまでの状況、特にアメリカ船が浦賀へ後退しないことから、江戸で評議していた想定と現場の状況は異なり、彼らは後退するどころか、何かあればすぐさま江戸に向かうような状況である、とこれまでの方針（「御趣意通り」）がまったく通用しないことを書き送ったことである。（『大日本維新史料』〈二―二―六四〉）。

老中松平乗全《まつだいらのりやす》は一月十五日、林韑《はやしあきら》（大学頭）・井戸覚弘（町奉行）・鵜殿長鋭《うどのながとし》（目付）・松崎満太郎（儒者）に、一月十八日には江戸を出発して、ペリーと応接するよう指示していた。一方、井戸弘道《ひろみち》（大目付）には、応接に関する江戸での対応を担当するように指示した（同前〈二―一―六三六〉）。

ペリーの再来への幕府の対応を考察する前に、対外政策に関する老中人事について触れておきたい。

幕府は嘉永六年（一八五三）十二月二十九日、老中松平乗全（西尾藩主）と松平忠優《まつだいらただます》（上田藩主）を「海岸防禦筋御用」、いわゆる「海防掛」とし、態勢を強化した（『諸事留』〈三六四―七〉）。これまでは、阿部《あべ》正弘《まさひろ》と牧野忠雅《まきのただまさ》が弘化二年（一八四五）七月にその役職に就任していたが、それを拡大したのである。幕府は、このような人事を行なってペリーを迎える準備を整えた。

ペリーが浦賀に再来する直前（一月十三日頃）に、米使応接掛井戸弘道（大目付）・井戸覚弘（町奉行）・伊沢政義（浦賀奉行）・鵜殿長鋭（目付）たちは、その対応を協議して上申を提出していた。彼らは、浦賀にアメリカ船が渡来し、「御取締并応接方」として赴任するさいの対応策（「御諭振之儀」）を提示して、老中の指示を求めた（『大日本維新史料』〈二―一―六四七〉）。

米使応接掛たちは最初に、もしもロシア船が浦賀に到来するならば、それは長崎での交渉がもつれた結果である、とロシアについての懸念を表明する。さらに、アメリカ船が到来したら、昨年の約束がある、と主張するであろう。どちらにしても容易には日本側の言うことを聞き入れないであろう。特に、両国とも「底意交易懇願之義」は言うまでもなく、ロシアは、交易がすぐには許されないであろう、と察して、「国境」の画定を名目にして交渉を進めてくるであろう。アメリカは、漂流民への日本の対応を問題にし、アメリカと日本が「和親同盟」の関係ではないから、このようなことが発生する、と主張して、最初に「和親」を、次に「交易」の開始を主張してくるであろう。交渉では「漂民撫育」のことは了承したうえで、それと「交易」・「通信」は関係ないので、「交易」には三年や五年をかけて処置すると説明し、応接が紛糾した場合には、逐一、老中の指示を仰ぐことにする、と上申した（同前〈二―一―六四八〉）。

このような米使応接掛の方針は、おおむね受け入れられ、老中も一月十七日頃に許可を与えた。

応接方針の検討　幕府は一月十六日から、徳川斉昭《とくがわなりあき》に登城することを求めた（同前〈二―一―七〇四〉）。斉昭は一月十六日から二十二日まで連続して登城している。彼は一月十六日、老中に書翰を提出して、ペリーに対する「御返翰」ができているかどうかを照会している（同前〈二―一―七一一〉）。ペリーへの「御返翰」を斉昭がことさら気にしたのは、プチャーチンへの「御返翰」に「誠不能取古例律今事」（誠に、古《いにしえ》の例を取りて、今の事《こと》を律する能《あた》わず）という一節が入っていたのを見つけて、嘉永六年（一八五三）十月に取り除くように建白したにもかかわらず、「返翰」案の評議の過程で林家などがそれを改変しなかった、という前例があったからである。斉昭は一月十八日の老中宛書翰で、このロシアへの「御返翰」の事例をわざわざ挙げて、ペリーへの「返翰」案を示すように求めている（同前

〔二―一―七一五〕）。

徳川斉昭は一月十九日、阿部正弘に対して、「萬《(万)》一彼より俄《にわか》ニ兵端を開キ候ハヽ、大ニ狼狽」するので、「大号令」より「一段はげし」い「御触」の発布を求めた（同前〔二―一―七一六〕）。彼はこの要求の実現のため、一月二十三日に自ら「幕令草案」を作成して提出するが、これが改変されて、二月八日の幕令として発布されることになる。なぜ斉昭はさらに厳しい幕令の発布を要求したのか。

実はこの前日の一月十八日に、斉昭は福井藩主松平慶永《まつだいらよしなが》から、幕府の対外方針に関するある情報を入手していた。慶永は、ペリーの再来航にもかかわらず、状況があまりに平穏なことを訝《いぶか》り、幕府の対応について藩士に探らせた。幕府の奥右筆《おくゆうひつ》黒沢正助はこの福井藩士に、とにかく「精々穏便に御取計」うようにして、「戦闘」にはならないようにする、というのが幕府の方針（「御廟算」）である、と伝えた（『昨夢紀事』一―一〇八）。松平慶永は一月十八日、奥右筆黒沢のこの発言を、斉昭へ書翰で、アメリカ船が浦賀に入港しても「十ニ八九は、戦闘ニ相成不申《もうさず》」と、戦争などにはならず、「御平穏」な状況になるであろう、そしてその理由は、アメリカの要求（「願意之義」）を「二三ケ条願意通り」にすることで「必平穏」になる、と伝えたのである（『大日本維新史料』〔二―一―七一九〕）。

この翌日（一月十九日）、徳川斉昭は阿部正弘に対して、アメリカが要求の受け入れをどんなに求めても「決而御取受にハ難相成《あいなりがたし》」と、アメリカの要求の拒否を強く求め、「大号令」よりも「一段はげしい」幕令の発布を求めたのである（同前〔二―一―七一六〕）。しかし、幕府の対外方針は、斉昭が考えているような、アメリカの要求拒否、という方向には向かわなかった。

幕府内部には、ペリーに対して無人島を石炭置場として貸し与える、という案が浮上した。老中阿部正弘は一月二十一日、徳川斉昭に宛てた書翰の中で、ペリーへの対応方針を次のように示した。アメリカに対しては、プチャーチンへの応接を参考にして取り扱うが、彼らは容易には退帆しないであろう。そのときに「接戦」になれば、覚悟はできているものの、「武備」が十分に整ってはいない。それゆえ、アメリカの要求を「少しハ聞届」ければ、ペリーは満足はしなくても面目が「丸潰」にはならないので退帆するかもしれない。

このように、アメリカ側の要求を若干聞き入れることで問題を穏便に解決しよう、と老中阿部は企図していたのである。この書翰の「接戦」という語句は、嘉永六年十一月一日に出された「大号令」の中にある語句である。阿部正弘は、次のように具体的に方策を示した。

アメリカ側の要求は三つであるが、そのうち石炭置場をアメリカに与える。具体的には、無人島である小笠原で、それを与える、という案である。アメリカの要求は、カリフォルニアから中国へ航行するために日本の「南境」に石炭置場を貸与してほしい、ということなので、小笠原はその経路にあたっており、目的を達することができる。もしペリーが、小笠原にはイギリス人が居住しているので日本がイギリス人と話し合いをしてくれ、と依頼してきたなら、それはアメリカが自らするように、と返答する。このような想定問答も阿部は示している（同前〈二―二―一九五〉。本史料は、同史料〈二―二―一九五〉に所収されている老中阿部正弘宛徳川斉昭書翰〈一月二十三日付〉の「丸潰」という箇所から一月二十一日付と解釈できる）。この無人島―小笠原―を石炭置場としてアメリカに貸し与えるという意向は、一月二十日、老中阿部の腹心である福山藩士の石川和助《いしかわわすけ》から水戸藩士藤田東湖《ふじたとうこ》に示された。

藤田東湖は石川和助に、無人島を石炭置場にしたのでは、盗難にあうので置場として意味がない、と返答している。それに対し石川は、八丈島を貸与するという代案を示し、八丈島を貸すというのは苦しいところであるが、防御が不十分な状況でアメリカに交易を許可するよりは良いであろう、と述べている（『大日本維新史料』〔二―二―一九七〕）。斉昭は一月二十日、藤田東湖に対し、石川和助の石炭置場の貸与の案に反対し、その理由を以下のように述べた。

貸与によってアメリカが退去すれば、無事に済んだように思えるが、ロシアも再来するであろう。ロシアのように、原則を守って申し立てを行なえば受け入れられず、アメリカのように、不法に申し立てれば受け入れられる、というのであれば、イギリスやフランスの船も浦賀にやってくるであろう。徳川斉昭はこのように批判した（同前）。

老中阿部正弘は一月二十一日に再び書翰を出して、それが良策でなかったことを認めているが、ここでは阿部も、ロシアとの関係を考えてアメリカの要求を受け入れない、と述べている（同前〔二―二―一九八〕）。徳川斉昭は、一月二十三日の書翰で今度は次のように述べる。

要求の一つである無人島（小笠原）の貸与によってペリーの面目を「丸潰し」にしない、というのは「味」のある考えのように思えるものの、それくらいではペリーは納得しないであろう。やはり無人島の貸与は良策ではない。うまく要求を受け入れず、ペリーが戦闘も開始できないように仕向ける方策が必要である（同前〔二―二―二〇〇〕）。

このように記したうえで、彼はさらに二通の「別紙」書翰を老中阿部に提出して、アメリカへの対応を示唆した。一通は、警備や宿駅の配置についての書翰である。もう一通は、「応接方心得眼目」である（『大日本維新史料』〔二―二―二〇四〕・『村垣淡路守範正公務日記』一月二十四日）。

まず、前者から見ていくことにしたい。彼はこの中で、警備の方策などについて詳述しているのであるが、この「別紙」の核心は、再び「大号令」に関する「号令」（幕令）を出すように求めた点である。その「号令」とは次のような内容である。

嘉永六年（一八五三）十一月一日の「大号令」によって将軍の意向が示されており、実際にアメリカ船が到来して、その応接の状況により、「彼より兵端」が開かれたなら、全員が奮発するのは当然である。しかし、アメリカ船が滞留しているときに、警備の体裁を取り繕ったり、宿駅や人馬を消耗させたのでは、アメリカ側の術中に陥ってしまうことになる。そこで、消耗しないような態勢をとって、彼らが海上で無礼などを働いても頓着せず、万一、上陸して「乱妨」したときに、すみやかに出張して「退治」する。

斉昭は、警備の方策に加えて、このように新たに出すべき「号令」の「大意」を示し、老中阿部正弘へ、これを添削したうえで発布するように求めた。この「号令」案は、再び紆余曲折を経て、二週間ほど経過した二月八日に出されることになる。

後者の、幕吏に「応接方心得眼目」と評されることになる「別紙」には次のように記されている。応接においては、穏やかに対応するのか強硬に対応するのかを、あらかじめ決定することはできな

「屋形浦」とは浦賀のことで，図の右側上方には「嘉永七年寅年正月廿日」に上陸したことが記されている．再来航したアメリカ船が，横浜に入ってくるあたりを描いたものかと思われる．左側の上にある船に「亜墨利加船」と記されている．

いものの、ロシアは隣国で、なおかつ長崎にやってきたにもかかわらず回答を保留している。それなのに、アメリカに即答しては、ロシアに対する信義が立たない。日本にとって二五〇〇年もの間、「前例」がなかったことを、わずか半年や一年のうちに回答することを要求する、というのはあまりに「短気」なことではないだろうか。少なくとも安政四年(一八五七)の春までは回答を示すことはできない。事前に日本が望む交易品やアメリカのそれについて聴取してよくよく評議する、と伝えれば、アメリカ側も待つであろう。そして、三年と期限を明確にして、その間に「御兵備」を整える。これを「応接の眼目」にする、というのである(『大日本維新史料』二―二―二〇四)。

この後者の「別紙」は、そのまま浦賀の米

屋形浦え亜墨利加人《アメリカじん》上陸之図
（『大日本維新史料』〔2-2-286～287〕，東京大学史料編纂所所蔵）

使応接掛に送られた。しかし、徳川斉昭が指示したように交渉するのではなく、あくまで心得（「含ニいたし」）として通達されている（同前〔二―二―二〇七〕）。

アダムスとの予備折衝　アダムスは一月二十五日、浦賀に上陸して、徳川家康や秀忠のときにアメリカ人が将軍に謁見したことがある、と前例をあげて、江戸に行くことを主張した。そのうえで彼は、昨年、提出した書翰の内容をすべて聞き入れてくれたことを喜んでおり、江戸に行って将軍に面会することを希望するとともに高官の来訪を求める、というペリーの書翰を提出した（同前〔二―二―二九四〕）。

この書翰との関係で問題にしたいのは、アダムスが浦賀まで戻ってきた理由である。米使応接掛の林煒（大学頭）と井戸覚弘が、一月二十七日に勘定奉行石河政平と松平近直に提出した「書付」にはこの経緯が次のように記されている。

アダムスは一月二十二日、浦賀奉行組頭与力らに、昨年の書翰に対する了解（「御承知」）の返翰がなければ、ただちに江戸に出て老中と会見する、と明言し、その回答期限を一月二十四日の朝と通知した（『大日本維新史料』〈二―二―四八九〉）。そこで、米使応接掛は組頭の黒川嘉兵衛《くろかわかへえ》（雅敬）に、アメリカ側が要求している「通商一条」を浦賀に戻ったならば協議する、と伝達した。

これを受けて、アダムスは一月二十五日に浦賀に戻ってきたのであった。この、浦賀に来たら「交易」について協議する、という発言が、すべての要求が受け入れられた、という書翰の提出につながったと推定される。

アダムスは、浦賀には来たものの、ここで交渉を行なうことを了承せず、江戸に行くことを主張した。米使応接掛は一月二十七日、これらの事情を勘定奉行に通知する書翰で、アメリカ人はオランダ人やロシア人と異なり、「短気強暴」な性質と認識を新たにした、と記している（同前〈二―二―四九〇〉）。

そのうえで米使応接掛の林煒と井戸覚弘は、「通商之試」みを始めるという約束をするしかない、と述べる一方で、その開始をできるだけ延ばす算段をする、と上申している。彼らは、これでは露使応接掛の筒井政憲と川路聖謨がプチャーチンと約束した、交易を実施する場合にはロシアと初めに行なう、という約束と齟齬することを懸念するとともに、徳川斉昭の「応接の眼目」にあったアメリカ人に三年とか五年後――斉昭は三年後と記していた――と延期の発言をこちらがするだけでは、彼らが江戸に向かうことは間違いない、と主張している（同前（二―二―四九一））。

二　幕府の評議

徳川斉昭と溜間詰　アダムスは浦賀に向かったが、残りの六艘が小柴・杉田沖まで入ってきた。さらに、そのうち四艘が、一月二十七日の十時頃から神奈川・生麦《なまむぎ》辺で測量を行なったうえに、神奈川に停泊しつづけた。ペリーはこの点について、海軍卿ドッビン宛一八五四年の二月二十二日（安政元年一月二十五日）付の報告書で次のように記している。

アダムスの訪問がよい結果をもたらす希望がほとんどなかったので、状況が非常に有利になるのを見越して、私は威嚇することにした。そして、実際にアダムスがいない間に、江戸が見えるところまで艦隊を移した。本当にとても近かったので、夜間に町の鐘が打たれているのをはっきりと聞くことができた（『大日本維新史料』（二―二―五二四））。

このように、艦隊の移動はペリーの威嚇であり、彼が予想したように、これによってペリーの状況は好転することになる。すなわち、さらなる交渉の実施はやむなし、と幕吏たちが判断する契機の一つになる。

既述の神奈川・生麦での測量についての情報が、同日（一月二十七日）の午後四時頃江戸にもたらさ

井伊直弼（東京・豪徳寺所蔵）

れた。事態を受けて、老中松平乗全宅に夕方五時頃から海防掛が参集して、対応策を協議することになる（『村垣淡路守範正公務日記』一月二十七日）。

老中は翌日の一月二十八日に、三奉行・大目付・目付・海防掛・江川英龍《えがわひでたつ》に対して、アメリカ船が羽田を越えたという通報があった場合には登城するように、と指示している（『村垣淡路守範正公務日記』一月二十八日・『大日本維新史料』（二―二―五九六））。この日（一月二十八日）には、アメリカ船が、品川沖から永代川筋まで乗り入れてくることが懸念され、そのような事態は「乱妨」とみなされるので「捨置」くことはできない。そこで、佃島・深川・築地の間に船を出して、入船できないように締め切る、という方策などが老中阿部正弘の指示で評議され、このように対応することが決定された（『村垣淡路守範正公務日記』一月二十八日）。

一方、老中は、徳川斉昭と溜間詰《たまりのまづめ》の大名を登城させた。斉昭はこの日（一月二十八日）、江戸城の「西湖之間」で夜十時まで溜間詰の大名たちとペリーへの対応をめぐって激論した。この一月二十八日の状況を、安政六年（一八五九）六月に徳川斉昭が回想した史料から再構成する。

出仕した溜間詰の大名は、松平勝善《まつだいらかつよし》（伊予松山藩主）・井伊直弼《いいなおすけ》（彦根藩主）・松平容保《まつだいらかたもり》（会津藩主）・松平忠国《ただくに》（忍《おし》藩主）・堀田正睦《ほったまさよし》（佐倉藩主）であった。松平勝善と松平容保は、明確な態度を示さなかった。井伊直弼・堀田正睦・松平忠国は「打払の事は一切相成らず」と述べた。特に井伊直弼は、これまで長崎において交易をしてきたが、何の問題もなかった。それゆえ、「交易之方宜しく」と明確に「交易論」を主張して、戦争の回避を明言した。斉昭は、ペリーは「交易」を主張しているが、実際には「日本を奪」うために来ているのであり、ここで「打払」を実施しなければ、他の国々もやってくる、と反論した。松平容保以外は、「打払の儀ひたすら御免」というばかりだった。さらに、重要なのは「勢州（老中阿部）初も其意ニ成たり」と、阿部正弘をはじめとする老中たちも溜間詰の意見に傾いた、と彼は回想している（『大日本維新史料』〔二―二―六〇〇〕）。

これは斉昭の回想記事なので、さらに精度の高い史料で確認しておきたい。水戸藩士茅根泰《ちねやすし》はこの状況について次のように記している。

老中より「夷船突入」の知らせを受けて、斉昭の登城が要請された。徳川斉昭は、自分が登城すると不穏な状況を惹起するので、一度は登城を辞退したものの、再度の要請を受けて登城した。一方、「此（一月二八日）日、溜り詰諸大名へも急登城」が指示され、ペリーへの対応をめぐって大議論となった。溜間詰は、「一統より之論、皆交易論なり」と、井伊家を中心に「交易論」を強く主張した（同前〔二―二―五九二〕）。

斉昭は、この日（一月二十八日）、書翰で阿部正弘ら老中に十一月一日の「大号令」に、外国人が

「一発たりとも弾丸」を打ったら、という言葉を削除してアメリカとの開戦の契機をこれまで明確にしてこなかったことを非難した。この「一発たりとも弾丸」のあとに続くのは、「無二念打払」という開戦を示唆する言葉である。斉昭は、「弾丸を放候」か、ないしは「上陸いたし候」場合には「打払」を行なう者がいることをアメリカ側に通知し、警備している大名たちにもそのことを指示するように求めた。また彼は、熊本藩主細川斉護《ほそかわなりもり》など江戸湾の内海を警備している四藩に「陸地接戦之儀」を心掛けることも申し入れた。さらにはアメリカ条約の内容について、「唯今と相成リ、墨夷の中所漂民撫恤《ぶじゅつ》之外一ツも御済せニ相成候而ハ、とても日本ハ御持張ニ相成難《あいなりがたく》候」と、「漂民撫恤」以外の一切の要求を拒否するように、老中阿部正弘らに求めたのである（『大日本維新史料』二―二―六〇一）。斉昭は老中に、翌日の一月二十九日、たとえアメリカ船が百艘やってきたとしても、「十一月朔日上意」（「大号令」）に従って行動する、と述べたうえで、二月一日は惣登城の日なので、水戸藩主徳川慶《とくがわよし》篤《あつ》はじめ大廊下・大広間の大名たちとの評議を提案し、次のような諮問案を提示した。

アメリカ人は「横行」であり、浦賀での交渉も安心できるような状況ではない。さらに、彼らが江戸に近寄ってきたなら、品川などに上陸させて応接を行なうが、アメリカ人が納得（「承伏」）しなかったら、払いのける（「手払の御挨拶」）ような対応を取る。そのときには全員が覚悟することは、もちろんであるが、他に何か考えがあれば申し出る。このように布達して、諸大名の意見を聴取する、という案を老中阿部正弘らに示したうえで、アメリカに許可するのは漂流民の救助だけで、「平穏」に対応するが、アメリカ側が納得しなかったならば、必ず「接戦」に及ぶことも口頭で諸大名に申し伝える（同前〔二―二―六〇二〕）。

一方で斉昭は一月二十九日、林煒ら米使応接掛に使者を派遣して次のように交渉することを求めた。無人島（小笠原）の貸し与えは許可しないが、石炭を長崎で供与し、もしそれでもアメリカが承服しない場合には、三年後の安政四年（一八五七）から三年間を目途とした「出交易」――日本から出掛けて行って交易する――を行なうように提案する。そして、この二つのうちの一つを選択させる。「あぶはちとらず」と称される作戦である。どちらも聞き入れられない場合には、「祖宗の法」を守り、要求をすべて拒否して手払いにし、「一同必死の覚悟」で臨む、とも述べている（同前〔二―二―六〇四〕）。

結局、彼は二月四日、幕府の評議に不満を示し、「海岸防禦筋御用」の辞退を申し出るのである。

次に、徳川斉昭が譲歩して提起した一月二十九日の限定付交易論（「あぶはちとらず」）から、彼が「海岸防禦筋御用」の辞退（二月四日）を申し出るまでの動向を考察する。ここで留意したいのは、安政元年（一八五四）二月一日の、勘定奉行の松平近直と海防掛の江川英龍の神奈川派遣である（同前〔二―三―二六〕）。

彼らは二月一日の夜に江戸を出発し、浦賀奉行本陣に到着した。彼らは米使応接掛と夜通し協議して、翌日の二月二日に帰府した（同前〔二―三―三〇〕）。松平近直は、どのような指示を米使応接掛たちに与えたのであろうか。彼が、江戸に戻った二月二日に斉昭に伝えたのは、幕府からの指示であるとアメリカ側には言わずに、米使応接掛の「了簡」（考え）で「三五年の中ニハ、我々骨を折、交易相成様」にする、という内容であった（同前〔二—二—五〇一〕）。

松平近直らが二月二日に登城して状況を報告し、評議が開始された。松平近直は、ペリーの状況を報告するとともに、警備を担当している大名たちが疲弊していることを述べ、時間が長引けばそれだけ消耗も激しくなる、と主張した。老中の松平忠優と久世広周《くぜひろちか》は、「出交易」をペリーが受け入れてくれたならよいが承知しないであろう、と発言したのに対して、斉昭は、だからといって「内地交易の儀」は許すことはできない、と国内での交易には反対した。先の二人の老中は、三年から五年くらい経ってからそれを実施するという案を提示したが、それにも斉昭は同意しなかった（『大日本維新史料』〔二—三—八一〕）。

さらに徳川斉昭は、二月二日の老中阿部正弘らへの書翰で、自分がアメリカ側に石炭を与えると提案し、それを受け入れなかった場合には、「出張」の貿易—「出交易」—を三年後から実施することを申し入れ、そのどちらかを選択させる、という考えを示していたのに、米使応接掛たちは、「出張ニて交易」というのであれば、「内ニて交易」も相違はない、と考えているのではないか、と懸念を示して、「内にて交易御試ミ抔《など》」と彼らが口を滑らせないように、と老中に注意した。また、横浜での応接でペリー側がまったく同意しなかったときの処置（「覚悟」）に米使応接掛たちが同意することも必要である、とも述べている（同前〔二—三—八一〕）。

老中は、米使応接掛の林𥙿（大学頭）・井戸覚弘（町奉行）・伊沢政義（浦賀奉行）・鵜殿長鋭（目付）に、そのうちの二名が登城するようにと、二月三日に指示を出した。林と井戸が江戸に向かい、彼らと老中および斉昭が二月四日、対応を協議した。

この二月四日の会談は、条約の締結への道程で、重要な意義を持つと考えられるので、この日の議論を詳細に見ていくことにしたい。この日の会談の重要性については、特に石井孝氏の『日本開国史』（八七頁）を参照した。

徳川斉昭を説得しようとしたのは、老中松平忠優であった。忠優は、アメリカに五年後には交易を開始する、という案を提示した。斉昭が、五年後にはどのように処置するのか、と見通しを問い質すと、彼はこの間に兵備を整えて「打払」い、「赦すと申ハ全く一時之術なり」と回答した（『大日本維新史料』〔二―二―八七二〕）。斉昭は、いったん交易を許すとなれば人心は「柔弱」になり、兵備が整うようなことはない。戦ってアメリカに勝利できるとしても、いったん交易を許すという「書附」を渡しながら、それを変じてアメリカを打つなどということは、「日本ハ不義の国」になると批判する（同前〔二―三―八七三〕）。そして徳川斉昭は、「是非御免を願ふ」と、「海岸防禦筋御用」の辞任を申し出たのである。松平忠優は、この大事なときに辞任することなどできない、と応酬した（同前〔二―三―八七五〕）。

水戸藩士原田《はらだ》成徳《しげのり》は、「日記」の中でこの二月四日の状況について次のように述べている。

すでに溜間《たまりのま》をはじめとして幕府の役人たちは「交易論」であった。さらに、老中も阿部正弘を除けば「交易論」に傾斜していた。林煒と井戸覚弘は、自分たちの力の及ぶところではない、と「交易の外《ほか》ニハ無之《これなし》」と主張した（同前〔二―三―一四八〕）。

村垣範正《むらがきのりまさ》の「日記」には、二月五日に「大学《（林）》・対馬《（井戸）》見込之趣」が「粗《あらあら》御用ひニ相成」と、記されており、交易以外に選択肢はない、と主張した林と井戸の方針がほぼ採用されるに至ったようである。

斉昭は、二月五日の評議を風邪と称して登城しなかった（『大日本維新史料』〔二―三―一四五〕）。老中阿部は、米使応接掛を神奈川に戻すのを延ばし、斉昭が二月六日に登城してくれるように要請した。斉昭は二月六日、老中阿部正弘の要請を受け入れて登城した。

阿部正弘は、「亜人《（アメリカ人）》へ漂民撫育之事と石炭を遣す事ハ聞済候而も、通信通商之四字ハ決而不申聞趣《もうしきかざる》ニ相談決着致候」（同前〔二―三―八七五〕）と、幕府の対外方針が「通信通商」の不可になったことを伝えた。この幕府の対外方針の変更は、徳川斉昭の「海岸防禦筋御用」の辞任発言によってもたらされたようである。この方針の変更の過程を検討する。ここで着目したいのは、斉昭が「海防掛」と評する藤田東湖の「日記」である。藤田は二月六日、老中阿部の腹心である石川和助に次のように書翰を送っている。

二月六日に斉昭が登城した。そこで「通信通商之儀ハ決而御許容無之《これなし》」と老中たちが「決議」し、米使応接掛の林煒と井戸覚弘にもこのことを指示した。斉昭は「御快然」となった。そこで藤田は、石川和助に昨日（二月五日）の尽力（「丹誠」）に対する謝意を伝えた（同前〔二―三―二三六〕）。

このように、藤田東湖の「日記」によれば、藤田は石川和助に対して二月五日に尽力してくれたことに感謝し、その礼を手紙で示したのである。それは、幕府の対外方針が通信・通商の不許可になったこと、そして斉昭も「快然」という状況に関係していたようである。石川和助が、幕府の対外方針に何らかの影響を与えていたようである。この点を明らかにしたい。

老中阿部正弘は、腹心の石川和助らに幕議を伝える中で、「老公《（斉昭）》も交論」と、斉昭さえも通商の許可に傾いた、と伝えたのである。それに対して石川らは、斉昭からの書翰などのその証拠を見せるように求めた。阿部は、その書翰が回覧中であり提示することができない、と回答した。石川和助は憤慨して藤田東湖を訪問し、その真偽を糺した。石川は、藤田から「老公より交論ハ無之」と、斉昭が交易の許可を認めていないことを教えられ、安堵した。

この経緯を記した水戸藩士石河忠時は、この時期に斉昭も「交易論」になったというのは多くの人が話していたことであるが、それは一月二十八日と一月二十九日頃に、やむをえなければ大艦を製造して外国に行って交易をする（「其本国に行交易」）、ということを斉昭が述べたので、これを交易を推進しようとする者たち（「交易家」）が、大艦を製造して外国に行き、という箇所を省いて触れまわったのが原因だ、と斉昭が「交易論」になったと噂されることになった要因を記している（同前〔二―三―八七七〕）。

そして、この水戸藩の石河忠時は、「福《（阿部）》のやゝ交《（交易）》ニ落入候を引返候ハ、全く石と山との力ニ而御坐候」と、老中阿部正弘が通商の許可へ傾斜していったのを引き止めた要因の一つに、石川和助が関係していた、と記している。また、引用中の「山」は、福山藩士山岡八十郎《やまおかはちじゅうろう》（次功《つぐあつ》）と推定される。これが、藤田東湖が石川和助へ謝辞を手紙で示した理由だったのである。幕府の方針を転換させた大局的な要因は、徳川斉昭の不登城であるが、そのなかで石川和助もこのような役割を演じていた。

老中たちは、「通信通商」は決して許可しないことを、米使応接掛の林煒と井戸覚弘に伝えた。漂流民の救助と石炭置場のことも、五度も七度も応接のうえで、やむをえない状況になったら評議することになった（『大日本維新史料』〈二―三―二三八〉）。明らかに幕府の方針は、徳川斉昭の不登城で、変更されたのであった。米使応接掛の林煒・井戸覚弘には、「通信通商」は許可しない、「内評」としてもしアメリカ側が老中に会わなければ承知しない、と主張したら老中が出ていく、と回答するようにと指示が出された。

水戸藩主徳川慶篤は二月七日、藩士の原田成徳を呼び、二月十日には米使応接掛とペリーの会談があり、日本側は「交易御断」になるので、二月十一日か二月十二日には戦争になるとしてその準備を命じている（同前〈二―三―三九六〉）。

一方、アダムスは二月七日、浦賀奉行支配組頭の黒川嘉兵衛との対談で、もし要求が認められなければ「戦争」の開始を明言し、日本の近海に五〇艘を滞留させて、さらにカリフォルニアから五〇艘を差し向ける、と明言した（同前〈二―三―四〇二〉）。

最後に、この斉昭の行動の政治的意義について分析を加えておきたい。水戸藩士の原田成徳は、この幕府の対外方針の決定過程について、「老公《(斉昭)》只《ただ》一日御引込ニ相成候」と、斉昭が登城しなくなると「ぐらりさらり評議も打てかわり候」と、幕府の対外政策が変化する、と指摘している。すなわち、徳川斉昭が対外政策の決定過程から離脱ないしはその意志を示すと、幕府の対外方針は通信・通商の不許可に傾斜していく、というのである（同前〈二―三―二三八〉）。

安政元年二月八日の幕令　「大号令」に関する幕令が二月八日、発布された。この幕令は、先の嘉永六年（一八五三）十一月一日の「大号令」に基づいて次のように述べている。

まず、このときの状況を、「此上、応接之模様」によっては、「萬《万》一彼より兵端を開き候儀」と開戦の可能性があることを指摘して、「其節は一同奮発致し候儀は、申迄も無之」と、そのさいにおける奮起を求める。それとともに、アメリカ船が滞留しているときの対応を次のように示した。夜中に提灯を数多く灯していてはアメリカから標的にされる。「番小屋」などの要所以外では、要害の場所を見つけて外から見えないようにするなど実備を行なう。そして、外見を飾ることはせず、武士たちは「鋭気」を養って、大砲や鉄砲だけでなく、刀や槍による「勝負」など「実地之接戦専」の準備を心掛ける（『大日本古文書　幕末外国関係文書』五―七一）。

この幕令の草案は、安政元（一八五四）年一月二十三日、徳川斉昭から出されたものであった。草案の「幕令私案」と、実際に出された幕令とでは、大きく異なる点が一つある。それは、攻撃の契機についてである。「幕令私案」では、アメリカ側が上陸して乱妨した場合には「退治」する、と記されていた。幕令ではこの部分が削除されている。一月二十三日（「幕令私案」）から二月八日（「幕令」）までの間に、この部分が削除されたのである。

この幕令が出された翌日（二月九日）、徳川斉昭は老中阿部正弘らに、昨日の幕令により多くの者が覚醒するであろう。そして、今日にもアメリカとの応接は破談となり、乗り込んでくるであろう。大船の建造や大砲の台場の建設は間に合わないので、「小船」や「小砲」さらには「かり台場」（うき台場・いかだの類）を製造することを提起した。このように、斉昭にとって二月八日の幕令は、「交易論」を封じ込めるとともに、アメリカとの現実的な軍事紛争に備える、という意味があった（『大日本維新史料』〈二―三―九九三〉）。

これに対して、海防掛の大目付・目付（大目付井戸弘道・目付堀利忠・目付永井《ながい》尚志《なおむね》・目付岩瀬《いわせ》忠震《ただなり》）は二月十一日頃、もしペリーが品川沖まで到来しても、穏便に退帆させることを方針として、アメリカ側の食料や薪水が枯渇するまで待ち続け、簡単に「浮筏」を流したり、鉄の鎖を張ったり、さらには未完成の台場に仮の大砲を配置するなどはかえって拙策である、と主張している（同前〈二―四―一〉）。

老中阿部正弘の方針　福井藩主松平慶永は二月十一日、徳島藩主蜂須賀《はちすか》斉裕《なりひろ》と鳥取藩主池田《いけだ》慶徳《よしのり》に書翰を出して次のように伝えた。

徳川斉昭の処置によって交易と通信についての評議は中止されたが、米使応接掛は、ペリーが「兵端」を開くか、ないしはさらに江戸湾に入ろうとするさいには、「通信交易二ヶ条御許諾之様ニ申唱」えていることを、神奈川に派遣した藩士が伝えてきた。もし、この二つを許可するようなことになれば、嘉永六年（一八五三）十一月一日の幕令（「大号令」）も先日の幕令（二月八日）も反古《ほご》になってしまい、諸大名に対する信義も失われる。明日の二月十二日に老中のところに行き、通信と通商を「許諾」するような様子であれば、それを阻止するので一緒に行ってほしい、と同伴を求めた（同前〈二―四―三九〉）。

松平慶永は二月十二日、老中阿部正弘と会談して、神奈川の周辺では通信と通商を許可するような風説がある、と述べて、ペリーに対する方針を問い質した。老中阿部は、「大号令」も反古になり、ロシアに対しても信義が立たないので、通信と通商を許可することはない、と明言した。さらに、もしそのために戦争（「兵端相開候」）になっても、十一月一日の「大号令」と二月八日の幕令に従って「必死ニ而戦闘申すべくは勿論」と、開戦も辞さないと明言した（同前〔二―四―四七・六〇〕）。

松平慶永は二月十三日、このことを名古屋藩主徳川慶恕《とくがわよしくみ》に伝えるとともに、慶恕から月番老中の松平忠優に「砭針《へんしん》之御一書」を出すように求めている。「砭針」とは、悪いところを直すための石ででき た針のことである。松平慶永は、老中の松平忠優が幕政――ここでは対外政策――の病根、とみなしているのである。そして、慶永が老中阿部正弘に直接確認した通信と通商の不許可という言質を、慶恕に老中松平忠優からも取らせようとしたのである（同前〔二―四―四八〕）。分析を進める前に触れておきたいのは、水戸藩の藤田東湖が松平慶永に、徳川慶恕への手紙を出させたということである。

藤田東湖は二月十二日、慶永に次のように書翰を書き送っている。

二月十日に行なわれたペリーと米使応接掛の対談――この日、応接掛の林韑はペリーに薪水食料の給与と漂流民の保護を約束した――は、「笑止千万」と述べたうえで、名古屋藩主の徳川慶恕は「正論」であり、あなたから慶恕に老中松平忠優への手紙を出させて、忠優が老中阿部と同様の回答をしたなら、幕議を「確定」させることができる（同前〔二―四―六一〕）。

これに従って、松平慶永は慶恕に書翰を送付したのである。水戸藩の藤田東湖からすれば、老中阿部正弘に「通信」「交易」を許可しない、と明言させ、さらに松平忠優が同様に発言すれば、対外方

藤田東湖（『水藩人物肖像』より）

針は決着する、と踏んだであろう。しかし、この時点では彼の思うようには進まなかった。この慶永の書翰に対する徳川慶恕の返書を見てみよう。

　松平慶永のところに慶恕からの返書が届いたのは、三月一日であった。その返書には、徳川斉昭の尽力でなんとか危機を凌ぐことができたことに「薄氷之思」と感想を述べたのち、これまでも老中に書翰を出したが聞き入れられなかったことを吐露し、まもなく参勤交代で江戸に出るので、老中に直接意見を述べる、と書き送ってきた（『大日本維新史料』〈二―四―四九〉）。徳川慶恕が参勤交代で江戸城に登城するのは、三月十五日のことである。

　先の二月六日に徳川斉昭に伝えられた幕議は、必ずしも不動のものになっていなかったようである。松平慶永は、再び神奈川から米使応接掛は交易と通信を許可せざるをえないと考えているようだ、という情報を入手した。そこで今度は、家臣の中根《なかね》雪江《ゆきえ》（師質《もろかた》、靱負）を二月十八日に、老中阿部正弘の「寵臣」である藤田《ふじた》与《よ》一郎《いちろう》のところに派遣して、このことを確かめた。老中阿部がどのように回答したのか、という点を紹介する前に、慶永が得ていたと思われる情報を示しておきたい。

福井藩士野村淵蔵が二月九日、同藩の鈴木《すずき》主税《ちから》に送った書翰には、野村の関係者（「手寄」）が、浦賀奉行与力の中島三郎助と米使応接掛の林煒に同行していた河田八之助から聴取した、米使応接掛の交渉方針についての情報が記されていた。

それによれば、交渉はどのようになるのか、という質問に「只今之勢ニ而は、試として三五年も通信交易之分ゆるさず候ては、落付不申」との回答を得た、というのである（同前〔二—三—八一六〕）。この情報、それ自体の真偽はここでは問題ではない。この情報が松平慶永に届けられ、彼がその真偽を老中阿部正弘に質したことに注視したい。老中阿部正弘は、藤田与一郎を介して「機密之儀」として、「廟議の根元」を松平慶永に次のように伝えた。

諸有司や諸侯の中に「交易論」を唱える者もいるが、国威を示すべきだという者もいる。意見は半々で、今回はひたすら「平穏に御済セ」るという方針である。通信と交易は許可しないが（「通信交易は、とこ迄も御免無之事ニ候」）、アメリカ船も長く逗留しているので、当年限り長崎で石炭を供与し、「通信通商」は五年の間は許可しないようにする。もしその間に船が難破したり、余儀ない事情がある場合には、食料・薪水・石炭などをオランダ人を通じて求めるように指示する。噂はいろいろあるが、このことは徳川斉昭も同意している。米使応接掛は、そのつど、照会しているので老中たちと方針が異なることはない。

藤田与一郎は二月十八日、ペリーへの方針を、このように松平慶永に伝えるように指示された（同前〔二—四—七〇〕）。それでは、米使応接掛とペリーの交渉はどのように展開したのであろうか。

ペリーの主張　米使応接掛は二月九日、明日（二月十日）から交渉を開始することをアメリカ側に通知した。米使応接掛とペリーの交渉が、横浜応接所で二月十日に再開された。応接掛の林煒は、要求のうち、「薪水食料」の供与と石炭の提供、そして「漂民撫恤之儀」は国法に従って実施し、その他の「交易」などについては許可しない、と通告した（『大日本維新史料』〈二―三―七四〇〉）。

ペリーは、漂流民を「罪人同様」に扱う日本の対応を批判し、従来のやり方が改められないのであれば、それは「寇讎《こうしゅう》」（仇）の国であり「戦争」によって「雌雄を決する」と主張した。このとき、ペリーは一八四六年から二年間にわたって行なわれたメキシコとの戦争を例に出し、その「国府」まで攻め入ったことを示唆し、状況によっては日本も同様の事態になる、と述べた。ペリーは、続いて「交易」は許可されないのか、と質問したのち、書翰と条約の草案を提出した（同前〈二―三―七四六〉）。

一方、大学頭の林煒もペリーに書翰を与えた。その書翰は、大統領の要請（「申立」）に答える、という形式になっている。書翰には、アメリカの昨年の要望を受け入れられない理由として、将軍の死亡と新しい将軍の体制が整っていないことを挙げている。そのうえで、石炭・薪水・食料の給与ならびに破船と漂流民の救助を行なう。どの港で給与するのかは、ペリーの意向を聴取して五年後にそこを開港するが、それまでは長崎で来年（一八五五年）一月から対応する。また、これに関係して、食料品の種類、船中で欠乏するであろう品物などについて、浦賀奉行支配組頭の黒川嘉兵衛と通詞の森山《もりやま》栄之助《えいのすけ》らと協議するようにと申し入れた（同前〈二―三―七五一〉）。

次に、ペリーが応接掛の林煒に出した書翰と条約の草案を示す。ペリーの書翰は次のように記す。

(1)　交渉の参考のために、アメリカ合衆国と清国の条約、および日本との条約の草案を提出する。日本と「和親」を取り結ぶことは大切なことである。

(2)　条約の締結は、両国にとって有益であり、日本の繁栄に繋がる。

(3)　大統領は自分を派遣して双方にとって利益のある取り決めを行ない、争論とならないように交渉することを指示している。

(4)　日本の近海を往来するアメリカ船は増加しており、漂流民の取り扱いの改善を要求する。

(5)　アメリカの捕鯨船は日本の近海で五〇〇艘も操業しており、彼らの入港と薪水・食料・欠乏品の供与を求める。

(6)　アメリカ合衆国と清国の通商条約が成立して茶・絹糸・絹布などで大きな利益が上がっている。

(7)　およそ三万人の中国人がアメリカ合衆国で労働している。

(8)　十分な回答を得られるまで滞留する。

このように、ペリーは日本近海における捕鯨船および漂流民への対応と、米清条約を例証に交易の有効性を主張したのであった。

さらにペリーは条約の草案を提起した。その草案の漢文の冒頭は、「両国誠実永遠友睦之条約及太平和好貿易之章程」である（同前〈二―三―七七三〉）。この草案は、全部で二五条にわたるが、重要と思われる最初の四条を示す。

①　相互の友愛と和好を取り決める。

② 関税の決定とアメリカに対する利益を均霑《きんてん》する。
③ 開港地における居住・貿易の権利を保障し、密貿易を禁止する。
④ 領事館を設置する。

このような内容の草案を提出したのであった。一方で、ペリーは、日本側から提出された大統領の書翰に対する回答を読み、二日後の二月十三日に日本の対外政策が少し変更されたことに喜びを表明しながらも、その書翰の内容だけでは満足することはできず、中国がアメリカ合衆国と締結したように、日本も条約を締結して、多くの港を開き交易することを取り決めることが必要である、との書翰を提起した（同前〈二—四—一〇三〉）。ペリーが二月十日に提出した条約草案は、二月十四日に三奉行・海防掛へ回覧され、二月十六日まで評議が行なわれた（『村垣淡路守範正公務日記』二月十七日）。

二月十八日にペリーとの交渉が持たれるはずだったが、悪天候のために翌日（二月十九日）に延期された。米使応接掛はこの日（二月十八日）、二月十七日付で起草した「申極書」の草案をアメリカ側に手交した。


第一には、来年（安政二）から長崎に来航した場合には、薪水・食料・石炭など「欠乏之品」を供与し、五年後には別に港を一つ開港する。

第二には、漂流民は長崎に送る。

第三には、漂流民は漂着した場所で勝手に徘徊しない。

第四に、長崎には中国人およびオランダ人もいるので、勝手に上陸してはならない。

第五に、琉球は遠方なので開港できない。

第六に、松前は辺境であり松前藩の所領なので開港できない。

以上の条約草案を米使応接掛四人の連名で提起した（『大日本維新史料』〔二―四―一〇八〕）。

米使応接掛は二月十九日、横浜応接所で対談した（同前〔二―四―四〇八〕）。まず問題となったのは、「欠乏之品」の供与の問題であった。すなわち、薪水・食料・石炭などが供与された場合には、「代料」（代金）を支払うと、ペリーは主張したのである。最初は、拒否していた林緯であったが、「洋金銀」による「返礼」という形式で受け取りを認めた。ペリーは、「返礼」とは言いながら、給与を受けたものと「釣合」うようにしたいので、どれくらいの金額であるのかを教えてほしいと求め、林は了承した（同前〔二―四―四〇九〕）。

次に、それらの供給場所が議題となった。ペリーは、横浜（「此地」）以外にも五つから六つの港で「欠乏之品」を受け取ることができるように求めると、林緯は長崎だけで対応すると回答した。ペリーは、長崎はアメリカから中国の広東に行く航路上にはなく、琉球の海域が好都合である、と主張した。そのうえで、日本の「東南」で五ヵ所から六ヵ所、「北海」で二ヵ所から三ヵ所の開港を求めた。そのうちの一ヵ所は、神奈川を入れるように主張している。林は、ペリーが提出した大統領の書翰には、「南方ニ一港相開き呉候」との要求だったので、日本側では長崎を指定した、と反論している（同前〔二―四―四一三〕）。

この日（二月十九日）の対話書が収録された『続通信全覧』は、おそらく対話の内容をすべて収録したものではない、と推定される。『ペリー提督日本遠征記』には、琉球と松前の開港をペリーが申し入れ、最終的に、第一に浦賀と鹿児島（原文でも「Kagosima」となっているが、本州〈the island of Nippon〉においてとあり、これは神奈川の誤記と推定される）、第二に松前、第三に那覇を求めたことが記されている。また、問題についての回答の期限を二月二十五日にした、とある（『ペリー提督日本遠征記』）。

さらに、米使応接掛（林煒・井戸覚弘・伊沢政義・鵜殿長鋭）が、応接後に、二月十九日付で勘定奉行石河《いしこ》政平《まさひら》・松平近直に宛てた書翰によれば、この日の会談で、新たな開港場としてアメリカ側と浦賀奉行支配組頭の黒川嘉兵衛らが、「下田港」を実地検分することになった、と記されている。アメリカ側は、なによりも松前の開港を求めており、現段階でアメリカ側の開港場についての要求は松前と浦賀である。さらに、この日の会談は容易ならざる事態となったので、井戸覚弘と大学頭の林煒とが、二月二十一日に帰府して老中に状況を報告することも伝えている（『大日本維新史料』二―四―四一四）。

井戸覚弘は二月二十日、同じく勘定奉行石河政平と松平近直に提出した書翰で、アメリカ側が開港場として松前と琉球、それ以外にも二ヵ所ほどを要求してきたので、琉球は遠方で議論できない、と申し入れ、その際にやむをえず下田についてこちらから言及した、と「下田港」を候補にあげた経緯を述べ、その見分をアメリカ側と一緒に行なうことになったと報告している。一方で、「通商交易」についての条約の締結は回避できそうだが、「薪水食料石炭等」の給与については、すみやかに決定する必要がある、と状況を説明した。この書翰でも十分に状況を説明できないので、明日の二月二十一日の朝に登城のために出立する、と記されている。さらに、ペリーが「手荒之次第ニ押移《おしうつり》」と、軍事力を使ってくる可能性があることを示唆した点も伝えている（同前〔二―四―四一六〕）。

この井戸覚弘の書翰は、その日のうちに老中阿部から徳川斉昭に回覧された（同前〔二―四―四八四〕）。斉昭は二月二十日、井戸覚弘のほうから下田の開港を言及し、アメリカ側との実地検分を約束したことに憤慨して、井戸の罷免と、アメリカ側に下田の開港は井戸の失言である、と説明するように老中たちに求めた。また、開港の場所については長崎だけと決めていたのに、このような重大な事柄を変更したのはまったくの誤りだ、と指摘している。今後のイギリスやフランスの到来にも懸念を示し、「異族之逐返」すことを決定するとして、「接戦」の準備をしたうえで、応接のやり直しを求めた（同前〔二―四―四八六〕）。さらに、怒り心頭で明日（二月二十一日）は「引込《ひきこも》」ることも考えたが、かえって早く登城して井戸覚弘と大学頭の林煒を迎えて「正義ニて貫《つらぬき》て申度《もうしたく》」と、述べている（同前〔二―四―四八八〕）。

三　条約締結

安政元年二月二一日の評議　林煒と井戸覚弘は二月二十一日、登城した。そして、対米方針について「大議論」になった（『村垣淡路守範正公務日記』二月二十一日）。水戸藩の藤田東湖は二月二十一日、熊本藩家老の長岡監物《ながおかけんもつ》（是容《これかた》）に出した書翰の中で、この日の会議を「関ケ原」と称している（『大日本維新史料』〔二―四―四九六〕）。翌二月二十二日も評議が行なわれた（同前〔二―五―五八六〕）。徳川斉昭の手記によれば、林煒と井戸覚弘は決定されたことをアメリカ側に伝える、と述べる一方で、アメリカ側は気に入らないことがあれば、ただちに品川へ乗り入れ、上陸して「乱妨」を働くであろうから、それを「打払」わなければ、「国威」はますます低下するであろうし、もし「打払」えばアメリカ側は、戦争の好機と考えるであろう、と状況を説明した。このように述べて「下知」(指示)を求めた(『大日本維新史料』〔二―四―五八七〕)。

また、『昨夢紀事』に収録された「細作」(諜報者)によれば、徳川斉昭が、長崎以外は外国に港を開くことを許可すべきでない、と述べたのに対して、登城した井戸覚弘と林煒は、それならば交渉は「手切之挨拶」すなわち破談になり、戦争になるであろうから、諸家に厳重に防備をするように指示を出すべきだ、と返答したというのである。そこで、老中らが戦争になっては大問題なので、開港する場所だけが問題ならば、それを受け入れて穏便な策をとることを提起した、と記されている(同前〔二―四―五〇二〕)。

結局、二月二十二日、「薪水食料遣し候港」として下田と箱館を決定するという「御評決」となり、「下知」が出された(『村垣淡路守範正公務日記』二月二十二日)。林と井戸は、二月二十三日の早朝、江戸を出発して神奈川に向かった。

条約の締結　アメリカ側との第三回の応接が、安政元年二月二十六日に実施された。米使応接掛の林煒は、ペリーに南方としては下田を、北方としては箱館の開港を通知し、「欠乏」品の給与をここで受けるように申し入れた(『大日本維新史料』〔二―五―五六〕)。ペリーは、箱館が良港であることは承知しているが、下田港は調査をしてからでないと回答できない、と述べた。

この日（二月二十六日）の応接後、米使応接掛井戸覚弘が勘定奉行に宛てた書翰によれば、二つのことが懸念されていたことがわかる。第一は開港の時期である。ペリーは来年三月からの開港を主張した。それは、三月から七月が松前の近傍で漁業――捕鯨と推定される――が行なわれる時期なので、来年三月からの開港を主張したのであった。第二は、下田と箱館にアメリカ人を常駐させることをペリーが求めたことであった。この二点が争点になっていた（同前〔二―五―六〇〕）。

米使応接掛は二月晦日、ペリーと四度目の会談を実施した（同前〔二―五―三七八〕）。ペリーは開港場として下田を了承し、下田への上陸の許可を確認したうえで、十里四方の「自由歩行」を求めた。林煒が下田の町以外への遊歩を拒否すると、ペリーは遊歩の範囲を広く設置しておけば、それを越境するような問題も発生せず、好都合であると、その要求の根拠を示した（同前〔二―五―三七九〕）。林は、これについては明日回答すると伝えた。

次に、ペリーが要求したのは領事の駐在であった。彼は、領事の駐在は日本とアメリカの間で問題が発生したときに、それを解決するために必要である、とその駐在の必要性を主張した。ペリーは、一八ヵ月後に使節が来るので、そのさいに領事の駐在について協議することを提案した。林煒は、それを了承するとともに、下田の開港についても一八ヵ月後に実施する、と通知した（同前〔二―五―三八一〕）。しかし、この点については、ペリーの早期開港の要請を受け入れて、来年三月における開港を約束した。

先の上陸の形態について、『大日本維新史料』第二編ノ五が『平山省斎掌録』（平山洋三郎所蔵本）として掲載している対話書によれば、アメリカ側は、「朝ニ上」り「夕ニ乗船仕候」と、夕方には自分の船に戻ることが記されている。また、林煒は領事の駐在は、二年から三年を経てお互いに「人情」を理解してから協議する、と述べている。「欠乏之品」の供与については、アメリカ側が、下田・松前において「金銀」によって調達することができるか否か、を確認すると、日本側は、「船中之必用之品」の他は「欠乏之品」とは認められない、と回答している（『大日本維新史料』（二―五―三八四））。

その史料の三月一日条には、領事についてさらに興味深い記述がある。この三月一日にポーハタン号に行ったのは、森山栄之助・山本文之助・合原猪三郎《ごうはらいさぶろう》（義直《よしなお》、左衛門尉）・平山謙二郎《ひらやまけんじろう》（敬忠《よしただ》、省斎）であった。御徒歩目付平山謙二郎は、交渉の内容を箇条書にしているが、領事の駐在について「一十八月ノ後、両官府ノ一ニテ無余儀《よぎなき》筋有ラハ官吏ヲ置ベシ」と記している（同前（二―五―四六二））。

この点は、石井孝氏が『日本開国史』の「日米和親条約」（第二章第四節一〇七頁）中で、「下僚の間には、ペリ《（ペリー）》の意見を正しく伝えるものもあったが、応接掛はついにそれを理解することができず、一八カ月後に使節が渡来して、領事設置について交渉するというふうに考えていたようである」と記している。

また、三谷博氏は、この平山謙二郎の史料に着目して、一方でも「無余儀」時は官吏を置くという合意ができたが、アメリカ側と文面を確定する作業の際に書き改めたと指摘して、「日本側の欺瞞行為である」と評している（「最終局面の混乱　領事駐在問題」『ペリー来航』一七八～一八一頁）。

領事の駐在について『ペリー日本遠征記』は、「ペリーは、しっかりと、そのような領事は、私の国の人にとって利益があるだけでなく、日本人にとっても利益があるに違いない、と述べた。そして、最終的に、下田に居住するのは一人であること、そしてこの条約が締結されてから一年ないしは一八か月が経過するまでは、彼は任命されないことが承認された」と記している。原文を挙げると、

The Commodore was firm in saying there must be such agents for the sake of Japanese themselves as well as for that of our own countrymen, and it was finally conceded that there shoud be one, to live at Simoda, and that he should not be appointed until a year or eighteen months from the date of the treaty.

となっており、ペリーは、規定の時期が到来すれば領事を置けると理解していた。(『大日本維新史料』〔二―五―四一〇〕)。

安政元年（一八五四）三月三日に条約は締結された。次に条約内容を確認する（同前〔二―五―五二九〕）。

第一条は、両国の「和親」の締結である。

第二条は、下田（調印後ただちに）と箱館（来年三月）の開港、および薪水・食料・石炭・「欠乏の品」の給与の規定である。

第三条は、漂流民の保護と下田ないしは箱館への送還の規定である。

第四条は、漂流民や渡来した人たちを「緩優」に扱い、「閉籠《とじこめ》」たりしない、という対応への規定である。

第五条は、漂流民や「其他の者とも」は、下田・箱館で長崎における中国人やオランダ人のような「閉籠」るような扱いは受けず、下田では七里を「徘徊」の範囲とし、箱館は追って決定する。

第六条は、「必要の品物」と「其外」の物を双方談判のうえで、取り決める規定である。

第七条は、アメリカ船が、箱館と下田において「金銀銭」ならびに「品物」によって「入用の物」を調達できる、という規定である。

第八条は、薪水・食料・石炭・「欠乏の品」を得るときは、役人を仲介して行なう規定である。

第九条は、アメリカ人に対する利益の均霑の規定である。

第十条は、天候不良（「難風に逢」）のとき以外は、下田・箱館以外の場所に渡来しない。

第十一条は、領事の駐在についての規定である（この領事については、漢文では「総領」、和文では「官吏」、オランダ文からの翻訳では「コンシュル　交易総務」と記されている）。

第十二条は、一八ヵ月後に条約の批准を行なう規定である。

条約締結後のペリー　ペリーは、条約が締結された次の日の三月四日の手記（Continuation of Notes）の中で、この最も特異な国民と有利な条約を結ぶ、という重大な目的は十分に達成された、と条約の締結に満足していることを記した。そして、偶然にせよ意図的にせよ、日本のある地域に滞在することになるすべてのアメリカ人を保護し、親切に取り扱うことを保障し、アメリカ合衆国の船舶に避難所と食料を与えることを規定し、二世紀にわたって外国人に認めることのなかった大きな特権をアメリカ国民に与えた、とアメリカ条約の意義を示唆している（『大日本維新史料』〈二―五―五八五〉）。

ペリーは三月十二日、神奈川に残っていた米使応接掛（伊沢政義・鵜殿長鋭・松崎満太郎）に、明日（三月十三日）出航し、下田に向かうことを通告した（『町奉行所書類　外国事件書類雑纂』〈三九八―四〉）。ポーハタン号とミシシッピ号は、一度、江戸湾を品川沖まで入ってきた。その後、艦隊は下田に向かい、三月二十一日には小柴沖から姿を消した。

一方、徳川斉昭は三月十日、登城して老中に、ペリーも出航するであろうから、もはや役職を辞任する、と申し入れ、さらに、名古屋藩主の徳川慶恕が三月十三日には参勤交代で江戸に到着するであろうから、今後は彼に相談すればよい、と告げた。阿部正弘を含む五人の老中は、ただ平伏したのみで返答をしなかった（『国事記』〈三九九―八〇〉）。すなわち、老中たちは、斉昭の「海岸防禦筋御用」の辞任を慰留しなかったのである。彼は三月十八日、水戸藩家老の興津克広を通じて正式に役職を辞任する願書を提出している（『水戸藩史料』〈三九九―八八〉）。

徳川斉昭はこの辞任の状況を、松平慶永に三月十日に伝えているのであるが、その中で、自分が登城しても何の役にも立たないだけでなく、幕府の方針が「まちまち」になって、かえって「害」になってしまう、と辞任の理由を伝えている（『大日本維新史料』〈二―五―四二三〉）。実際には、アメリカへの対応に不手際（「如何敷取扱《いかがわしき》」）があったにもかかわらず、米使応接掛の処分が行なわれなかった、ということが斉昭に辞任を決断させたのであった（『原田成徳日記』〈三九九―八九〉）。

安政元年四月九日の布告　幕府は安政元年四月九日、アメリカ船の退帆をうけて次のように布告を出した。

アメリカ船は滞在中に勝手な所業におよび、予想に反して開戦（「兵端を相開候儀」）となる可能性があった。それぞれに警備（「御固」）を行なうように指示はしていたが、海軍（「船軍」）の手当もまだ整っていなかったので、仕方なく穏当な処置（「平穏之御所置」）を施した。アメリカ側の要求のうち、漂流民を保護することと、船舶に薪水・食料・石炭などの「船中欠乏之品」を供与することを許すことになった。さらに、供与する場所を決定しておかなければ、勝手にいろいろな場所にやってくることになるので、下田と箱館においてそれらを供与することにした。かねてから指示しているように、質素倹約に努め、海上および陸上における軍事に励み、非常の際には「御武威」が発揮できるように心掛けることを求める。

このように、幕府はペリーへの対応について布告した（『続徳川実記』〈四〇六―三四〉）。幕府は、開戦を回避するために、やむをえずペリーの要求を二点、受け入れたことを公式に認めたのである。

老中阿部正弘の辞任　先の布告を出した翌日の四月十日に、老中阿部正弘は、不十分な対応（「不行届」）しかできなかった自分がこのまま老中職にあっては、第一に全体が奮起しないであろうし、第二に「海防」をはじめとして諸政策が手遅れになる、と述べて退任を申し出た（『阿部正弘事蹟』〈四〇六―七九〉）。老中阿部は、すでに二月二十六日に「内願書」と題した辞任の書類を作成し、その後、老中たちにこの「内願書」を示すかたちで辞意を漏らしていた。阿部がこの「内願書」を記した二月二十六日は、アメリカの艦隊が下田港に滞留しているときである。

四月十日の辞表には、アメリカ船が退帆したら「内願書」を提出しようと考えていた、と記されている。老中阿部は、四月十日に辞任の書類とともに、この二月二十六日付けの「内願書」を提出したのである（同前〈四〇六―七六〉）。その「内願書」には、次のように記されており、老中阿部が対外政策における失策をどの点に見いだしていたのかを明瞭に読みとることができる。

彼は、嘉永五年（一八五二）に新しいオランダのカピタン（オランダ商館長）が提出した情報から、「異船」が来ることは周知のことだった。そこで「御武備」の整備や「海岸防禦筋」について十分に手立てを講じるべきだったのに、しっかりと準備ができていなかったために、応接も穏便な対応（「穏便之御取扱」）になってしまい、臨時の処置（「権宜之御処置」）とはいいながら、「御国法」は崩れて「御国辱」になってしまった。

このように、阿部正弘は、ペリーへの対応の不備を理由に、老中職を解かれることを求めた。しかし、全面的に対外政策から離れるというのではなく、解任後の自分の身分に相応する、「海岸防禦筋御用」を務めさせてほしい、とも記している（同前〈四〇六―七七〉）。

老中松平乗全から阿部正弘の辞意を聞いた将軍徳川家定《いえさだ》は、四月十一日、老中阿部の内願を退けて、早々出勤するように命じた（同前〈四〇六―九一〉）。老中阿部正弘は、将軍徳川家定からの強い慰留を受けた後、四月十三日に、自分の辞意についての意向を徳川斉昭に書翰で示した。斉昭は、翌日の四月十四日に返書を出して、アメリカへの対応が「平穏の見通し」であり、諸大名の警備も引払わせるようでは、自分が登城しても意味がなく、名古屋藩主の徳川慶恕などを相談の相手にすればよいであろう、と不満を述べながらも、老中阿部が「御国法」が崩れ、「御国辱」になってしまった、と書き送った点については、「臥薪嘗胆」で「御国法」を立て直し「御国辱」を一掃してこそ「御報国の御大忠」である、と鼓舞している（『水戸藩史料』〈四〇六―九九〉）。また、翌日四月十五日の斉昭が阿部に宛てた書翰でも、徳川慶恕（名古屋藩主）・徳川慶篤（水戸藩主）・松平慶永（福井藩主）などに相談をして政策を進めることを、松平定信《まつだいらさだのぶ》が寛政の改革のときに、三家に相談した事例をあげて推奨している（『水戸藩史料』〈四〇七―一三一〉）。

老中阿部正弘は四月晦日、水戸藩家老の興津克広に、徳川斉昭の連日登城は免じるものの、必要があるときには登城するように申し入れている。斉昭は、少なくとも毎月、六の付く日（「六ノ日」）は定例の登城日として指示された（『松宇日記』〈四一三―七〉）。

四　アメリカ条約の締結後

アメリカ船の箱館来航　老中松平乗全《まつだいらのりやす》は安政元年（一八五四）三月二日、松前藩に、アメリカ船が松前辺に行くことになるので、「卒爾」なく「穏便」に取り計らうように指示した（『大日本維新史料』〈二―五―四七八〉）。

江戸の松前藩邸の中川善右衛門《なかがわぜんえもん》から在松前の島田興への書翰には、アメリカ船の松前への到来が、薪水・食料などの給与を受ける港として適当か否かについての調査（「地理ノ様子」）であり、上陸などはしないので心配の必要はない、と記されている（同前〈二―五―四八二〉）。

ペリー艦隊来航時の箱館港
（一瀬紀一郎〈雑賀重村〉筆・白井金鳩模写「蝦夷廻浦図絵」部分，
函館市中央図書館所蔵）

マセドニアン号・バンダリア号・サザムプトン号が四月十五日、箱館に入港した。アメリカ人たちは、四月十六日から箱館港沖の測量を開始し、松前藩士の「手真似」による上陸拒否にもかかわらず、「沖之口役所」（松前藩が港に出入りする船舶などを検査し、諸役銭を徴収する役所）に上陸した。そして、この「沖之口役所」の者たちの名前を「漢文」で照会するとともに、鮮魚や野菜などを求めた（『通航一覧続輯』〈四―一〇―八八〉）。

ペリーは少し遅れて四月二十一日、ポーハタン号とミシシッピ号で箱館に入港している。彼は四月二十一日に箱館港に入港したとき、この港が船舶の出入によく、風波から守られていて安全であるだけでなく、形状も美しく「世界最良の港の一つ」と形容している（『ペルリ提督日本遠征記』四―八〇）。

ウィリアムズが四月二十一日、米使応接掛の書翰を松前藩に提出した。この書翰は、林煒・井戸覚弘・伊沢政義・鵜殿長鋭の松前藩士宛のもので、アメリカ船は箱館を調査する目的でそちらに向かったが、上陸はしないように指示してあるものの、上陸して測量する可能性もある。その際には「穏便」に取り計らうように、という通知であった（『大日本維新史料』〈二―五―四九〇〉）。さらに、ウィリアムズは、名村五八郎《なむらごはちろう》（通詞）と平山謙二郎（徒目付）が箱館に到着していないのかを問い質すとともに、「箱館奉行」の名前を照会した。松前藩側は工藤茂五郎の名前を挙げている（『通航一覧続輯』〈四一〇―九一〉）。

一方、アメリカ側は、名村五八郎と平山謙二郎が箱館にいないことがわかると、「松前之主」、すなわち松前藩主との面会を求めた。松前藩側は四月二十三日、アメリカ船「御用取扱」を命じられた家老の松前勘解由《まつまえかげゆ》を、船上でペリーと面会させている。この時、ペリーは条約書を示している（同前〈四一二―四〉）。アメリカ側は、翌日の四月二十四日には三軒の家屋の貸借を求め、来年の三月から交易が開始され、商船が箱館に到来するが、軍艦はさしあたり来ることはない、と発言した。松前藩主松前崇広《まつまえたかひろ》は、これらのことを四月二十五日付で幕府に報告し、指示を仰いでいる（同前〈五九二―六〉）。

一方、長崎交渉を受けて樺太の状況を調査するように命じられた村垣範正は、安政元年三月二十七日に江戸を出発した。村垣は沼宮内《ぬまくない》（現岩手県岩手町）で、水野正左衛門（松前蝦夷地御用掛）が四月九日付で松前から出した書翰を受け取ったが、その書翰にはクシュンコタンのロシア人の情報が記されていた（『村垣淡路守範正公務日記』四月十五日）。その後、村垣は四月二十三日に三厩《みんまや》（現青森県外ヶ浜町）に到着して、松前に渡海するための風待ちをすることになるが、翌日（四月二十四日）の「日記」には次のように記している。

三月二十三日にポンェットが長崎に到来したが、幕府が浦賀に回航するように伝える前に長崎を出航してしまった。長崎奉行の水野忠徳（忠篤）が得た情報（「内紀之様子」）では、彼らはただちに樺太に向かうようであった。また、アメリカ船が三艘、箱館に向かうことを、四月四日にアメリカ側が通知してきた。

このような情報を、村垣範正はこの時点で得ていた。彼はこの三厩で、四月十五日に「異国船」が箱館に三艘やってきた、という風聞を聴取したが、それを確認することはできていなかった。村垣は、その船がロシア船ならば好機であり、すぐに渡海して対談を行なうが、それがアメリカ船であれば「構わず」、と記している。さらに四月二十六日、松前藩の飛脚が三厩を通った。村垣はこの飛脚から、四月十五日には三艘の「異国船」が、四月二十一日には二艘のそれが箱館に到来し、上陸したものの、「乱妨」などはしていない、と聞き及んだ（同前、四月二十六日）。前者はマセドニアン号・バンダリア号・サザムプトン号であり、後者はポーハタン号・ミシシッピ号である（『通航一覧続輯』〈四一〇―八七〉）。

松前藩町奉行の田崎《たざき》与兵衛《よへえ》が四月二十七日、朝の八時過ぎに松前から三厩に到着して、村垣範正に次のように状況を報告した。

アメリカが、調査などで使うために、家屋を二軒ないしは三軒ほど貸すように要求し、すでに交易についての条約が締結したので、ただちに交易を開始したい、と述べている。さらにアメリカ側は、松前藩主の出迎えがなかったので松前城まで面会に行く、と主張し、箱館市中の人びとが家を締め切りにしている点などにも不満を示している。また、徒目付平山謙二郎と通詞名村五八郎が箱館に到着しているはずであり、彼らを松前藩が隠している、とペリーが主張し、田崎与兵衛は、この二人がペリーと対談してくれることを、村垣に求めた（『村垣淡路守範正公務日記』四月二十七日）。

村垣範正と堀利忠（利熙《としひろ》）は、平山と名村は樺太での御用のために帯同しているのであり、このことをペリーが知っているのは不可解であるが、おそらく通詞などから洩れたのであろう、と予想し、すでに名村は松前を出発していたので、武田《たけだ》斐三郎《あやさぶろう》を通訳（実際には筆談を行なう）にして、平山謙二郎と安間《あんま》純之進《じゅんのしん》（心斎）らを箱館へ派遣することを決めて、そのことを田崎与兵衛に話した。

堀利忠と村垣範正は、米使応接掛の鵜殿長鋭（目付）の従者として下田での交渉の経緯を知っている平山謙二郎が対応すれば、これまでのように事情がわかる者がいないことを利用してアメリカ側が自分勝手なこと（「自儘之儀」）をすることができなくなるだろう、と考えた（『大日本古文書　幕末外国関係文書』〈四一二二一一〇一〉）。

翌日の四月二十八日には松前藩士新井田《あらいだ》玄蕃《げんば》が三厩に到来し、ペリーが箱館で「遊歩」の場所として十里四方の借地を求めるなど、いろいろな要求を出し、もし松前藩主がそれを受け入れないのであれば、ただちに江戸に向かい、大学頭の林煒が約束違反（「違約之罪を糺し」）をしたとして償いをさせる、と息巻いていると知らせてきた（『村垣淡路守範正公務日記』四月二十八日）。

村垣たちは新井田玄蕃に、借地の協定はしておらず、江戸に向かうというのも、下田にもう一度戻るということであり、心配には及ばず、箱館における「遊歩之里数」などは下田で交渉するように、と伝えるよう指示した（同前）。

安間純之進と平山謙二郎は四月晦日、三厩から吉岡村（現福島町）を経由して箱館に行くために出発している。彼らは五月二日に福島で松前藩士から、アメリカ側が、五月六日までに江戸からの使者が来なければ下田に向かう、と発言したことを知る。彼らは五月五日の朝に箱館に到着し、五月六日から対談することになった（同前、四月晦日・五月三日、『通航一覧続輯〈四一五―四八〉』）。

安間純之進と平山謙二郎は、武田斐三郎らを連れて、五月六日、ポーハタン号に応接のために乗船した。会談は、土地の貸借や遊歩の区域についてもペリーは強弁することなく「平穏」であった。ペリーは『日本遠征記』に、両者が遊歩区域の設定について決定する権限が自分たちにはないと述べたので、この問題は下田において決定するしかないと考えた、と記している（『ペルリ提督日本遠征記』四―一六〇）。ペリーは五月八日、箱館を出発して下田に向かった。

勘定奉行松平近直・川路聖謨の徳川斉昭との面会　老中阿部正弘は、「海岸防禦筋御用」の徳川斉昭が三月中旬から登城しなくなった状況を打開しようと動く。なにゆえ彼はそのような動きをするに至ったのだろうか。この点に関して留意したいのは、斉昭が老中阿部に、自分が辞任したときには徳川慶恕（名古屋藩主）・徳川慶篤（水戸藩主）・松平慶永（福井藩主）に相談して幕政を行なえばよい、と述べたことである。彼らの動きに留意して、アメリカ条約の締結後の政治状況をさらに分析する。

老中阿部正弘の指示によって、勘定奉行松平近直と川路聖謨は安政元年五月九日、徳川斉昭に面会して、再び登城してくれるよう依頼した。斉昭が引き籠っては「国持《くにもち》始めますます公辺《（幕府）》を侮り候」と、大名たちが幕府を侮るという状況になっており、「伊勢守《（老中阿部正弘）》始も相勤り兼候」と、阿部正弘をはじめ老中たちは仕事を遂行することができず、幕政も滞っているというのである。

斉昭は、「御用」があるのなら登城するが、自分が出勤しても幕府にとって何の「御益」にもならず、「案山子同様」では差支えもあるだろう、と消極的な態度を示した。すると松平近直は、その「案山子」になって「国家の為出勤」してくれ、と懇願した。斉昭は、「手記」にこのやりとりを記したうえで、この発言はあまりにも「失敬」と感想を記し、もともと自分の登用は意見を政策に反映させるためではないのだ、と不満を記している。しかし、松平近直が言うように、このまま「引込《（籠も）》」っては、大名たちが老中を侮ることは間違いないので、「内憂外患」を考慮して登城する、と回答した（『水戸藩史料』〈四―一六―三一〉）。

斉昭が感じたように、対外政策に彼の意見を反映させることを老中たちが企図していなかった、とすれば、なぜ彼を「海岸防禦筋御用」に登用したのであろうか。この点について、彼が六月五日に土屋正直に出した書翰に、その回答を見いだすことができる。徳川斉昭は土屋正直に、先の松平近直と川路聖謨との対談を次のよう書き送っている。

松平と川路が説得に来て、あなたであれば「案山子」になれるが、「若き当主」では、「案山子」にはなれない。「案山子」としてあなたが出てくれることで、大名たちもあなたが了承していることなので、「良策」もあるのだろうと安心する。それゆえ、あなたに出てほしいのだ。斉昭は、このように言われ一度は出仕したが、やはり以前と同様に幕府が失策（「出来損《そこない》」）をすると、このことは斉昭も承知している、と言われるのはとても迷惑である。自分が常々言っていることと、幕府が発布することと（「御達」）は相違していて、人びとは不思議に思い、それゆえ噂（「浮説」）も出てくることになる（『黄閣秘牘』〈四一七―八〇〉）。

この斉昭の書翰から推察すると、すでに「若き当主」では「案山子」にはなれない、ということを、松平近直と川路聖謨は経験していたようである。この点に、斉昭が引き籠ってからの政治状況が端的に示されている。この政治状況を考えたい。

江戸に参勤した名古屋藩主の徳川慶恕は、四月一日と四月十一日に老中に対面して、自分の意見を伝えた。彼は、二度にわたって自らの意見を述べたので十分と考えた。このことを四月十二日に宇和島藩主伊達《だて》宗城《むねなり》に伝えると、宗城は四月十四日に、二度程度の「御督責」では心もとないので、明日すなわち四月十五日にも登城して老中たちに「厳敷《きびしく》御教諭」するように、と返書を書き送った（『宇和島侯書翰集』〈四一三―五八〉）。宗城は、このことを四月十四日付で松平慶永に伝えているが、彼の表現からすると、徳川慶恕は老中を厳しく責め立てていたようである。そして、その「御督責」の主眼は、徳川斉昭の処遇だったと思われる。この点は、四月十四日に徳川慶恕が松平慶永に出した書翰に「水老人《徳川斉昭》之一条」とあり、老中阿部正弘に四月十四日頃に出したと推定される書翰にも、引き籠っている斉昭の出勤を催促している点から推定できる（『諸家来翰録』〈四一三―六〇〉・『名古屋藩留記』〈四一三―六四〉）。

徳川慶恕は四月十五日、登城して老中阿部正弘に面会を求めた。老中阿部は、辞任を将軍家定《いえさだ》に慰留されて撤回したばかりであった。彼は慶恕の面会要求に、「御用多」く、と応じなかった。慶恕は、会えるまで待つと食い下がった。その一方で、阿部は水戸藩主の徳川慶篤に面会を求めた。慶篤は、徳川慶恕の面会の要求を忙しいという理由で受け入れないのに、自分に面会しようとするのは理解できない、と面会を拒否した。そして徳川慶篤は、徳川慶恕とともに江戸城を退城していった（『松宇日記』〈四一三—六五〉）。慶恕の主張のあまりの激しさは、それを心配して意見を言わなければならない、と斉昭が思うほどまでに高まっていた（『照国公文書』〈四一三—六七〉）。

このように、名古屋藩主の徳川慶恕は、参勤交代で江戸に出てくると、再三にわたって徳川斉昭の再登用と、幕府の対外政策を直接批判したのである。斉昭の引き籠りにより、彼の登用を求める徳川慶恕・松平慶永・伊達宗城・島津斉彬《しまづなりあきら》などがその必要について献言をするだけでなく、慶恕のように老中を詰問する、という状況が発生していた。

勘定奉行の松平近直と川路聖謨が五月九日、斉昭に面会して登城してくれるように求めたとき、斉昭がいなければ大名たちが幕府を侮ると嘆き、そして「若き当主」では斉昭の代わりにはならない、と述べたのは、このような事情だったのである。

徳川斉昭が「案山子」と評されていた点については、千場大輔氏の御教示を得た。

徳川斉昭による「アメリカ条約」の閲覧　徳川斉昭はその後、五月十七日に江戸城に出仕する。ここでは、五月十七日になって斉昭がはじめてアメリカ条約を閲覧したことと、それによって惹起された政治状況を考えたい。

アメリカ条約を閲覧した斉昭は、「国威」を落とすその内容に「言語道断」と、怒りを露わにした（『水戸藩史料』〈四一六―三〇〉）。彼は五月十七日、以下のようにアメリカ条約への疑義を老中に示した。

第一に、アメリカ条約の和文には、日本とアメリカ合衆国が「人民永世不朽の和親を取結び」とあり、漢文にも「両国之人嗣後《しご》當（当）互親睦」とある。今後アメリカ人と親しくなり、江戸湾にやってきて勝手に上陸したとき、それを制止しても聞き入れなかったらどのように対応するのか、と問い質した。

第二に、第五条の遊歩区域を「七里」と規定した条項に、「児戯」に等しい、と厳しい評価を下した。

伊達宗城

第三に、第七条の和文には、金銀銭ならびに品物をもって「入用の品」を「相調」とあり、漢文には「洋金」・「洋銀」・「諸貨」によって「必需諸物」と交換（抵換）するとあるが、これは表現を変えてはいるものの、まさに「通商交易ニ相違《そうい》無之《これなし》」と、通商の許可にほかならず、このような単に言葉の置き換えなどは「愚夫愚婦」でさえも騙すことなどできない、と喝破した。

第四に、第十一条に規定された領事の駐在について、十八ヵ月後に、「和文」では状況（「模様」）により、漢文では領事を「置に応ずる」とあるが、一八ヵ月後にどのように対処するのか、と問い質した。

第五に、第十二条には「君主」が許容した条約の「取替《とりかわ》し」とあるが、これも一八ヵ月後にはどのように対応するのか、と問い質した。

特に、斉昭は最後の事案について、外国に対して「大君」「君主」「勅許」などの文字を文面に使用して「和親」を取り結べば、アメリカ側はすぐにそれを世界（「五洲」）に吹聴するであろう、そのような重大な事柄を朝廷にも「奏問」せず、大名たちにもまったく秘密にして行なうなどは、あまりに酷いことである。さらに、このことはロシアに対する返翰においても問題になるであろう、と指摘している（『水戸藩史料』〈四一七―七二〉）。

老中たちはこの書翰の内容について、さらに取り調べてアメリカ側と交渉して回答する、と述べるにとどまった（同前〈四一七―七六〉）。このあと徳川斉昭は、再び登城しなくなる（同前〈四一七―七二〉）。川路聖謨は五月二十二日、水戸藩の藤田東湖に書翰を送り、五月十七日に斉昭が登城してくれたことに謝意を表し、老中阿部正弘も感謝して「一安心」と安堵していること、自分と松平近直も「世上之人気も静ニ相成候」と喜んでいることを伝えた。そのうえで、老中阿部の指示として秘密の事（「内密之事」）である幕府の財政を示し、これを見れば驚かれて全体の状況もわかるであろう、と述べ、老中阿部正弘が自分たちにいつも次のように述べている、と伝えた。

このような財政状況で外国と戦争して、たとえ勝利したとしても、一年と持ち堪《こた》えることはできない。現在は「臥薪嘗胆」のときであり、全体が協力して一〇年後には国力を回復して「御武威」を立てて「夷狄」を排斥し、「王室」を尊ぶ征夷大将軍の職務（「征夷府之御職掌」）が果たせるようにしたい。

川路聖謨はこのように阿部の意中を伝え、外から見ているのとは異なり、内輪の状況を理解（「内輪之味を御承知」）すれば、容易には戦争などできず、今回のアメリカへの処置が「御穏ニ御取計」となったのも余儀ないことである、と記している（『川路氏蔵翰』〈四二一―二〇〉）。

実際、安政元年（一八五四）四月付で作成された勘定奉行松平近直と川路聖謨の幕府財政に関する書類が、徳川斉昭に示されている。それによれば幕府財政の悪化は明らかであり、どのようにやりくりしても毎年一四万両ずつは不足が生じ、一年に二〇万両の倹約を実施しなければ立ち行かない、という状況だった（『水戸藩史料』〈四二一―一三〉）。

この川路聖謨の書翰は、幕府の対外政策が戦争回避にある理由の一つが、財政状況であったことを示すとともに、既述の五月十七日の徳川斉昭のアメリカ条約に対する詰問への回答と捉えて間違いないであろう。

下田再来航と附録条項　ペリーは五月八日にポーハタン号で箱館を出航して、五月十二日にミシシッピ号とともに下田に到着した（『豆州下田港亜米利加船』〈四一六―八七〉）。それを追って五月十五日にはサザムプトン号が、五月十六日にはマセドニアン号が下田に到着している。米使応接掛の林煒らとペリーの交渉は、了仙寺において五月十三日から開始された。ペリーは、箱館での対応がよかったことを告げたうえで、箱館の地図を出し、良港である、と評価した。このとき江戸から箱館におけるペリーとの対話書が届けられ、米使応接掛も箱館における状況を知ることになる（『大日本古文書　幕末外国関係文書』〈四一七―六〉）。

林𤏋が、下田に「関門」を設置するが、条約により七里まではアメリカ人の遊歩を許可しているので、この「関門」を通ることは許すが、その際には、「附添人」などをアメリカ人に帯同させる、と申し入れた。ペリーは、「親睦」を取り結んだのだから、そのような「附添人」は必要ないと拒否したが、日本人がアメリカ人に不法なことをしたときのためである、と説得されて、このときは受け入れている（同前〈四一七―八〉）。五月十五日の話し合いでは、今後は漢文を利用せずに、オランダ文と和文だけを使用すること（「附録第七条」）や、箱館での石炭の給与は行なわないことが合意（「附録第六条」）された（『豆州下田港亜米利加船』〈四一七―六七〉）。

五月十七日の交渉では、「波止場」を「下田」・「柿崎」・「小島の東南」に設置すること（「附録第二条」）と、「休息所」として「了仙寺」と「玉泉寺」の二ヵ所を充てることが合意（「附録第七条」）された。さらに上陸した者は、「晩刻」には残らず船に戻ることが合意されている（『大日本古文書　幕末外国関係文書』〈四一七―九〇〉）。この日（五月十七日）、さらに石炭の値段や銀や銭の交換率が決定された。また、「船中欠乏品」の支払いについて、そのつど支払うのではなく、ひとまとめにして銀で支払うことなど、具体的な支払いの方法が決定された（『続通信全覧類輯』〈四一八―一一五〉）。

五月十八日の交渉では、了承していた「関門」を越えた際の「附添人」を拒否することがペリーから伝えられ、附録には記載されないことになった。また、狩猟——上陸して鳥などを撃つ——は行なわないことが合意（「附録第十条」）された（『大日本古文書　幕末外国関係文書』〈四一七—九九〉）。この日（五月十八日）、問題となったのは、箱館の上陸里数をいくらにするのか、ということだった。ペリーが下田と同様に七里と主張したのに対して、大学頭の林𩓐は最初に一里と応酬した。ペリーは、今回、この里数が決定されなければ違う者が軍艦を引き連れてくるであろう、と威嚇したが、林はペリーの箱館での活動が約束違反である、と非難するなど、険悪な雰囲気になった。その結果、ペリーの五里という提案を林𩓐も受け入れた（同前〈四一七—一〇五〉）。さらに五月十八日と五月十九日には、石炭の重量計算の換算（「斤」と「ポンド」）について協議がもたれている（『続通信全覧類輯』〈四一八—一二一〉）。

このような協議を経て、条約の「附録」が五月二十二日に完成し、五月二十五日に調印された。ウィリアムズらと米使応接掛が五月二十五日、「附録」を了仙寺で交換した。附録は、一三条から構成されている（『豆州下田港亜米利加船』〈四一九—一二三〉）。

第一条は、遊歩に関する規定である。まず下田奉行は、管轄する地域を明示するために、最適な場所に関所（watch stations）を設置する。しかし、アメリカ人は七里以内にあっては、その関所を自由に通過できる。日本の法令に違反したアメリカ人は、番兵（the police）に捕縛され、彼らの船に引き渡される。

第二条は、上陸地点の設定である。商船および捕鯨船のために三つの上陸地（下田・柿崎・中央の島の南東の沢辺）を設定する。

第三条は、立ち入り施設の制限である。アメリカ人は、上陸の際に武家（military establishments）や町家に入ることは許されない。しかし、商店や寺院には随意に入ることができる。

第四条は、宿泊所が建設されるまで遊歩者の休憩場所として下田の了仙寺と柿崎の玉泉寺を、それに充てる。

第五条は、玉泉寺にアメリカ人の埋葬所を設置する。

第六条は、条約によって箱館において石炭の供与が規定されたが、この港において石炭を供給するのは困難なので、ペリーが、このことをアメリカ政府に通知する。

第七条は、オランダ語の通訳がいるときには、両国の公式的な遣り取りにおいて漢文は用いない。

第八条は、下田港に港湾取締役（「港湾長」）と三人の水先案内人を置く規定である。

第九条は、店で選んだ品物（goods）の購入者の氏名と金額を記して、御用所に送り、そこで日本の役人に金銭を支払い、品物を受け取る。

第十条は、鳥類および動物の銃による狩猟は禁止されているので、アメリカ人もこの法令を遵守する。

第十一条は、箱館における遊歩の範囲は五里とする。それ以外は第一条に記されていることをこの場所（箱館）においても適用する。

第十二条は、アメリカ条約の批准書の受け取りを将軍が誰に委任しても自由である、と規定する。

第十三条は、この「附録」にあってアメリカ条約に齟齬するものがあったとしてもこの「附録」の内容はそれに影響を与えたり改変を加えたりするものではないことに合意する。

サスケハナ号とサザムプトンム号の寄港

サスケハナ号が閏七月二十三日に、サザムプトン号が七月二十四日に、ミシシッピ号が閏七月二十九日に、下田に到来した。今回のアメリカ人の上陸は、アメリカ条約締結後のアメリカ人の、条約に対する理解を知るうえで幕府も注視していた。そして幕府は、韮山代官で勘定吟味役格の江《え》川《がわ》英《ひで》龍《たつ》に、「内調」として、アメリカ船の状況を報告するように求めた。江川は八月二十一日、次のように答えている。

アメリカ船が石炭を積み込む作業を行ない、八月十二日までには出航し、それらの様子はとりわけ不審なことはなかった。アメリカ人たちは人数も多くはなく、「日暮」になると船に戻り、陸上で宿泊（「止宿」）することはなかった。

「欠乏」しているという理由でいろいろな物を要求しなかったかという照会に対しては、野菜などのほかに、傘・植木・塗物や特に蒔絵などの膳・椀・広盆を好み、購入していった、と報告している。その支払いについては、下田奉行役筋に金銭を渡す、という形態で行なわれた。さらに彼らは、アメリカ産の物品を持参して下田の町人に売買したい、と申し入れたが、それは禁止されており、日本の物品を売買するだけだった。

この江川英龍の「内調」は、おおむね今回のアメリカ船の来航が穏当であったことを報告している（『江川坦庵建議書抜粋』〈四四〇―一二九〉）。条約との関連から考えると、「欠乏品」の供与と規定してはいるが、傘や植木、さらには漆器など、実際にはそれを名目に広範囲な物品が売買に供されていた。ブキャナンは、来年になったらアメリカ船がしばしば来航するであろうし、自分も時折来るので「珍《めず》ら敷《しき》品物も沢山に相求度《たし》」とまで述べている（『大日本古文書　幕末外国関係文書』〈四四一—九九〉）。

五　スターリング来航

スターリングの来航と対外方針　安政元年（一八五四）閏七月十五日、イギリス東インド艦隊司令長官ジェームズ・スターリング（James Stirling）が長崎港に入港した。スターリングは、長崎奉行宛の書翰を提出した。その書翰には次のように記されていた。

女王陛下は、ロシアがヨーロッパを「押領」するのを防ぐために軍隊を派遣した。すでに戦争は行なわれている。トルコに入り込んだロシア軍はすでに敗退させられた。このような状況を踏まえて、ロシアの船舶ならびに拠点（「砦」）はもちろん、商館の奪取、ないしはそれらを破壊することが決定された。ロシアは広大で、その国境は樺太・蝦夷地・千島にも及んでいて、日本に野心を抱いている。ロシアの軍艦がやってきたり、イギリスの船を拿捕《だほ》することもある。それを防ぐために日本の港に来ることになる（『外交記事本末底本』〈四三九—一二〉）。

このように、クリミヤ戦争におけるロシアへの戦闘および攻撃のために、日本の港の利用を求めた。さらに、佐賀藩の鍋島夏雲《なべしまかうん》の「日記」によれば、この時点（閏七月十六日）でイギリスの軍事行動が

「魯領カムサスカ《カムチャツカ》辺へ軍勢差向候筈」と、ロシア極東の拠点であるペテロパブロフスクのあるカムチャッカにおいて行なわれることも、周知のことになっていた（『鍋島夏雲日記』〈四三九—六七〉）。

長崎奉行水野忠徳は閏七月十七日、スターリングが提出した書翰を添えて老中に次の伺いを出した。

イギリスが、これまで「懇切之応接」をしてきたロシアの「讐敵」であり、そのような国を近づけるのはロシアに対して信義が立たない。しかし、どのような国の要求であっても、強く拒否の態度を示すことは難しい。スターリングは薪水や食料などを求めているのではなく、日本の港に入ることを求めている。入港する場所を限定するように交渉するが、長崎と、これからアメリカに入港を許可する箱館をそれに充てる。しかし、さらに二ないしは三ヵ所の港への寄港を要求してきた場合に、どの港への入港を許可できるのかの指示を受けたうえで、スターリングと交渉したい。

この水野忠徳の書翰は、閏七月二十六日頃には江戸に到着した。この問題の評議を指示された評定所一座・浦賀奉行・大学頭の林煒・大目付・海防掛・下田奉行・目付は、連名で次のように評議書を上申した。

スターリングの要求をすべて拒否すれば、「かさつ《がさつ》」と評判のイギリスなので、不法や乱暴を働く可能性がある。日本の近海を航行していて不足した薪水や食料を補給したり、船を修復するというのであれば、その要請を受け入れるが、他の国と戦争するために入港を許可することは恨みもない国—ロシア—に対して信義を失うことになり、日本が恨みを受ける。このことをスターリングに伝え、彼が提出した書翰を差し替えるか、ないしは訂正した場合には要求を受け入れて、長崎と箱館の入港を許可し、やむをえない場合には下田の入港も許可する（『海防建議二』〈四三九―一三三〉）。

一方、長崎奉行からイギリス船に関する急便が到来したことは、閏七月二十六日に川路聖謨から藤田東湖を通じて、徳川斉昭にも知らされた。斉昭は、アメリカとの応接（「横《（横浜）》応接」）で軟弱なところを世界に示してしまったので、イギリスやフランスもやってくると忠告したが、その通りの状況に陥ってしまった、と不満を述べている（『徳川斉昭手書類纂』〈四四一―二五〉）。老中牧野忠雅は閏七月二十七日、スターリングが提出した書翰を持たせて、徳川斉昭のところに松平近直と川路聖謨を派遣した（『水戸藩史料』〈四四一―二六〉）。

斉昭は閏七月二十八日、老中牧野に、イギリスには長崎・下田・箱館の三港への入港は許可し、そのほかは「御旧法」に復する。すなわち「此上ハ打払」う、という案を提示した（『徳川斉昭手書類纂』〈四四一―三二〉）。老中が斉昭に示した長崎奉行への達《たつし》案も、添削されて返却された。閏七月二十七日に斉昭が登城する予定であったので、確定したイギリスへの返答案を示したうえで、長崎奉行に送付されるはずであった。しかし、徳川斉昭は「風邪」と称して登城しなかった。

老中は閏七月二十九日、長崎奉行に次のように指示した。

外国との戦争のために港を利用することは許可せず、通常の航行で薪水・食料が不足した場合や、船舶の修理には長崎と箱館に入港することを許可する。やむをえない場合には下田の利用を許す。それゆえ、スターリングが提出した書翰の差し替えか、訂正を求める（『開国起源』〈四四一―八三〉）。

すなわち、スターリングが提出した書翰から、戦争のために日本の港を利用したい、という文言を削除させよう、というのである。この指示の内容は、基本的には、既述の評定所など幕吏たちが総評議で出した結論であった。

一方、スターリングは八月六日、二〇日が過ぎても回答がない、と抗議して、江戸に回航する、と長崎奉行に通告してきた（『外交記事本末底本』〈四四二―五一〉）。長崎奉行は、上陸を許可することを条件に、さらに一〇日間の滞在をスターリングに求めて、引き延ばしをはかった。そして、長崎奉行水野忠徳と目付永井《ながい》尚志《なおむね》は、八月十三日、幕府の指示を得てスターリングと会談した（『町奉行所書類外国事件書類雑纂』〈四四四―九一〉）。

スターリングは、日本の「湾内」に入り込んで戦争をする、というのではなく、「沖合」で戦争して負傷したり、破船したりしたときに、入港して治療や船舶の修復、さらには薪水・野菜等を購入して戦争に復帰する、と主張した。また、ロシア船がイギリスの商船を拿捕して「湊内」に入ることも考えられるので、そのことも考慮してやってきた、と主張した。

水野忠徳は、イギリス船が入港できる港は、長崎とほかに一港である。さらに、その港が決定されなければ、薪水・食料や材木なども供与できない、と申し入れた。そのうえで、近海を航行したり、沖合での戦争は日本には関係なく、「湊内」での戦争は厳禁である、と通告している。

翌日の八月十四日には、スターリングは、五ヵ条にわたる次のような書翰を長崎奉行に提出した。

①　ロシアと戦争をしている状況にあって、イギリス船が日本の港に入ることが許可されるのか否か。

② 長崎とさらに使用が許可される港で、軍艦の修理や「欠乏の品」の購入などの許可と一四日程度の滞在に加えて戦利品の保管が許可されるか否か。
③ イギリスの軍艦は、日本各地域の「首長」の許可がなければ、その場所で戦闘は行なわない。
④ 「通信」のある国とない国の取り扱いを同様にする。
⑤ この規定は、安政二年七月二十日（一八五五年九月一日）までの規定である。

スターリングはこのような照会をしてきた（『通航一覧続輯』〈四四四―九九〉）。さらに八月十八日の会談では、次のような点が話し合われた。

長崎と箱館の二港において、薪水や野菜の供与と船舶の修理を許可する。スターリングが戦争のためには利用できないのか、と照会したのに対して水野忠徳は、こちらでは戦争のためか「難風」にあって入港するのか否かは知ったことではなく、不足した食料の供与や破船の修理のために入港するというのであれば問題なく、「戦争のため」と言われては入港させることはできない、と回答している。スターリングは、外国に上記の二港以外を開港するときは、イギリスにも許可するように求めた。水野は、今後二つの港以外を外国に許可した場合には、イギリス船にも同様に許可する、と回答している（『長崎港英咭唎船』〈四四六―一二〉）。

この八月十八日の会談を受けて、長崎奉行は五ヵ条にわたる「箇条書」をスターリングに提出した（同前〈四四六―一八〉）。

第一条では、港を開くことは「薪水食糧其外船中之欠乏品」を供与するためと破船の修理のためである。それゆえ、「戦争之為」とあっては、それを許すことはできない。

第二条では、イギリスとロシアの戦争のために開港してほしいとあるが、日本は「海外萬《(万)》国」に「敵なし」の国である。しかし、戦争のために開港したのでは、イギリスのためにロシアに限らず新たな敵を日本に作り出すことになってしまう。これによって日本で戦争が起こり多くの人の災いとなることは、諸国の平和を希求するイギリスの女王も嫌うことであろう。戦争のために開港するのではないので、敵から取った物品や船舶などを「囲置」くことはできない。

第三条では、開港する趣意はこれまで述べたようなことなので、港内はもちろん「日本の地方近き沖合」において戦争することは許可しない。

第四条では、港内では日本の法律を守ることは当然である。また、いずれの国に対しても同様の取扱いをするように求めているが、これまで通商を行なった国とそうではない国との差別はある。

第五条で、長崎と箱館に寄港することを許可した。

この「箇条書」はほぼ正確に翻訳されたが、第四条についてのイギリス議会文書の記載は「大英帝国の軍艦が他の国の軍艦と同様に扱われるべきであるという提督の表明は、明らかに理解しがたいことである」となっており、軍艦に関する事案となっている。また、それは「自国の民族と外国人の間には相違があるのですし、長い期間、交流のある国家群と以前にそれが存在しなかった国家群があり、全ての相手方を同様に扱うのは困難なことなのである」と交流（intercourse）によって差異が設定されていて、日本の「箇条書」のように「通商」に限定されてはいない。

長崎奉行水野忠徳・目付永井尚志とスターリングは、八月二十三日、次のような「約条」を結んだ（『旧条約彙纂』〈四四六―九五〉）。

第一条で、長崎と箱館における船舶の修理と水や食料などの「船中必需」の品物を供与する。

第二条で、長崎を即時に、箱館を五〇日後に開港する。

第三条で、暴風雨に遭遇したときや、やむをえない場合は、長崎と箱館以外の入港を許可する。

第四条で、日本の港に入った船は日本の法律に従い、高官ないしは指揮官が法を犯した場合には、その港を閉鎖する。それより下級の者が違反した場合には、その船の指揮官に引き渡し処罰を求める。

第五条では、オランダと中国以外の国への利益の拡大はイギリスにも適応する。

スターリングはこの条約を結んで、八月二十九日に長崎を出航した（スターリングについては、井上勝生氏の「クリミヤ戦争と日本の開国」〈『開国と幕末変革』講談社、二〇〇二年〉を特に参照した）。

スターリングへの対応と徳川斉昭　徳川斉昭に長崎奉行への指示の内容が知らされたのは、八月二日のことであった（『徳川斉昭手書類纂』〈四四一―三九〉）。既述の斉昭の提案は、スターリングに対する方針が長崎に発給されたあとで評議されることになった。老中阿部正弘は八月十七日、評定所一座・大学頭の林韑・大目付・海防掛・浦賀奉行・下田奉行・箱館奉行・目付に対して、長崎・下田・箱館以外に異国船が停泊したら「打払」うことを決定し、外国人に申し渡すべきかどうかの評議を指示した。これは斉昭の考え（「御心付」）であることも示し、十分に協議するように求めた（『目付一色直温日記』〈四四五―一一六〉）。

評定所は同月（八月）、国力を充実して防備を十分に完成させて「御打払之御趣意」を実現したいが、現段階ではそのような状況にはなく、発令は「御見合」せるべきだ、と上申して、この提案を受け入れなかった（『海防建議二』〈四四五―一一七〉）。

海防掛勘定奉行もそれを否定したのであるが、彼らは条約を結んだアメリカ以外の国々は、できるだけ寄せ付けないようにすべきであるのに、三港以外の入港を禁止する布告を出せば、この三港を各国に解放したように捉えられ、大挙して外国船が来ることになる、として不適当であると評した。そして、海防が十分にできるまでは、臨時の処置（「一時之御権道《けんどう》」）によって、外国人が自然と気持ちが挫けるような処置（「夷情おのつから屈し候様之御処置」）をすることが必要である、と上申している。さらに、天保十三年（一八四二）のいわゆる薪水給与令によって漂流民に対する「撫恤之儀」を示したにもかかわらず、先の三港以外に来たら「打払」う、というのでは「御信義無之御国」や「砲術ニ驕慢之国」――軍事力に驕った国――という印象を与え、かえって「争端」を醸成することになる、と従来の対外政策との連続性も考慮して、その発布に反対した（同前〈四四五―一二二〉）。

徳川斉昭はこれらの評議書を閲覧し、九月十五日、老中久世広周に対し、いわゆる天保の薪水給与令によって、日本が「御憐恤」――憐れんで施したこと――を外国人に示したなどと彼らは考えてはおらず、単に彼らをどんどん引き寄せることになった。このように批判を加えながらも斉昭は、意見が一致していないのであれば今回は「打払」の表明は見合わせるが、外国人が自ずから気力を失うような処置を早くしてもらいたいものだ、と海防掛勘定奉行の評議書にあった文章を揶揄して、引き下がった（『烈公親書類纂』〈四八―七〉）。

幕府は九月十三日、イギリスに長崎と箱館の二港で「薪水欠乏之品」を給与することを布告した（『続徳川実紀』〈三六八―六四〉）。

スターリング来航の企図と成果　イギリス東インド艦隊司令長官スターリング来航について、イギリス議会文書から企図と成果を考えたい。史料は「Correspondence respecting the late negotiation with Japan」（Session: 1856）を利用した。スターリングは、長崎出航後の安政元年（一八五四）九月五日（西暦十月二十六日）のグラハム（James Graham）海相への報告で次のように述べている。

ウインチェスター号・エンカウンター号・バラクータ号・スティックス号で、九月七日（西暦）に長崎港に入港した。日本を訪問した目的は二点ある。第一に、ここ一二ヵ月間のかなりの時期にあって、ロシア人が航行した海域で彼らを見つけ出す機会を得ることである。第二には、敵―ロシア―が、日本の港湾や物資を巡洋艦の補給や修理、そして戦利品を隠す目的で利用するのを防ぐ協定を、日本と結ぶ機会を得ることである。

このように、スターリングは長崎に来た目的を記している。彼は長崎に到着し、ロシア船がすでに四月の終わり頃には出発したことを知る。そこで第二の目的を達するための交渉を、長崎奉行とすることになった。彼はこの交渉によって、戦争の目的でロシア人たちが日本の資源や港を利用する許可が与えられる、という懸念がなくなった、と報告している。長崎奉行が再三にわたって、イギリスに戦争の目的での日本の港における船舶の修理や物資の供給を許可しなかったことから、日本がロシアに対しても同様に許可しない、と理解したのである。

スターリングの報告を読んだ外務大臣クラリントン（The Earl of Clarendon）は、この問題でスターリングによって示された機転と判断は賞賛に価するものであり、この重要な交渉の成功は、それが行なわれた方法に帰されるものである、とスターリングの手腕に賛辞を表明した。そして、即座に条約が批准される手続きに入ることを求めた。

第五　ロシア条約の締結とアメリカ条約の批准

一　プチャーチンの再来

露使応接掛の浦賀派遣　最初に、下田交渉が開始されるまでのプチャーチンの動向を確認する。プチャーチンはこれまで使っていたパルラダ号を、ディアナ号に乗り換え、安政元年（一八五四）八月二十四日に沿海州のデカストリー湾を出発して、八月三十日に箱館に入港した（『上奏報文』）。プチャーチンは書翰を提出して、長崎で言及した樺太での国境確定のための会談を、クリミヤ戦争のために実施できなかったことを詫びるとともに、大坂に向かうことを通知し、もし幕府が江戸での交渉を望む場合には、それを大坂にあらかじめ伝達するように求めた。その場合には、江戸に向かうと通知してきた（『外交記事本末底本』〈四四八―八一〉）。

九月四日、プチャーチンと箱館奉行支配調役《しはいしらべやく》の河津《かわづ》三郎太郎（祐邦《すけくに》）・平山謙二《ひらやまけんじ》郎《ろう》は、箱館における上陸について話し合っている。日本側が上陸には時間や人数を事前に届けるように求めると、プチャーチンは、アメリカ人は上陸して「徘徊」したうえに、物品の調達までしているのに、ロシア人の上陸は許されないのかと述べ、いくら秘密にしても外国ではこのことはすでに知られている、とアメリカと同様の待遇を求めた（同前〈四四九―四五〉）。プチャーチンは九月八日、箱館を出航して、大坂の天保山沖に向かった。

このとき懸念されたのは、クリミヤ戦争の問題であった。老中は十月二日、筒井《つつい》政憲《まさのり》と川路《かわじ》聖謨《としあきら》に対して、徳川《とくがわ》斉昭《なりあき》の次のような書翰を示した。

ロシアとイギリスなどが海上で戦争になり、プチャーチンが殺害されれば、樺太の問題も延引して、その間に日本の計略も間に合ってよいのであるが、そのように上手くもいかないであろう。ロシア船が日本海にいることを知って、イギリス船が追跡して大坂や下田に到来し、プチャーチンが日本に匿ってくれるようにとか、援兵を求めるようなことになったら、どのように処置すればよいであろうか。ロシア船が下田に来るのは不用心であり、浦賀よりも内部に来たなら、イギリス船も内海に来ることになる。この点についての方策を聴取したい（『海防建議二』〈四六一―六〉）。

これに対して、両者は十月七日、次のように返書を老中阿部《あべ》正弘《まさひろ》に上申している。

第一に、プチャーチンが援兵を求めてきても拒否する。そのうえで、日本（「御国地」）で戦争を行なう場合には、イギリス側に戦争しないように求める。しかし、それ以上の方策はないので、両国のなすがままに任せる。第二に、プチャーチンが匿ってくれるように求めてきたら、武装を解除させて保護するのが「士風」である。日本における戦争は許さない、とイギリスに申し入れても聞き入れられないときは、「俠客風」をもってプチャーチンを救う。このように対応することで、イギリスにもロシアにも「恨」を残さずに解決できる（同前〈四六一―九〉）。

魯船ヂャナ号大阪渡来図（函館市中央図書館所蔵）
「ヂャナ号」は，ディアナ号のことである．

老中は、ロシア船が下田に来たならば長崎・下田・箱館の三港の入港と「食料」・「薪水」・「船中欠乏之品」の供与を許可するので、そのような条約（「約定書」）を取り結ぶようにと、筒井政憲と川路聖謨に指示した。また、プチャーチンが長崎を出航するときに出した書類――「長崎交渉」で分析した「俄羅斯和約章程」を指すと推定される――は、受け入れがたく、アメリカとイギリスの条約（「約条書」）を勘案して交渉することを老中は指示し、両者はそれに対して十月十一日に請書を出している（『海防建議三』〈四六一―一五〉）。

筒井政憲と川路聖謨が懸念したのは、国境の問題であった。彼らは、エトロフ島については長崎での交渉でほぼプチャーチンの了解を得られた、と理解していた。樺太については、五〇度までを主張し、その根拠として外国地図を示すなどしたが、説得的なものではない、と考えていた。老中阿部正弘は十月十日、蝦夷地の調査に派遣されている堀《ほり》利忠《としただ》と村垣《むらがき》範正《のりまさ》が戻るまでは、国境については交渉しないように指示している（『外交記事本末底本』〈四六一―一二五〉）。

村垣範正の帰府　樺太の実地調査を終了した村垣範正は、安政元年九月十二日に箱館を出発して江戸に向かった。帰路の福島（現福島県福島市）で十月六日、勘定奉行から次のような書翰を受け取った。プチャーチンが大坂にやってきたものの、下田に回航することになり、川路聖謨が応接掛として下田に派遣されることになった。樺太の境界の状況（「奥地境界取調之趣」）を承知したいので、できるだけ早い帰府を求める（『村垣淡路守範正公務日記』十月六日）。村垣はこの書翰を受け取り、十月十五日に江戸城に出仕した（『続徳川実紀』〈四六一―六九〉）。

プチャーチンは十月十五日、下田港に到来した。彼が最初にしたのは櫓の建設だった。彼は大坂で、イギリス船が長崎に来て六週間にわたり滞留し、長崎と箱館において水や食料の給与を受ける許可を得て、出航したことを知ったのである。彼は敵の攻撃から船を守らなければならない、と考えて、イギリス船を監視するための櫓を建てたのである（『上奏報文』）。

老中は十月十七日、筒井政憲（大目付）・川路聖謨（勘定奉行）・伊沢《いざわ》政義《まさよし》（下田奉行）・松本十郎兵衛（穀実〈目付〉）・村垣範正（勘定吟味役）・古賀《こが》謹一郎《きんいちろう》（儒者）らに、下田に向かうように指示した（『続徳川実紀』〈四六二―一二〉）。彼らは十月二十三日から十月二十六日にかけて、順次下田に到着している。本格的な交渉が開始されるのは、十一月三日である。それまでポシェットと中村為弥（時万《ときかず》〈勘定組頭〉）

との間で押し問答になったのは、交渉の間は「寺院」をロシア側に供与して陸上での「止宿」（宿泊）を許可するか否かだった。日本側は、「休息所」の供与を許したが、「止宿」することは厳禁である、としてそれを許可しなかった（『村垣淡路守範正公務日記』十月二十八日）。

交渉開始　十一月一日にプチャーチンと露使応接掛たちの挨拶が終わり、十一月三日から本格的な交渉が開始されることになった。十一月三日の交渉は福泉寺で行なわれた。

プチャーチンは、通商が許可されれば、ロシア領であるエトロフ島を日本に譲渡するし、樺太についても厳密には議論しない、と発言して国境問題に関しては譲歩する用意がある、と伝えてきた（『豆州下田港魯西亜船』〈四六六―二九〉）。川路聖謨が交易は許可できないが、「欠乏品」を渡すことはできる、と回答した。

プチャーチンは、「要用之品」を金や銀、または船中にそれらがない場合には、「船中持余り之品」で得ることができるのであれば、それは交易なのではないのか、と質問している。川路は、「交易」と同様の形態（「同様之姿」）ではあるが、名称が異なっている、と回答している。ここで川路は、寿司の譬を出して、飯に魚を添えて出すのも、寿司を出すのも同じことではあるが、呼び方が異なっている、さらに「交易」とは互いの利益になるのに対し、「欠乏品」を供与するというのは、相手の求めに応じて供与するものである、と説明した。

この十一月三日の対話書は、『大日本古文書　幕末外国関係文書』八巻六五号に収録されている。この交易についての説明を寿司に譬えた部分は「朱書」と記されたうえに、「申上書」ではこの「朱書」の部分は「削ル」とある。実際に『豆州下田港魯西亜船』に所収されたこの日の対話書では、この寿司の譬えは削除されている（『豆州下田港魯西亜船』〈四六六―三一〉）。いわゆる「欠乏品」の給与と「交易」が言葉の言い換えでしかない、と捉えられることを恐れて削除したと推定される。

次に、プチャーチンは領事の駐在を求めたが、この点が拒否されると彼は、長崎での「沙汰」として、ロシアは隣国なので、他の国よりも「厚く御取扱」をなすとあり、「余国」―アメリカ合衆国―に通商を許可しながら、ロシアに許可しないのは不満である、と主張した。プチャーチンは、アメリカ合衆国との条約書を閲覧したわけではないが、その「大意」については承知していると述べ、条約の開示を求めた。そのうえでプチャーチンは、大坂と箱館の二港の開港を要求した。そして、下田港として適当でないことを述べ、なぜペリーがこの港の開港を決めたのかを訝《いぶか》しがった。また、川路が大坂の開港を拒否すると、次に彼は兵庫をあげた。十一月三日の交渉は、以上の点が話し合われた。

開国と条約締結の問題を考えるとき、川路が寿司を比喩にして説明した「交易」と「欠乏品」の供与の相違は注目されるところである。さらに、露使応接掛たちがこの点をどのように理解していたのかを考察したい。

露使応接掛の筒井政憲は十一月三日、大目付の井戸《いど》弘道《ひろみち》に宛てた書翰の中で、「薪水」・「食料」・「欠乏之品」を「金」・「銀」・「貨物」によって「代払」するのは、「小キ交易の様なる物」であり、名目は異なるが、その筋は似通っているので、この内容で納得させる、と述べている。さらに「交易」という「名目」を付けてしまうと、「商館」を建設するなど、中国やオランダと同様な取扱いをしなければならなくなるので、アメリカと同様の内容で了承してくれるようにプチャーチンに申し入れた、と報告している（『豆州下田港魯西亜船』〈四六六—五四〉）。

この筒井の表現は、川路の「欠乏品」給与と「交易」は「同様之姿」という内容とほぼ同じであり、この点は筒井政憲も川路聖謨も理解を共有していた（『大日本古文書　幕末外国関係文書』八—六五）。しかし、その後、状況が大きく変わることになる。

十一月四日に地震（安政地震）が発生し、ディアナ号は大きく損傷する。プチャーチンは翌日の十一月五日、津波の影響が残る下田では船の修理ができないので、他の場所を貸し与えてくれるように依頼してきた（『豆州下田港魯西亜船』〈四七〇—一五〉）。この修復場所も含め、十一月七日に勘定組頭中村為弥とポシェットによって交渉が再開された。中村は、長崎と箱館の開港とそこでの薪水・食料と「船中欠乏品」の供与、さらには最恵国待遇（「外国江差免候廉ハ、魯西亜江も同様差免申すべし」）を保障し、そのうえで、千島列島のエトロフ島は日本の所属であり、樺太はこれまでの状況の維持（「是迄仕来之趣」）を申し入れた（『大日本古文書　幕末外国関係文書』八—七〇）。

ここで注目したいのは、ロシアにおける日本の開港の意義を、ポシェットが述べていることである。箱館の開港はカムチャッカから出航する船にとって、大坂ないしはその周辺の開港場は「北アメリカ所領」（ロシア領アメリカ〈アラスカ〉）から出航する船にとって、便利である、と述べている（同前）。プチャーチンが大坂の開港を求め、それが受け入れらないとわかると兵庫を挙げたのは、彼らがロシア領アメリカ（アラスカ）への航行を念頭に置いていたからだったのである。

村垣範正の登城　露使応接掛たちは、ロシア船の修復場所として浦賀や掛塚（現磐田市）などを候補として考えていたが決定にはいたらず、十一月六日、江戸に村垣範正を派遣して、老中の判断を仰ぐことになった。村垣は十一月十日、登城して老中阿部正弘に状況を述べたあと、老中・若年寄・海防掛・奥右筆《おくゆうひつ》にも状況を説明した（『村垣淡路守範正公務日記』十一月十日）。

老中阿部正弘は、村垣範正が到着する前日の十一月九日に、彼に照会する内容を記した書類（「村垣与三郎帰府問答之書付」）を作成し、十一月十日に登城した村垣に渡して回答を求めた。村垣はこの老中阿部の照会に対して、十一月十一日付で回答書を作成し、翌日の十二日には提出している（『村垣淡路守範正公務日記』十一月十二日）。次に、老中阿部正弘の照会と村垣範正の回答を紹介する。

第一条から第八条までは、下田に出張した露使応接掛たちやロシア人、さらには下田の人たちの無事についての照会である。ここでは、条約の交渉に関連のある第九条から第二十一条までを紹介する。

第九条は、ロシア側が下田を開港地として忌避していたが、今回の地震によって他の港に移りたい、と主張していることへの対応である。村垣範正は、まさにこの点について下田での評議が決定できず、指示を仰ぐために出府した、と回答している。

第十条は、ロシア側が「今一港」と要求していることについて、それは箱館・下田とさらにもう一港を求めているのか、それとも箱館と下田の代替港として一港を求めているのかを確認した。村垣範正は、筒井政憲と川路聖謨が箱館・下田・長崎の開港を提起したが、ロシア側は、長崎は通航に不便である、と不満を述べ、結局、箱館と下田の代替港として、下田から大坂までの間でもう一港、開港することを求めている、と回答している。

第十一条は、下田港の評価についてである。下田港は、日本の船が冬季であっても二〇〇艘は入港する港であり、ロシア側が港としてよくない（「不宜《よろしからざる》港」）と捉え、露使応接掛たちもそれに理解を示していることの確認である。村垣範正は、露使応接掛がそれに理解を示しているわけではないが、ロシア人が下田を忌避して代替港を強く要求している、と回答している。

第十二条は、ロシアが下田の代替港を求めているとしても、アメリカとの関係もあり、外国のために別々の港を開いては「皆夷船計《ばかり》」になってしまう、という懸念である。この点について、露使応接掛はどのように考えているのか、という阿部正弘の照会である。村垣範正は、応接掛も同様に懸念している、と回答している。

第十三条で、村垣範正が樺太まで出張したことについて、ロシア側と話をしたのか、と質問するとともに、第十四条で、阿部正弘はエトロフ島についての状況を問い質した。村垣は、自分が樺太に出張したことは伝えておらず、十一月三日の交渉でロシア側が、交易を許可すれば国境については譲歩する、という意向を示しており、交易は行なわないが「船中欠乏之品」で納得させる、と状況を説明した。そのうえで、エトロフ島については、長崎の交渉で主張したことを明言する、と回答している。

第十五条で、樺太について「在来之通」にするという方針であるが、その見通しを阿部正弘は照会した。村垣は、プチャーチンが「隣境」を正しくして「隣交」を結ぶことを希望しており、「隣交」の第一は通商である。通商がかなえば土地に執着することはない、すなわち「地所之儀ニ付而は強而《しいて》之念慮」はないようなので「カラフト在来之通」にできるであろう、との見通しを伝えている。

第十六条で、阿部は、ロシア船が長崎を退帆したのち箱館に到来したが、彼らのこれまでの行程と、この後、カムチャッカに向かうのか否かについての見通しを照会した。村垣は、これについてはロシア側からなんの情報も得ていない、と回答している。

第十七条で、阿部正弘は、今回のプチャーチンの船―ディアナ号―は、装備なども整っており、前回の船―パルラダ号―と異なっているが、どこで乗り替えたのであろうか、という疑問である。村垣範正は、プチャーチンが船を乗り換えた理由などは不明であるが、十一月二日にディアナ号に乗船したさいには、ロシアとイギリス・フランスが戦争しているので、攻撃されても大丈夫なように昼夜用心していると、ロシア側が述べたことを伝えている。

第十八条は、ロシア船の中に戦争で負傷した者がいないか、さらにはアメリカ人などが乗り込んでいないか、という照会である。村垣範正は、乗員の中には負傷している者がおり、戦闘で負傷したのであろう、と推測するとともに、彼らが、日本とアメリカが条約を締結したという情報を、ハワイでアメリカ船から入手したことを伝えている。

第十九条は、交易を行なわないことを押し通せるか否かの見通しについてである。村垣範正は、交易については、応接掛の一同は、アメリカ同様に「船中欠乏」の品の交換で押し通す決心である、と回答している。

第二十条は、下田港は風が強く困る、とロシア側が主張するのは、冬季になってカムチャッカやオホーツク海が結氷したなら、彼らが来春まで逗留するつもりで、そのように述べているのではないか、という懸念である。村垣は、カムチャッカやオホーツク海が結氷しても、北アメリカのロシア領（アラスカ）に戻ればよいのであり、逗留するという懸念はない、と回答している。

第二十一条では、阿部は、ディアナ号の状況を照会した。村垣は、ディアナ号は三三間くらいで幅八間ほどであり、大砲は五二門装備されていて、乗員は総数五〇一人である、と回答している（『豆州下田港魯西亜船』〈四七一―四九〉）。

村垣範正は、老中阿部正弘が準備していた照会の条項に、このように応えたが、やはりアメリカに許可した内容に準拠して交渉を進めようとしていたことがわかる。さらに国境の問題については、千島列島についても樺太についても、紛糾する可能性が低い、と捉えていたようである。

新港の不可　老中阿部正弘は十一月十一日、ロシア船の修復のためであっても「新港」を開くことはできず、下田での修復をロシアが聞き入れない場合には、伊豆の「妻良子浦《めらこうら》」を修復場として提供し、日本の法律に服させて、これが「地震津波非常之天災」による特別な措置であることを理解させるように指示している（『外交記事本末底本』〈四七一―五〇〉）。

このような老中阿部正弘の指示について、勘定奉行の石河《いしこ》政平《まさひら》・松平近直《まつだいらちかなお》ならびに村垣範正は同日（十一月十一日）、筒井政憲と川路聖謨にこの指示が出された経緯を次のように伝えている。

この日、徳川斉昭が登城し、松平近直と村垣範正が状況を説明したが、斉昭は、浦賀などを開港することは許可せず、老中もそれを追認した。斉昭は、もし浦賀を開港することになるのなら、ロシア船をここで「焼討」にしろ、とまで発言し、老中たちも当惑する、という状況だった。また、下田で応急処置を施して、ロシア船を長崎に回航させたうえで修繕する、という案も出されたが、不可能であろう、ということでこの案は採用されなかった。石河政平らは、もしロシア側がそれで納得しない場合には、露使応接掛が斉昭の考え（「御存意」）を改めるような工作（「御工夫」）をする必要がある、とも記している（同前〈四七一―五四〉）。

また、この点では、徳川斉昭だけでなく幕吏たちの総評議（評定所・大学頭林煒《はやしあきら》・海防掛・大目付・目付）でも、斉昭の意見は「尤至極之儀」と、彼が下田の代替港を認めることはアメリカとオランダとの関係から不可能であり、ロシア側が納得しなければ、イギリスのように箱館と長崎だけを開く、と考えていることに賛意を示し、もし、どうしても船を修復する場所を下田以外で与える場合には、それが今回限りの一次的な処置であることを誓約する書面を出させる、と上申している（『水戸藩史料』〈四七一―三二〉・『豆州下田港魯西亜船』〈四七一―二九〉）。

このように、プチャーチンに対してさらに代替港を許可することに強く反対したのは、徳川斉昭であった。露使応接掛の選択肢は、プチャーチンを説得するか、斉昭を説得するかのどちらかだったのである。先の石河政平・松平近直、ならびに村垣範正の書翰は、十一月十三日に下田の露使応接掛のところに届いている。

条約文の検討　安政元年（一八五四）十一月十三日、筒井政憲と川路聖謨はプチャーチンと交渉した。プチャーチンは、「条約之案」を作成して提出してきた。交渉はこれをもとに進められることになっ

た（『大日本古文書　幕末外国関係文書』八―八八）。

第一条には、ロシアと日本が「和平親睦」を取結び「境界」を決定するためにプチャーチンが派遣され、日本は全権として筒井と川路を任命して条約を定める、とある。

第二条は、両国の「和親親睦」が「永久」に継続されることを望む、と記されている。

第三条は、ロシアの軍艦・商船のために三港（江戸最寄の港・箱館・長崎）を開き、難破船が修理を受けられるとともに、薪水・食料・石炭など「必要の品」を得ることができる。そして、それらの供与に対して金・銀・銭または品物によって支払いを行なう。

第四条は、三港以外にはロシア船は入港しない。破船などの場合にのみ、上記以外の港に入港することができる。

第五条は、漂流民は許可された港で滞在中は自由を得る。

第六条は、三港において金・銀・物品の交換は、「勝手次第ニ取替」ることが許可され、その方法については別紙の条項を設ける。

これに対して川路が不許可を述べると、プチャーチンは、アメリカに対して許可した内容を、なにゆえロシアには許可しないのか、と反論した。川路が、「勝手ニ取替」ることはアメリカに許可していない、と反論すると、プチャーチンは、長崎で他の国に許可することはロシアにも許可する、と合意したのに、それに違反している、と応酬した。「金銀品物」によって欠乏品と交換（「取換る」）するということはアメリカに許しているのだから、そのようにしてほしいが、この「文段」（文章）がよくないなら訂正すると保留されることになった。

次に問題になったのは、領事の駐在であった。プチャーチンは、アメリカに一八ヵ月後には領事を置くことを許したのに、なにゆえロシアにはそれを許可しないのか、と詰め寄った。川路は、アメリカに領事の駐在を許可しておらず、一八ヵ月後に協議することになっている、と回答している。プチャーチンは、「官吏」（領事）の駐在を許可しないのであれば、条約の交渉は中止である、と通告した。筒井は、話の内容をディアナ号の修復に転じ、下田での修復を求めたが、プチャーチンは納得しなかった。

筒井政憲と川路聖謨は十一月十五日、勘定奉行にこれまでの交渉の経過について、二つの問題が主に残っていることを伝えている。

第一は、下田港以外の開港の要求であり、この問題についてロシア側は書翰を提出することになった。それが提出され次第に翻訳して送付する。第二は、「官吏」（領事）の駐在の問題である。プチャーチンが、ペリーとの条約を根拠に主張を展開しており、非常に困難な状況にある。このように述べたうえで、アメリカに渡した条約には、結局のところ「差支えこれ有り候ハヽ」と、問題が発生し、さらに「十八ヵ月相立候」ならば「吏人差し置き申すべし」と記されているので、プチャーチンが承知しないのも当然のこと（「尤之儀」）である、とプチャーチンの主張に筒井と川路は理解を示している。

彼らは、アメリカとの条約（「議定」）を踏まえて、一八ヵ月が過ぎたら領事の駐在を許可する予定で交渉を進めてもよいのではないか、と述べ、元来はアメリカとの条約を「基本」として、それをできるだけ縮小（「取縮」）するつもりで応接したが、プチャーチンがアメリカとの条約を踏まえて、それを一段と拡大しよう（「取広」）としており、困難な状況が続いている、と説明している（『豆州下田港魯西亜船』〈四七一―一三四〉）。

この書翰は、十一月十八日の早朝に勘定奉行松平近直のところに到着した。勘定奉行たちは、船の修復場所の選定、「他の一港開候儀」、「官吏《（領事）》置事之一条」がうまく進展していないことを知り、すぐに松平近直が老中阿部正弘に状況を知らせた（『村垣淡路守範正公務日記』十一月十八日）。

さらに十一月十六日の応接書と、石河政平・松平近直に宛てた筒井政憲と川路聖謨の書翰が、十一月十九日に石河のところに届けられた。この十一月十六日の交渉は、中村為弥が主に担当し、ポシェットと行なわれていた。中村為弥は、江戸からの指示はやはり下田における修復である、と通知した。これは、この日（十一月十六日）の朝に、勘定組頭の菊池大助（隆吉《たかよし》）が伝えた指示だった（同前、十一月十九日）。

ポシェットは激昂してそばにあった書籍を破り、下田で船を修復するのはこのようなことだ、と言い放ち、これを川路にも見せろ、と中村為弥に言い寄った。中村は、「豆州」などを調査して修復場所に充てることを提案した。ポシェットは、「豆州」に良港がなければ、出航して大坂や長崎などに行く、その間に船が沈没しても「天命」である、とまで述べた。筒井と川路は、ポシェットがあまりに強硬なので、長崎に行くように勧め、そのさいに「廻船」を一艘貸し与える案を示そうと考えた。

とにかくこの日（十一月十六日）のポシェットは「必死之覚悟」だった、と江戸に報告している。

この十一月十六日の交渉の内容が、十一月十九日に江戸に届いた。まず、老中阿部正弘は、プチャーチンの出帆を明日（十一月二十日）、指示を出すまで引き延ばすように命じた。即座に三奉行ならびに海防掛を招集して指示（「御下知」）を検討し、即日（十一月十九日）に下田へ送るとともに、江戸にいる村垣範正が下田に到着するまで交渉を延期するように指示した（同前）。


村垣範正の下田再来　村垣範正は十一月二十日に江戸を出発し、十一月二十三日に下田に到着して、老中阿部正弘の指示を伝えるのであるが、指示された内容は二点あった。

第一点は、ロシア船の修理場所を「野比《のび》長沢」（現横須賀市）とするが、ロシア側が強いて浦賀を希望したら許可する。観音崎より内に入ってきたなら、「打払」うつもりであることもロシアに伝える。第二は、さらに一港を開港することと、官吏（「領事」）を置くことについて、前者の開港については拒否し、官吏（「領事」）については拒否（「喰切」）できないときは、これについての交渉を「十八个月之後ニ延期」して、条約を締結するように指示した。

なお、勘定奉行の松平近直が、即日（十一月十九日）に徳川斉昭の了承（「御聞済」）を得て、この内容で村垣範正を下田に派遣することになったのであった（同前）。

筒井政憲と川路聖謨は十一月十七日、ポシェットに、「伊豆国内」であれば自分たちの判断で修復場所を調査させることができるし、もし長崎に行くというのなら日本の船を一艘、付帯させる、と申し入れた。ポシェットは長崎に行くと回答した（『大日本古文書　幕末外国関係文書』八―九三）。

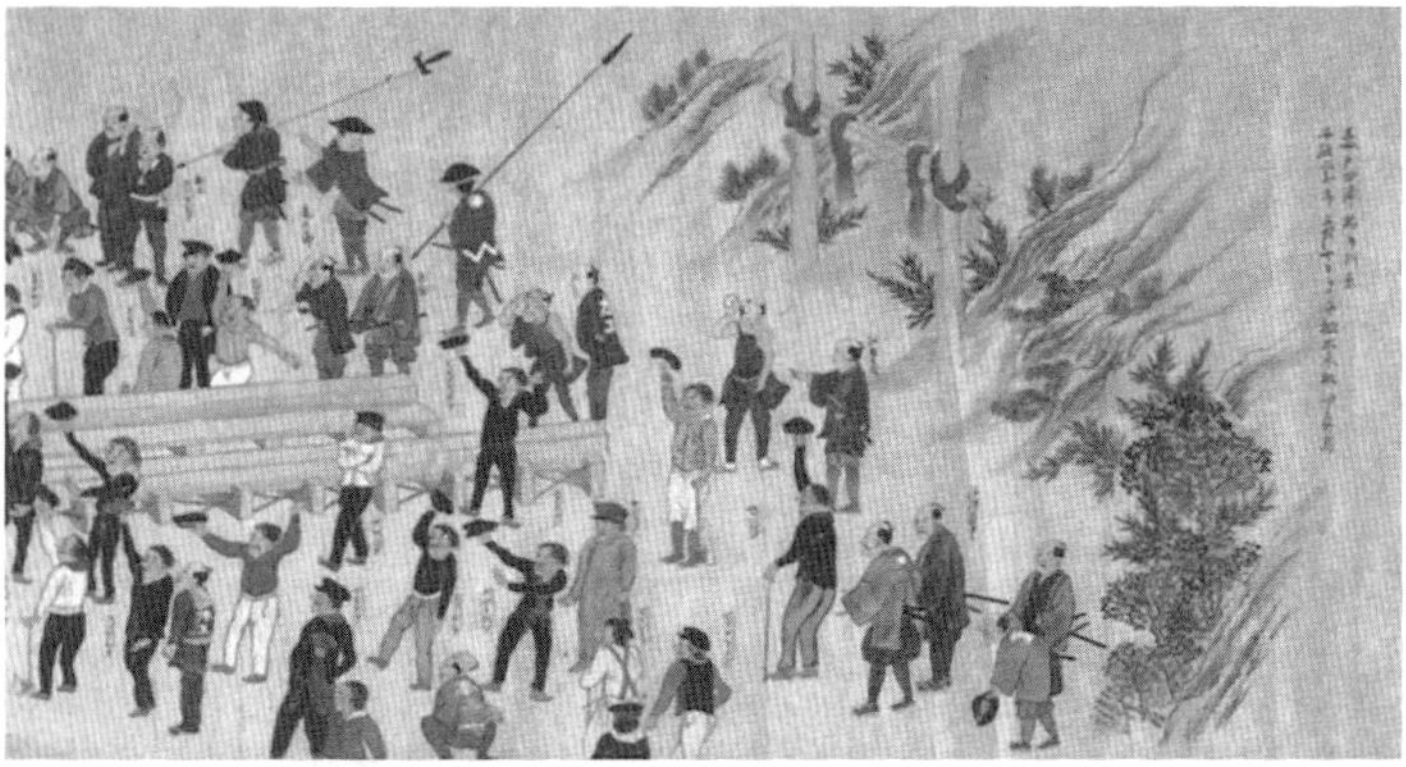

ディアナ号の沈没によって代わり船が必要となり，ロシアの技術将校の指導の下，日本の船大工らを集めて戸田村で安政元年 12 月より建造が開始され，翌年 3 月に竣工した．プチャーチンにより「戸田号」と命名．

しかし、十一月二十三日に西伊豆の戸田村《へだむら》を修復場にするという合意ができた。戸田はあまり知られていなかったようである（川路聖謨『下田日記』十一月二十三日条）。応接掛たちは、ロシア船が戸田に向けて出航する前に、これが天災による特別な処置であり、戸田で船を修復するのは今回限りであり、そこで濫《みだ》りに遊歩したり人家に立ち寄ったりしない、という点を確約する書面をロシア側に出させようとした。しかし、それは拒否され、その証を得ることはできなかった（『豆州下田港魯西亜船』〈四七五―四二〉）。

十一月二十三日に下田に到着した村垣範正は、老中阿部正弘の指示を露使応接掛たちに通知した（『村垣淡路守範正公務日記』十一月二十三日）。村垣はその日（十一月二十三日）に、勘定奉行松平近直と石河政平に、状況と自分が下田に到着するまで中村為弥らによって行なわれていた交渉の内容を次のように報告している。

それによれば、第一に、ロシア側は新たな港を開く

プチャーチン戸田浦来航　軍艦建造図（朝暾齋筆，東洋文庫所蔵）

ことが困難なことを、少しは了解したようである（「会得《えとく》致候哉」）。また、領事の駐在については「延期」するように「押付」ける心づもりである。問題なのは樺太のことだった。ロシア側は、樺太の南岸のアニワ湾だけが日本の領域である、と条約の下書きで提起し（「下案ニ有之」）、中村為弥も頑張ったが「衆評も致し方無之」と、露使応接掛たちもこの案でやむをえない、という状況になった。しかし、村垣が下田に来ることを知った川路聖謨は、彼に再びこの問題を交渉させようう、と待っていたのであった（『豆州下田港魯西亜船』〈四七五―六〇〉）。

具体的に問題となったのは、樺太における民族の帰属であった。日本側は、アイヌは日本に所属していて、スメレンクルは清朝に帰属している、と主張し、さらに「オロッコ」（ウイルタ）はクシュンコタンに交易に来て日本の「国恩」を享受しており、それらの地域をロシア領と認めることはできない、と述べた。これに対してロシア側は、スメレンクルはロシアに帰属している、と応酬してきた。そして日本側は、少なくともアイヌだけは日本に帰属している、という点は認めさせたい、と考えた（『豆州下田港魯西亜船』〈四七五―七八〉・『村垣淡路守範正公務日記』十一月二十四日）。

ディアナ号は十一月二十六日、下田を出航して戸田に向かったが、駿河国一本松付近で難破し、十二月二日には沈没してしまった。この後、ロシア側が戸田村での船の建設を希望し、実際に建造されることになるが、この船を建造する場所についても下田で行なわせるか、戸田村で行なわせるかの議論が起きた。開港場である下田で行なわせる案もあったが、下田奉行たちは、アメリカ船が到来したら、下田でアメリカとロシアの両方に対応するのは困難である、と強く主張して、建造は戸田村で行なわれることになる（『村垣淡路守範正公務日記』十二月七日）。

ここで、プチャーチンとの交渉の状況を大きく変化させる問題が発生した。十二月九日、アダムスがアメリカ条約の批准のために、下田にやってきたのである。プチャーチンは、ポシェットとゴシケビッチを下田に残していた。日米交渉に二人のいた玉泉寺が使われることになり、彼らが福泉寺に移されたため、アメリカ船の到来を知ったのである（同前、十二月九日）。ポシェットは、アダムスに会いに行き、交渉を再開するために戸田村から下田に向かっていたプチャーチンに、そのことを通知した（『上奏報文』）。

二　アメリカ条約の批准

アダムス到来　アダムスが乗船するポーハタン号が十二月九日、下田に入港した。彼はアメリカ条約の批准を求めた。老中牧野忠雅は十二月十二日、林韑（大学頭）・井戸覚弘《さとひろ》（町奉行）・鵜殿長鋭（目付）を下田に派遣した。さらに、翌日の十二月十三日には、下田奉行の伊沢政義と都筑《つづき》峰重《みねしげ》に条約の批准を委任した（『外交記事本末底本』〈四八一―七二〉）。

十二月十二日、下田奉行の伊沢・都筑とアダムスによる最初の会談が、下田で行なわれた。この話し合いで、アメリカ条約について理解の相違があることが判明した。第一に、条約の批准について、日本側は調印から一八ヵ月後、すなわち安政二（一八五五）年七月と理解していたが、アメリカ側は一八ヵ月以内にやってきて批准する、と理解していた。さらに、アメリカ側は大統領が批准したのだから日本側は将軍が批准することを求めたのであるが、日本側はそれを日本の「君主」が誰に委任してもよい、と附録条約に記していた（『豆州下田港魯西亜船』〈四八一―一一五〉）。

下田奉行の伊沢政義は、森山栄之《もりやまえいの》助《すけ》らをともなって、十二月十六日にアダムスが条約の批准が調印から一八ヵ月後ではなく、一八ヵ月以内である、という点を確認するためにポーハタン号に行った。しかし、アダムスは条約の英文しか保持しておらず、それでは彼の言うことが正しいのかどうかを確認することはできないとして、米使応接掛の林韑らに、条約の和文およびオランダ文などを送付するように、とこの日（十二月十六日）依頼していた（『大日本古文書　幕末外国関係文書』八―一七〇）。
下田奉行の伊沢政義と都筑峰重が、十二月十九日に大学頭の林煒らへ出した書翰では、老中の花押での条約批准をアダムスが了解したので、ここで手を打ってできるだけ早く批准するように、と求めている（同前、八―一八一）。

アメリカ条約の批准と解釈　アダムスと米使応接掛の議論によって、アメリカ条約の理解に関して両国に大きな齟齬《そご》があることがわかった。老中は安政元年（一八五四）十二月十六日、寺社奉行・池田播磨守（頼方《よりかた》）・勘定奉行に評議を指示した。池田は町奉行なので、寺社・町・勘定奉行で構成される評定所に評議を命じたということである。評定所は、「亜米利加条約書御調印之儀ニ付評議仕候趣申上候書付」を出して、評議を上申した（『豆州下田港亜米利加船』〔二七―七一〕）。

評定所は、アメリカ条約の「和文」の付録には、神奈川で締結された条約をアメリカ側が批准のために日本に持ってきた場合に、それに対応するのは「日本君主において誰に委任あるとも意の儘《まま》たるべし」（『大日本古文書　幕末外国関係文書』八―一三五）とあり、さらにこの「委任之者」が調印する、とも規定していた。一方、アダムスが提出した「書面」では、今回、アメリカ大統領が調印した条約を日本に持ってきて、これを「日本貴官」に差し出すと記されている。この「貴官」というのは、アメリカ条約の「和文」の附録の第十二条にあった「委任之者」を指している、と解釈できる。オランダ語の附録の第十二条を翻訳したものは、アメリカ合衆国の議会において議決されたのち、大統領が決定して「帝国日本世ニ隠れなき君主親ら之を定メ」る、と記されており、この点からは、アダムスが将軍の調印（「御印」）を求めたとしても条約に違反している、とはならない。

このように、日本側で誰が批准に署名するのかという検討から、評定所は、両国がそれぞれ手にしているアメリカ条約に多くの点で相違があるのではないか、と考えるようになった。そこで彼らは、二つの意見を老中に上申した。

第一は、今回のアダムスとの交渉のために、アメリカ条約の交渉を行なった米使応接掛の考えを聴取する。第二は、先の批准の案件以外に、どのような点で条約に相違があるのかを詳細に調べ上げる。

この評定所が理解したアメリカ条約に関する両国の相違と、そこから導き出された結論には、きわめて興味深いものがある。この点を紹介する。評定所は、アメリカ条約の第二条、第四条、第六条、第七条、第十一条について検討し、次のように意見を付している。

第二条は、アメリカ船に対する薪水や石炭の給与についての規定である。この条文は、オランダ文からの翻訳では、日本人がアメリカ船に提供するのは、薪水・食料・石炭および「其外須要之諸物」と記されている。すなわち、アメリカ船が最も必要であるものを提供することになる。一方、和文では、薪水・食料・石炭・「欠乏之品」とあり、アメリカ船が欠乏した物品に限定して提供されると解釈できる。

第四条は、漂着者や来日した外国人の取扱についての規定である。オランダ文からの翻訳では、これらの外国人を「籠居」、すなわち家に閉じ込めたりせず、「公正の法に依して待遇すへし」と規定されている。一方、和文では、外国人を閉じ込めたりしないが、「正直の法度には伏《服》従致候事」とあり、外国人が日本の法律（「御国法」）を守るように解釈できる。

第六条は、協議事項が必要となったときの規定である。オランダ文からの翻訳では、何らかの法律や制度を決める必要ができたときに、綿密に協議を行なうとある。それに対して和文では、必要な品物などについて協議して決定する、とある。この第六条の和文では、物品に関してのみ協議を行なう、というように解釈できる。

第七条は、必要な物品の取引についての規定である。オランダ文の翻訳では、「金銀銭貨」および「品物」と「各種之品物」の交換を許可する、と規定している。一方、和文では、「金銀銭」と「物品」によって「入用之品」を調達することを許す、と規定されている。評定所は、和文の方が取引の範囲が狭く規定されている、と解釈している。

第十一条は、領事の駐在に関する規定である。評議書は、オランダ文の翻訳の「両国政府の内」という箇所と、和文の「合衆国官吏之者」という箇所しか引用していない。しかし、前者の「両国政府の内」に続く文言は、「一方より貴官を設けんと要する時」（『大日本古文書　幕末外国関係文書』六―二四三）である。すなわち、オランダ文の翻訳では、アメリカないしは日本のうち、一方が領事の駐在を必要としたならば設置することができることを、評定所は理解したのである。

このような評定所の各条文の解釈を紹介したが、ここでさらに留意したいのは、彼らが導き出した交易についての認識である。オランダ文の翻訳の第二条、第七条、第十一条などから、アメリカ側がすぐに交易が許可される、と理解してもそれに根拠がない、とはみなしえない。条約文の詳細な再検討は、このような結論を評定所に導き出させたのである。

アメリカ条約の再翻訳　安政元年（一八五四）十二月に行なわれたアメリカ条約の批准に関する協議は、幕府にアメリカ条約の再検討の必要性を、さらに喚起することになった。

老中は十二月二十日、ロシア使節のプチャーチンとの交渉のために派遣されていた箕作阮甫《みつくりげんぽ》と宇田《うだ》川興斎《がわこうさい》に、アダムスが持参した大統領の印章がある英語の条約文を翻訳して、露使応接掛として下田にいた筒井政憲と川路聖謨に見せたうえで、問題がなければ批准するように指示した。箕作と宇田川は、この指示を十二月二十三日に下田で受け取り、翻訳を開始した（『村垣淡路守範正公務日記』十二月二十三日）。

露使応接掛として下田に派遣されていた村垣範正の「日記」によれば、この翻訳には堀達之助《ほりたつのすけ》も加わっていた。アメリカの条約に関して、箕作阮甫・宇田川興斎・堀達之助は十二月二十六日、条約文の読み合わせを行なった（同前、十二月二十六日）。彼らの検討結果は、『大日本古文書　幕末外国関係文書』の第九巻五八号に掲載されており、次にこの検討について紹介する。

第十一条の領事の駐在に関する規定についてである。第十一条は、日本とアメリカの両国において必要な場合には、領事を置くことが規定されていた。あくまで、両国が領事の駐在を必要と認めることが条件になっていた。しかし、アダムスが提出した「墨夷差出し候大統領押印之本書」を箕作と宇田川が翻訳し照合してみると、下田に領事を置くのは、「両政府之一より無拠《よんどころなく》と思はるゝ時は」と書かれていることがわかった。また、堀達之助の翻訳でも「両政府の内一より無拠と弁考する時なり」

と記されており、さらには条約の批准について「十八个月中」とあることがわかった（『大日本古文書　幕末外国関係文書』九—五八）。

箕作阮甫・宇田川興斎・堀達之助によって翻訳されたアメリカ条約は、十二月二十六日、露使応接掛の筒井政憲や川路聖謨も含め、下田に駐在していた幕吏の間で検討された（『村垣淡路守範正公務日記』十二月二十六日）。

なお、この条約の再翻訳については、特に三谷博氏の「政府内の紛糾　官吏駐在と日米条約の批准方式」（『ペリー来航』吉川弘文館）を参照した。

アダムスとの交渉　米使応接掛の井戸覚弘が十二月二十五日、江戸から下田に到着し、アダムスとの交渉は、十二月二十七日に長楽寺にて再開された。

アダムスはふたたび老中ではなく将軍の署名を求めた。米使応接掛たちは、「公方　家之威礼を以て　安政元年寅十二月　阿部伊勢守（阿部正弘）　御名乗　花押」として、将軍の命によって筆頭老中の阿部正弘が署名する、という提案をした。また、井戸覚弘への委任の証書も別に作成する、ということになった。米使応接掛が老中からの許可を得るために与えられた時間は、一週間であった。アダムスは、もし一週間を過ぎれば出航すると明言した（『大日本古文書　幕末外国関係文書』八—二一二・二一三）。

井戸覚弘は、ただちに交渉の内容を江戸に書き送った。勘定奉行石河政平・松平近直は、十二月二十九日の深夜にそれを受領した（『徳川時代諸留書』〈四八六—一四二〉）。老中は翌日の十二月三十日、海防掛・評定所一座・大小目付に評議を指示し、「山吹之間」で惣評議が開始された。海防掛・評定所一座・大小目付の評議の内容は不明であるが、老中が出した指示は、「公方家」は認められない、「大君の命に依而」として、附録も本書に書き入れて井戸への委任の文言も本書に入れて別紙などは作成しない、という指示であった。すぐに正文を作成することは不可能なので、「下書」によって交渉を進める、という指示を出した（『村垣淡路守範正公務日記』十二月三十日）。

勘定奉行の本多安英や田村顕影らは、老中に「大広間」でさらに意見を述べ、勘定奉行松平近直・石河政平・水野忠徳と勘定吟味役村垣範正は、「松之廊下」で老中たちに、老中の指示では合意を得ることはできない、と意見を述べた。しかし、老中たちは決定を変えず、十二月三十日の晩には米使応接掛に指示を伝えるように命じた（同前）。

老中阿部正弘は安政二年（一八五五）一月一日、「大君の命に依而」という署名についてはそのまま、老中が「御列判」とし、井戸覚弘への「委任之証書」は、別に作成して翌日の一月二日には発送することに変更した（同前、一月一日）。そして、アメリカ条約と「附録」が一月二日に作成されて、老中阿部が勘定奉行松平近直に渡し、海防掛・大小目付が「山吹之間」で一覧した。

井戸覚弘は、一月四日付でアダムス宛の書翰を作成して、「公方之威令」と記すことができないことと、老中が連署することになった、と通知した。その説明によれば、「公方」は、日本国内で使われる言葉であり、また、法律や命令などの重要な書類には、すべて「大君」と記されている。外国へ出す書類に「俗字」を用いるわけにはいかない。実際「朝鮮国聘問之書簡」などで数百年来、「大君」が使われている。したがって、アメリカ大統領が出された条約書に「公方」を使うのは、「不敬」にさえあたる。また、連署については、日本における政治は連署した老中たちによって評議されており、それは国内のことだけではなく、ロシアやオランダに文書を発給するときも同様である。このような「旧格」を替えて一名の署名では、アメリカに対してこれもまた「不敬」にあたるので、このようになった、と説明している（『外交記事本末底本』〈四八八―一〇九〉）。

一月五日に長楽寺において条約書の交換が行なわれた。米使応接掛の井戸覚弘は一月十二日、老中阿部正弘に条約を江戸城で進達した（『村垣淡路守範正公務日記』一月十二日）。

三　ロシア条約締結

条約締結へ　プチャーチンは、安政元年（一八五四）十二月十三日から露使応接掛たちと交渉を再開するが、それと同時にアメリカのアダムスと会談しようと考えた。彼は、締結されるであろうロシア条約の本国への送付を、アダムスに依頼しようと計画し、そのために早急に条約を締結しようと考えた（『上奏報文』）。

筒井政憲は、十二月十四日の交渉で条約の内容はほぼ合意ができたが、残るところは領事（「官吏」）と国境の問題（「北地境界」）であると述べて、この二つの事案について協議することを提案した（『豆州下田港魯西亜船』〈四八二―三〉）。

樺太問題について、川路聖謨は、「相分かちかたし」とするか、「蝦夷アイノ居住之分ハ日本所属」

と記すかの、どちらかを選択するようにプチャーチンに求めた。

『村垣淡路守範正公務日記』によれば、この十二月十四日に樺太については「日本と魯西亜之間ニ有て分たす」とし、その附録に「日本人幷蝦夷アイノ居住之地ハ、日本所領たるへし」とすることになった。しかし、プチャーチンが十二月十六日になって「蝦夷島アイノ」と記すように主張した（『村垣淡路守範正公務日記』十二月十六日）。

そこで、村垣範正が十二月十八日に、この問題についての指示を仰ぐために江戸に出立する準備をしているところに、ポシェットが附録の削除を提案しにきた。村垣は、本文中に『是迄之通』（現状維持）と記すので問題はない、と判断した（『村垣淡路守範正公務日記』十二月十八日）。条約文は、実際には「是迄仕来之通」となる。

領事については、川路が、アメリカと同じように、両国の政府がやむをえない事情があった場合に、ロシアの領事を下田に置く、と申し入れた。しかし、プチャーチンは、長崎で露使応接掛がロシアは隣国なので他国よりも「別段」の「御取扱」をする、とした点を強調して領事の駐在を許可するように求めた（『豆州下田港魯西亜船』〈四八二―一二〉）。

プチャーチンは、十二月十四日の交渉では、日本側がありとあらゆる方法で領事の駐在の条項を削除しようとした、と日本側が強硬に拒否したのは領事の駐在だったと記している。彼は、領事なしでは条約は結ばない、といく度も主張した、と報告書に記している。一方、物品の交換について、日本側はそれほど反対しなかった。また、国境問題についても、境界を未画定のままにしておくことを日本側が求めた、と記している。プチャーチンは報告書の中で、樺太の南部について詳細な情報を持っていなかったので、この交渉時に国境を画定していたら、大きな間違いを犯す可能性があった、と記しており、この樺太の国境の画定を彼は回避したかったのである（РГАВМФ. Ф 410. Оп 2. Д 1074.）。

条約締結　露使応接掛は安政元年（一八五四）十二月二十一日、九ヵ条からなる条約を締結した。

第一条は、両国の永く「実懇」にして、両国民を相互に保護することを規定した。

第二条は、千島列島については、ウルップ島とエトロフ島の間を国境として、樺太については「界を分たす是迄仕来之通」となった。

第三条で、箱館・下田・長崎の開港と、それらの港における薪水・食料・欠乏品と、可能な場所では石炭も供与する。難破した船以外はこれらの港に入る。この第三条には、附録で下田（七里）と箱館（五里）の遊歩の範囲も規定された。

第四条では、漂流民の相互の保護を規定した。

第五条では、ロシア船が下田と箱館において、「金銀品物」によって「入用の品物」（和文）を得ることができると規定する。附録で、この支払いについては日本の役人が取り捌くことが規定された。

第六条では、やむをえない事情があるときには、箱館か下田のうち、一つの港に「官吏」を置く、と規定した。これは条約の附録で「魯西亜官吏ハ　安政三年　暦数千八百五十六年より定むへし」と、その時期が規定された。

第七条は、もし裁判を必要とする事項があれば、日本はこれを熟考して取り計らう。

第八条は、ロシアと日本の相互の裁判権の保障である。

第九条は、ロシアに対する最恵国待遇の保障である。これは附録条項でもさらに確認されている。以上のように規定された（『大日本古文書　幕末外国関係文書』八―一九三）。

ロシア条約の上申　露使応接掛の筒井政憲と川路聖謨は安政二年（一八五五）一月三日、江戸に戻り、翌日の一月四日に登城した。筒井・川路・村垣範正は、老中阿部正弘にロシアと交換した条約書を提出し（『村垣淡路守範正公務日記』一月四日）、彼らは口頭で状況を説明するとともに、筒井・川路・松本十郎兵衛（穀実）・村垣・古賀謹一郎の連名で「書付」を提出している（『大日本古文書　幕末外国関係文書』九―五）。

この「書付」では、第一に樺太の境界の問題について述べられている。この問題のポイントは、日本側がロシアと国境を確定することはできない、と通告したことである。その理由は、樺太の調査の結果、日本に「附属」しているアイヌ以外のスメレンクルや「ニブヒ」などの民族は、「独立」ないしは「山丹人の支配」を受けていて、ロシアに「附属」の者は存在しない。したがって、ロシアの所領が存在するという根拠はない、と日本側は主張した。プチャーチンは、「山丹支配之者」は、すなわち「魯西亜之支配」であるとか、自分よりも樺太の民族の主張を信じるべきではないと応酬した。

第二は領事の問題である。プチャーチンは、アメリカ合衆国にすでに領事の駐在を許可しているのに、ロシアにこれを許可せず、自分たちを低く処遇している、と抗議した。露使応接掛たちは、アメリカ合衆国が領事を置くことになるのは、一二ヵ月後、すなわち一八五六年なので、その後にロシアが領事を置くことで合意した、と記している。

川路聖謨は一月四日、宮崎又太郎（日下部《くさかべ》伊三次《いそうじ》〈信政《のぶまさ》〉の変名）を徳川斉昭のところに派遣して、一月三日に下田から戻り、プチャーチンとの交渉は十分とは言えないものの、指示された命令を辱めるようなことにはならなかった、と状況を伝達した（『藤田彪日録』〈四八八―七七〉）。一月十二日、斉昭にロシア条約が回覧され（同前〈四八九―七七〉）、斉昭は一月十五日、老中牧野忠雅に書翰を送った。斉昭が問題にしたのは、次の三点だった。

第一は、第三条で下田・箱館・長崎の三港を開港したことである。

第二は、第五条で、ロシア人の物品ないしは金・銀・銭によって、「望ミの品物」（蘭文和解《わげ》）との交換を許可している点である。船中で欠乏した物品という限定がないことを問題にしたのである。

第三は、第六条の領事の駐在であった。既述のように、第六条の附録では、ロシアの領事が安政三（一八五六）年から駐在することが規定されていた。

徳川斉昭は「第六ケ条ニ至り実に驚入」と、老中牧野忠雅宛の書翰に記している（『水戸藩史料』〈四九〇―四六〉）。斉昭は同日（一月十五日）、老中阿部正弘にこの問題についての意見をさらに詳細に書き送った。

彼は、ロシア条約の第六条の「漢文」「漢文附録」「横文字和解」「横文字和解附録」を書翰の最初に併記し、これではロシアが公然と来年の安政三年から領事を置くことができ、アメリカ合衆国よりも譲歩していて、日本側が領事の駐在を拒否する根拠はまったく存在しない、と抗議した（『水戸藩史料』〈四九〇—四七〉)。

ここで興味深いのは、斉昭が、アメリカ条約の「漢文」には、日本とアメリカの両方が必要(「両国均」)と認めたときとあり、「横文字和解」とは相違があることを理解していて、露使応接掛の筒井政憲や川路聖謨はなぜ前者ではなく、後者の方に依拠してロシアと条約を結んだのか、と訝しがっていることである。斉昭は、アメリカ条約の相違を箕作阮甫や宇田川興斎の今回の翻訳によって理解した、と記している。これは「アメリカ条約の再翻訳」で触れた内容が、斉昭にも回覧されたことを意味している。徳川斉昭は結局、この第六条について、ロシア側ともう一度、協議することを求めた(同前)。

さらに付言しておきたいのは、斉昭は、露使応接掛の古賀謹一郎が、外国の領事を置く方が外国人の取締にとっても有益であり、領事を置かないというのは「外国之事情ニ御暗き事」、と非難したことをあげ、自分などは「西洋之事情」に暗く、「只々僻論」(偏っていて道理に合わない論)を述べているのかもしれないが、領事の駐在の許可は極めて重大な問題であり、説明してほしい、と阿部正弘に申し入れたことである(『韮脩叢書』〈四九〇—五七〉)。

徳川斉昭は一月十六日、登城した。ここで、川路聖謨ら露使応接掛とプチャーチンの再応接が決定された(『藤田彪日録』〈四九〇—六〇〉)。老中は正月十八日、川路聖謨・水野忠徳・岩瀬《いわせ》忠震《ただなり》を下田に派遣し、ロシア側と交渉して領事の駐在を取りやめるように交渉することを求めた(『川路家文書』〈四九一—四〉)。斉昭は正月十八日、老中に対して次のようにプチャーチンと交渉するように提案した(『水戸藩史料』〈四九一—一四〉)。

第一に、キリスト教を布教した場合は、その人物を死刑にする。

第二に、難破していない船が三港以外に到来した場合は、捕縛して切り捨てる。

第三に、ロシア側だけでなく、日本側にも「不得已」（止むを得ざる）事情がなければ領事は駐在させない。もし、領事の駐在を許可することになったとしても、長崎のオランダのカピタン（オランダ商館長）と同様の扱いとする。

このように、彼は新たな条件を出して、条約に制約を設けようとしたのである。老中阿部正弘は二月四日、これに反対し、川路が幕府の許可もないのに領事の駐在を許可し、彼が幕府から叱責されて、進退が懸かっている、とプチャーチンに説明して領事の駐在を取りやめてもらう、という案を提起している（『聿脩叢書』〈四九一―二八〉）。

川路聖謨らは二月十二日、江戸を出発し、二月十八日に下田に到着した。プチャーチンは戸田《へだ》におり、下田に来るように要請したが彼が聞き入れなかったので、川路らが戸田に向かうことになり、二月二十三日に下田を出発し（『下田日記』二月二十三日条）、翌日の二月二十四日、川路聖謨・水野忠徳・岩瀬忠震は、戸田の大行寺でプチャーチンと会談した（『豆州下田港魯西亜船』〈五〇〇―六五〉）。

プチャーチンは、地震によって船を失ったために、アメリカ船を雇いあげて帰国しようと企図していた。彼は、日本側に自らの置かれた状況を「英仏之軍艦数多押寄容易ならざる時節」と、この二月二十四日の会談でもクリミヤ戦争により困難な状況にあることを率直に述べ、できるだけ早く部下を本国に帰還させて戦闘に参加させたい、と述べている（同前〈五〇〇―六八〉）。

このプチャーチンによるアメリカ船の雇用が、アメリカ条約の解釈と関連することになる。このアメリカ船にロシア人を乗船させるためには、それまで乗船していたアメリカ人を下船させる必要があった。しかし、アメリカ条約では、難破船の乗員ではないアメリカ人を「上陸止宿」させることは想定されていなかった。川路は、この日（二月二十四日）はこの問題に深入りせず、より重要な領事の駐在問題の交渉に入った。

川路聖謨は、領事の駐在は幕府が了承しておらず、自分の不手際だった、と説明して、自分が苦境にあることを伝えた。そのうえで、領事の駐在は日本とロシアの両方が必要と認めた場合に話し合って駐在させるという意味である、と申し入れた。

プチャーチンは、アメリカ条約には、両国の一方が必要と認めた場合には領事を置くことになっており、アメリカ人が「差支《さしつかえ》有之」とみなした場合にはすぐさま領事を置けるのだから、拒否することはできないであろうし、ロシアは、アメリカの後に領事を置くことになるのだから、何の問題もないであろう、と述べた（同前〈五〇〇―七三〉）。さらに彼は、すでに条約はアメリカの「使節船」によって本国へ送ってしまったので、もはやどうすることもできない、と回答した。

彼は、雇用したアメリカ船の出発が差し迫り、日本側と交渉を継続する状況にはなかった。日本側は交渉が終わるまでは、出航を禁止する書翰をポシェットに渡そうとしている（同前〈五〇〇―一三四〉）。一方、プチャーチンは、川路に対して次のような書翰を提出した。

私がロシアに帰国したら、この問題について話をして、ロシアの領事が下田ないしは箱館に渡来する前に人を派遣して幕府と談判する。しかし、それはその時点までにまだ外国の領事が駐在していなければである（同前〈五〇〇―一三七〉）。このように領事の駐在問題については妥協が成立した。

士官九名と一五〇人ほどのロシアの下士官は、戸田村を二月二十五日にアメリカ船で出発した。川路聖謨は『下田日記』の二月二十五日条に、自分が考えたような書翰をロシア側が出してくれて安心した、と書き記している。

交渉を指示された川路聖謨は、どのようにこの問題を捉えていたのであろうか。彼は、領事の問題を再評議するように指示された日（一月十八日）から数日たった一月二十四日に水戸藩士藤田東湖の家を訪れ、領事の問題について、アメリカに「おひやかされ」《(脅か)》て方針を換えるようなことになれば、今回どんなに苦労しても無駄になる、と心情を吐露していた（『藤田彪日録』〈四九一―一七〉）。

ロシア人の帰国と「止宿」問題　プチャーチンは、アメリカ船で士官たちを出発させたが、日本側の対応には大きな不満を抱いていた。残ったプチャーチンと川路聖謨たちは二月二十六日に対談した。川路はまず、プチャーチンが前日提出してくれた書翰に謝意を述べた。一方、プチャーチンは次のような書翰を川路に提起した。

ロシア人の帰国については、すでに通知していたし、アメリカ人が下船することでロシア人一六〇人が帰国できるのに日本側の主張は理解できない（『豆州下田港魯西亜船』〈五〇一―一三〉）。

川路は「英仏戦争之趣も篤《とく》と相弁《わきまえ》」と、ロシアがクリミヤ戦争の最中であることに理解を示したものの、アメリカ人が「止宿」となれば、ロシア人を帰国させるためにアメリカ人が条約を犯すことになる、と主張した（同前〈五〇一―一四〉）。川路はやはり、アメリカ条約ではアメリカ人は「止宿」できない、と理解していたのである。川路はプチャーチンに、今回ロシアのためにアメリカ人が「上陸止宿」したことが前例にならないようにと書翰を求めた。しかし、プチャーチンの態度は一貫していた。これはアメリカ人の問題であり、ロシア側が関与できる問題ではない、というのである（同前〈五〇一―一二八〉）。

さらに、川路聖謨はプチャーチンに、ロシア人がキリスト教を布教しないことを約束するように求めた。プチャーチンが、キリスト教の「伝法」を日本人が求めてきた場合には、どのように処置するのか、と質問すると、水野忠徳は、「三族を絶し候科《とが》ニ行ひ候」と、本人だけでなくその関係者を処罰すると答えた。川路は、執拗にキリスト教を布教しないことを書面で提出するように求めた（同前〈五〇一―四三〉）。

二月二十七日、アメリカ船ヤングアメリカ号が下田に入港すると、プチャーチンは戸田へ回航するように伝達してくれるよう求めた。川路らは二月二十八日の夜に、森山多《もりやまた》吉郎《きちろう》（普請役）と藤田栄次郎（目付）をプチャーチンのところに派遣し、日本側が要求している書面を彼らが提出しなければアメリカ船での出航を許可しない、と伝達した。プチャーチンは憤り「日本国と魯西亜《ロシア》国とは戦争に及ぶべく」と、強く抗議している（同前〈五〇一―五一〉）。

川路聖謨たちは書面の案文を二月二十八日付で作成し、プチャーチンに渡した。一つは、アメリカ船の乗員の「上陸止宿」についてである。その案文によれば、幕府がアメリカ人に条約で許可したのは、「上陸歩行」と「休息」までであり、「止宿」は認めていないので今回のことを先例にしない、と記されていた（同前〈五〇一—五二〉）。もう一通の掛合書は、キリスト教の布教の禁止と、開港場となる下田・箱館・長崎の法令に従うことを求め、もし「我国の正法」を犯した場合には本国へ引き渡し、その国の法律によって処罰することは条約の第四条と第八条に基づく、という内容である（『豆州下田港魯西亜船』〈五〇一—五四〉）。

プチャーチンは二月三十日、先の第一の掛合書に疑義を呈する書翰を出し、今後、アメリカの領事が駐在を求めて、それが許可された場合にはロシアも同様にすることを求めた。また、キリスト教の布教と、開港場の規則に従う件についても、書翰を提出した。キリスト教の問題は日本の法律とは関係なく、開港場の規則については、あくまで条約文に従うのみである。さらに第八条の犯罪者の処置については、本国へ送還する規定はないものの領事に引き渡せばよい、との書翰を提出した（同前〈五〇一—六五〉）。

プチャーチンは、ペリーの条約の内容を踏まえて、それを拡大する方向で交渉を展開した。彼は、領事の駐在問題などでも、アメリカに駐在が許可されればロシアもそれに準じて駐在することができるように交渉を進展させた。これは、そもそもプチャーチンの使命が、ペリーが日本から獲得する利益を、ロシアにも提供されるようにすることであったからである。

第六　アメリカ条約締結後の日米関係

一 「下田三箇条」問題

アメリカ条約締結後、その解釈をめぐって両国に多くの点で齟齬《そご》があることが判明していたが、とりわけ次の三つのことが問題となった。第一は日本海沿岸の測量問題、第二はアメリカ人の上陸止宿問題、第三は領事駐在問題である。次に以上の三つの問題を見ていくことにしよう。

「下田三箇条」についての指示と幕令　老中は安政二年（一八五五）八月十三日、当時懸案となっていた領事駐在問題ならびに測量問題・上陸止宿問題への対応を決定して、下田奉行に提示した。その老中の指示（「達《たっし》」）には次のように記されている。

安政二年三月に下田にやってきてアメリカ船が申し立てた「測量之儀」は許可しない。アメリカ船がやってきた時に、彼らが説得を聞き入れなければ、こちらからアメリカ合衆国に行って交渉を行なう、と伝える。そして、彼らに測量をさせないようにする。また、「官吏差置候儀」（領事の駐在）と「異人上陸止宿」（上陸止宿）の二つも問題があるので許可しない、という方針で交渉する（『大日本古文書　幕末外国関係文書』一二―一三一）。

老中はこのように指示し、三ヵ条ともアメリカ側の要求は認められない、と述べたうえで、交渉にあたっては穏便に行なうように、とも指示している。この八月十三日の老中の「達」が出された経緯を検討する。第一に測量問題、第二に上陸止宿問題、第三に領事駐在問題、を検討することにする。

測量問題　安政二年三月二十七日、アメリカの測量船ヴィンセンズ号とハンコック号が下田に来航した。アメリカ側は三月二十九日、日本沿岸の測量許可を要求する書翰を提示した（『大日本古文書幕末外国関係文書』一〇—九二）。アメリカ船将ロジャース（Rogers）が提出した書翰は海難事故を防ぎ、日米両国の利益になるので測量が認められるべきである、と記していた。

幕府はこの問題を評議するが、アメリカ側に明確な回答を示すことはなかった。それは、ロジャースが、測量許可の回答に時間がかかるのであれば、いったん出港すると通告したからである（同前、一〇—一一六）。ヴィンセンズ号は四月十三日に、ハンコック号も四月十六日に、下田を出港した。

幕府は、ロジャースの沿岸測量の許可要求に関して、当面回答を延期することができたが、再来航は必至であると考えた。そこで、老中久世広周《くぜひろちか》は四月十四日、評定所一座・海防掛・大小目付に、再渡来に備えて測量問題を評議するように指示したのである（『村垣淡路守範正公務日記』四月十四日）。この問題は五月十五日、幕府内部で大議論となっている（同前、五月十五日）。この評議で、評定所一座・遠国《おんごく》奉行・海防掛勘定奉行らは同一見解となった。

勘定吟味役の村垣範正《むらがきのりまさ》の「日記」によれば、評定所一座・遠国奉行・海防掛勘定奉行などは、「是ハ御断之積《つも》りなれとも、大名江御尋之上、御免ニも可成積《なすべき》り」とあり、断る予定であるが、大名に諮問したうえで測量を許可する含みを残す意見を答申した。

一方、大小目付は、「御断之積り、亜米利加江使節被遣《つかわされ》候積り、彼之国へ行て談判可致《いたすべき》見込也」とあり、測量拒否の態度を示しただけでなく、アメリカに使節を送ってこの問題を談判するというのである。老中に評議書を進達する五月十六日の段階になって、遠国奉行が意見を変えたため、大名に諮問したうえで許可する含みを残した評定所一座・海防掛勘定奉行并勘定吟味役と、拒否してもアメリカ側が応じない場合にはアメリカで談判する、という大小目付で意見が分かれていた。

このように測量問題に関して、五月十六日の時点で評議を指示された幕吏たちは、合意点を見いだせなかった。既述のように老中は八月十三日、この測量問題に対して不許可を決定した。この決定過程が問題である。この点は、上陸止宿問題と領事駐在問題に対する老中の決定と合わせて考察する。

上陸止宿問題　上陸止宿問題の発端は、下田の津波で難破したロシア人を、アメリカ船カロラインフート号で帰国させることであった。ロシア人を乗船させるため、アメリカ人を下船させなければならなかった。

カロラインフート号は安政二年二月九日、乗組員を下田の玉泉寺に残して出港し、ロシア人が仮止宿する戸田《へだ》に向かった。プチャーチンが下田奉行に、アメリカ人の上陸止宿の許可を申し入れたのを踏まえて、二月十四日、戸田村の宝泉寺で、勘定組頭中村為弥《なかむらためや》がプチャーチンに、「亜米利加人江昼之内ニ休息所差免《さしめんじ》候」ことは条約にもあるが「止宿等差免候儀無之《これなし》」と、条約文からロシア人をアメリカ船に乗せるためでも、アメリカ人の止宿（上陸のうえ宿泊する）は許されない、と述べた（『豆州下田港魯西亜船』〈四九七—二四〉)。プチャーチンは、アメリカ人数人を止宿させることでロシア人五〇人が助かる、と重ねてアメリカ人の止宿を認めるよう求めたのである。

この上陸止宿問題がアメリカ条約の解釈と関連するのは、三月二十一日に行なわれた下田玉泉寺でのアメリカ人リードとの会談でのことである。この会談で、日本側は、今回のアメリカ人の上陸止宿が特別措置であり、先例にならないことを確認しようとした。しかし、アメリカ側は「止宿之儀は、条約中ニも有之候事」と、上陸止宿がアメリカ条約に基づくアメリカ側の権限である、と主張したのである(『大日本古文書　幕末外国関係文書』一〇—四八)。

しかし、この時点で問題が深刻化することはなかった。アメリカ船カロラインフート号が四月十四日、戸田に来航し、四月十七日には下田に回航した後、四月二十一日には玉泉寺に滞在していたアメリカ人を乗せて退去したからである。

ところが問題は下田だけでは終らなかった。日本沿岸の測量を要求していたロジャースが、安政二年四月十三日に下田を出港した後、四月二十三日に箱館に入港し、ある書翰を提出したのである。その書翰には、アメリカ条約の第四条と第五条に関するアメリカ側の解釈が明快に述べられていた。すなわち、第四条と第五条によれば、アメリカ人が下田と箱館において暫時居住して、オランダ人や中国人とは異なり、自由に行動することが認められる、というのである(同前、一一—一三五)。

この箱館奉行からの情報は、五月十七日に老中阿部《あべ》正弘《まさひろ》へ進達された。老中は五月二十一日、評定所一座・海防掛・応接掛にこの問題に関する評議を指示している。翌五月二十二日、評議を指示された幕吏たちは、この問題は条約の解釈に関係するので、米使応接掛の意向（「応接掛り之存意、極意」）がわからなければ評議できない、と老中阿部に申し立てている（『村垣淡路守範正公務日記』五月二十二日）。これを受けて米使応接掛は、五月二十五日頃、アメリカ条約の第四条と第五条の解釈を具体的に提示した。それによれば、まず第四条は、漂流民らを「閉籠禁錮《とじこめきんこ》いたし候儀等無之」とのアメリカ側の求めに応じた条文であり、室内に閉じ込めたりしない、という意味である、と述べている。また、第五条の条約文は、「合衆国の漂民其他の者とも、當《当》分下田箱館逗留中」は、長崎における中国人やオランダ人のように「閉籠メ窮屈の取扱」はしない、と規定したうえで、下田では七里を「勝手ニ徘徊」し、箱館のことは今後定める、と規定されていた。米使応接掛は、この条約文のうち、「其他のもの」とは「渡来之船々乗組之者」を指すとし、下田・箱館で「繫泊《けいはく》滞在罷在《まかりあり》候中、すへて五里七里之定之通り、上陸遊歩をも相免し」と指摘している（『大日本古文書　幕末外国関係文書』一一―一三七）。米使応接掛の解釈では、やはり下田・箱館でも宿泊に関しては船中で行なう（「繫泊滞在」）のであり、居留（上陸止宿）を認めてはいなかったのである。

これを受けて、評定所・海防掛・大小目付・長崎奉行・下田奉行・浦賀奉行は連名で、六月二日に老中へ、アメリカ人の上陸止宿について意見を上申した。順に検討する。

彼らは、アメリカ条約の第四条の、「漂着」したり、「渡来の人民」の取り扱いについて、米使応接掛は漂流民などを「他国同様閉籠メ候義」は行なわない、という程度に理解しているが、漢文と「横文字」を参照すれば日本にやってきたアメリカ人に対して「萬《万》国同様自由」に行動することは許さない、と「差止メ」ることができない文章（「文体」）になっている、とアメリカ側が要求する上陸の際の自由行動を拒否する根拠は見いだせない、というのである（同前、一一―一三八）。

さらに米使応接掛は、第五条中の「其他の者」を、「漂民之外を広くさし」とアメリカ人一般を意味する、と指摘したうえで、これらの者は船の中で寝泊まりして、日中は規定された遊歩里数のなかを「遊歩」できると理解していた（同前）。しかし、幕吏たちの評議書は、漢文と「横文字」を斟酌《しんしゃく》すると「船中ニ滞留之義」と説得できるような文意は読み取れない、したがって、漂流民以外は船中で寝泊まりさせる、という米使応接掛の主張も押し通すことはできない、と条約文の解釈を開陳した（同前）。

この評議書を上申したところ、老中阿部正弘は、最終的な評議書をただちに上申するように求めた。諮問を受けた幕吏たちは、最終的な評議書の中で、アメリカ条約の和文に「当分」とあり、横文字にも「一時」と記されているので、「一時之逗留《とうりゅう》は御聞済方可然哉《しかるべきや》と奉存《ぞんじたてまつり》候」と述べて、少なくとも期限を決めたうえでの「逗留」（上陸止宿）は認めざるをえない、と上申したのである（同前、一二一―五一）。

このように、幕吏たちの総評議では、少なくとも条約文の再検討から期限付の上陸止宿は認めざるをえない、と結論づけられていたのである。

ここで問題となるのは、このような幕吏たちの意見にもかかわらず、安政二年八月十三日に、老中が下田奉行に上陸止宿は認めない、と指示していた点である。なぜ、老中は幕吏の総評議をまったく受け入れず、上陸止宿を拒否する決定をしたのであろうか。この点は、第一の測量問題と第三の領事駐在問題と合わせて検討する。

領事駐在問題　幕府内部で領事駐在問題が議論されるのは、安政二年五月のことである。この時期に幕府内部でこの問題が話し合われるのは、米使応接掛の大学頭林煒《はやしあきら》が、アメリカ条約を締結してから一八ヵ月後に領事駐在問題を協議すると約束していたためである。

老中は五月十九日、評定所一座・米使応接掛・海防掛および長崎・浦賀・下田・箱館の各奉行に評議を命じた（『維新史　第二巻』二〇六頁）。これを受けて六月十六日、この問題に関する評議が開始された（『村垣淡路守範正公務日記』六月十六日）。この諮問は緊急を要したようで、翌日には回答するように指示されている。

勘定吟味役の村垣範正の「日記」には、「亜人《（アメリカ人）》官吏之儀相断《あいことわり》候上、不得止《やむをえず》ハ置より外無之《ほかこれなし》評議決、一座御目付別々也」（同前、六月十七日）と、領事駐在を断ったうえで、やむをえない場合には認める、という決議が記されている。勘定方（勘定奉行・勘定吟味役）の決議と捉えて間違いないであろう。さらに、大小目付は安政二年六月、領事駐在について次のように上申している。

条約文を検討すると――この評議書は条約の漢文の解釈に問題があるが――、「彼の方やむを得ざる事情これあり候えば、差置くべし」という趣旨にも受け取ることができ、どんなに談判しても「差置かず候」と、説得することは不可能であろう。さらに相手方の「止むをえざるの事情」などについて十分に聴取し、最終的に「止み難き形勢」であるならば、こちらからも「役人」を派遣することを通告して、それを受け入れたならば、相手側の領事が置かれたとしても、こちらからもその後に「役人」を派遣するのだから「かれこれ平抗の筋相成り候」、と対等になり、体裁上も問題はない、と述べる（「開国起源」〈『勝海舟全集　一』〉）。

このように、少なくとも勘定方は安政二年六月の時点で、領事の駐在を認めざるをえない状況を想定していた。そして、領事の駐在をやむをえない場合には認めると判断していた。大目付・目付も、領事の駐在を条件付きで認める考えを示していた。しかし、老中の下田奉行への指示には、やむをえない場合には領事を駐在させる、という意向は示されなかった。対外政策の担当の幕吏たちによる条約文の検討から導き出された結論と老中の指示には隔たりがあったのである。

二　「下田三箇条」の評議と決議

熊本藩の照会　対外政策を担当していた幕吏たちによって行なわれた「下田三箇条」の評議と、老中の決定との乖離の理由を解明する手がかりとして、測量問題を取り上げる。

日本沿岸の測量問題は、幕府だけの問題ではなく、諸藩の海防にも直接関係する問題であった。そこで幕府は安政二年（一八五五）八月十三日、一万石以上の諸大名に、アメリカの測量の要求についての申し入れは許さないので（「御断相成候」）、さらにどのようなことを主張してくるかもわからない、この点を心得ていてほしい、と申し渡した（『幕府沙汰書』〈五五九―一一二〉）。

諸藩は対応に苦慮したようである。諸藩の中には、問題が発生した場合、アメリカ側に強硬な対応で臨んでもよいのか、と幕府に指示の真意を照会する藩もあった。ここでは江戸湾を警備していた熊本藩を取り上げることにする。

熊本藩は、江戸留守居の吉田《よしだ》平之助《へいのすけ》を、浦賀奉行の松平信武《まつだいらのぶたけ》のところに派遣して、八月十三日の幕令の意図を確認させている。熊本藩の吉田は八月二十三日、浦賀奉行の松平信武に次のように述べた。

アメリカとはすでに「和親」を取り結んでおり、彼の願い――測量の許可を意味する――は自然なこと(「至極尤之様」)のように思われるが、これまでの対応とは異なり、今回アメリカの願いを拒否するという決定(「御断切之御評議」)はどうして下されたのであろうか。

このように熊本藩は、幕府の対外政策の転換の理由を尋ね、さらにその理由を、最近、徳川斉昭《とくがわなりあき》が江戸城に隔日の割合で登城することになったので、対外政策の全体の動向(「全体之御模様」)が変わり、願などは許可せず、「模様次第ニは御打払之御決定」が下されたのであろうか、と状況によっては打払いを行なう可能性が出てきたのか、それとも測量については、最初から許さないと決定していたのであろうか、と照会し、幕令の真意を伺った。

徳川斉昭の隔日の登城という点については、彼が幕令の出された翌日の八月十四日に「御政務御相談」を命じられて、隔日登城することになったことを補足しておく。

さて、この照会に対する浦賀奉行の松平信武の回答を次に紹介する。彼は次のように述べる。

測量拒否の理由として、一つには、測量を許可すればアメリカ側の要求が増大すること、また一つには、日本では自国の者にさえ測量は認めていないこと、また一つには、緩んでいる武士たちの意識を引き締めること、などいろいろあげている。そのうえで、この測量拒否に関する幕令は、将軍によって出されているが、徳川斉昭とよく相談した（「前中納言様《徳川斉昭》江も得斗《とくと》御相談」）うえでの決定であろう、と述べており、斉昭の意向が強く影響していることを示唆している。しかし、実際にアメリカ側と応対する時は「急ニは御打払と申埒《らち》ニは至間敷《いたるまじく》」と、ただちに強硬な態度で臨むことはない、と伝えている（『改訂肥後藩国事史料』一―七五八）。

浦賀奉行はこのように前置きしてから、この指示は「表立被仰出候事《おもてだちおおせいだされ》」なので、十分に戦闘の準備はしておくように、とも述べている。浦賀奉行が八月十三日の測量拒否の指示を「表立」と表現していることに注目したい。すなわち、公式に出された沙汰なので「実備之覚悟」は行なうように、と伝えているのである。

熊本藩は、江戸留守居の吉田平之助を浦賀奉行のところに差し向けて、このように八月十三日の幕令の意図を探り、さらに八月二十四日には、今度は留守居の福田源兵衛を幕府の奥右筆組頭のところに遣わして、この幕令の意図を再確認している（同前）。

熊本藩の在府の重臣たちは八月二十五日、浦賀奉行ならびに幕府奥右筆組頭との会談から、国元の家老に次のように報告した。

測量を許さないからといって、すぐに戦争をするということではない。幕府も諸藩も「武備一致」

させて「心を揃本気」になるようにという「御趣意」である。

このように、江戸の熊本藩重臣は、八月十三日の幕令が対外政策の変更を意味しないことを理解して、江戸湾の防備も「先《まず》ハ當(当)時之儘」でよい、と国元に書き送っている。

以上、八月十三日の「下田三箇条」の指示のうち測量問題を考察した。老中の測量拒否という指示を受けて諸大名に出された「申渡」に関する熊本藩とのやりとりの中で、浦賀奉行が測量拒否を「表立」、すなわち公式に、と捉えていた点に注目しておきたい。それでは内実はどのようなものだったのか。

島津斉彬

先の八月十三日の下田奉行への指示については、大名の間でも問題となっていた。福井藩主松平慶永《まつだいらよしなが》は安政二年十二月十六日、薩摩藩主島津斉彬《しまづなりあきら》と会談したさい、来春にアメリカ船がやってきて「測量の事申立」てたならば、どのように回答するのであろうかと、「下田三箇条」のうちの測量問題について尋ねている（『昨夢紀事』一―三八三）。それに対し島津斉彬は、勘定奉行水野忠徳《みずのただのり》とこの問題について話し合った内容を、松平慶永に次のように伝えている。

この問題に関して水野忠徳は、「是非「コンシユル(領事)」

の事と測量ハ断り切」と、アメリカ側に対し領事駐在と沿岸測量を拒否するつもりである、と斉彬に回答していた。斉彬は、「戦争」になってもその考え（「英断」）は変わることはないのであろうか、と戦争を覚悟で先の要求を拒否するのか否かを問い質した。すると水野忠徳は、そのときはそれに応じた「御評議も工夫もあるへし」と回答した、というのである。この対談から、島津斉彬は松平慶永に、結局は領事の駐在も沿岸測量も許可することになるだろう、と感想を吐露している。慶永はそうであれば「先此《さきごろ》の発令」、すなわち八月十三日の幕令がまったく無意味なものになってしまう、と危惧を表明した。すると島津斉彬は、「一時の御権道とか申事になるへし」と、結局のところ幕令は一時的な方便ということになるだろう、と見通しを述べたのである。さらに慶永は、幕府の弱腰を歎いたうえで、これでは徳川斉昭の「参謀」――「御政務御相談」を指していると推定される――は名ばかりで、「案山子同様」なので役職を退いた方がよい、と述べる（『昨夢紀事』一―三八四）。

幕府の対外政策の内実が、斉昭の意向と相容れないことを、彼らは理解していたのである。

ここでは、八月十三日のいわゆる「下田三箇条」の拒否が幕府の対外政策の転換による強硬なそれの採用なのではないか、という疑問を検討するために、測量問題に関する幕府と熊本藩のやりとり、ならびに測量問題・領事駐在問題に関する松平慶永と島津斉彬の対談を考察した。

測量問題に関する限り、この幕令は綱紀粛正と長期的な武備の充実を諸藩に求めたものであって、当初熊本藩が懸念したような、幕府の対外政策の転換を意味するものではなかった。また、松平慶永や島津斉彬も、下田奉行に出された領事駐在と沿岸測量の拒否の指示は実現されないであろう、と認識していた。このような認識が、幕府の勘定奉行という要職にある水野忠徳との会談によってもたらされていることにも留意しておきたい。

「下田三箇条」の政治的意義　次なる問題は、幕府が対外政策を強硬なものに転換したのではないか、と思われるような測量の拒否についての幕令を、なぜ諸藩に対して八月十三日に出したのか、という点である。さらには、老中はなぜ、島津斉彬に一時的な方便と評されるような指示を下田奉行に出したのだろうか。

この疑問に対する回答の手がかりは、熊本藩の江戸留守居と浦賀奉行とのやりとりの中にあった。熊本藩の江戸留守居が、幕府の対外政策の転換と思われるような幕令がなぜ出されたのかを尋ねたさいに、浦賀奉行が、幕令は将軍から出されているが、徳川斉昭とも十分相談したうえのことであろう、と回答していたことに着眼したい（『改訂肥後藩国事史料』一―七五八）。斉昭が、八月十三日の指令に何らかの影響を与えていたのである。また、領事を駐在させることと測量の拒否の不実行が徳川斉昭の意向と齟齬する、と松平慶永と島津斉彬が捉えていた点も想起していただきたい。これらの疑問を解決するために、徳川斉昭と「下田三箇条」の関係を検討する。一つには、徳川斉昭と領事駐在問題の関わりを、また一つには、彼と測量問題との関わりを検討する。

斉昭が「下田三箇条」のうちで最初に懸念を表明したのは、領事の駐在問題であった。斉昭は安政二年五月六日、登城して老中に、「未来考」と題する書類を手渡した（『川路家文書』〈五三四―三八〉）。この「未来考」は、アメリカ条約から一八ヵ月後に領事の駐在を交渉する、という問題について記されていた。斉昭は、一八ヵ月後は安政二年八月頃であるが、おそらくアメリカ側は六月か七月には再来するであろうから、それまでに武備を充実しなければならない、というのである。この問題について斉昭は、老中たちと会談することになる。

このとき、斉昭がこの問題を持ち出すのには理由があった。斉昭は、来月の十日頃にはアメリカの大船が二〇艘も下田にやってくる、という情報を得ていたのである。この情報は、当時、下田の玉泉寺にいたロシア人が下田奉行の与力らに伝えたものであった（『大日本古文書　幕末外国関係文書』一一―五二）。この情報は五月二日には江戸に届き、斉昭の知るところになったのである。斉昭は五月六日、登城して、おそらく間近に再来するであろうアメリカ側との領事駐在交渉にどのように対応するのかを、老中に問い質した。

まず斉昭は領事の駐在に関して、アメリカ船が十数艘到来したならば、大学頭林煒（米使応接掛）がアメリカを説き伏せることができないのは明らかである、と述べて、再来の際の対応の協議を求めた。老中阿部正弘は、「當《（当）》時談判中のよし」と協議中である、と答えている。老中松平忠優《まつだいらただます》は、備えができていない状況でなにか問題があれば日本側に不利であり、とても戦争などはできないのでその回避が重要である、と回答した。また、老中松平乗全《まつだいらのりやす》は、戦争してから許可するよりは、かえって今のうちに許可した方が、「御威光もよろしく」と領事の駐在を認める方向で準備すべきである、と述べた（『昨夢紀事』三―二七四）。

斉昭は、下田に領事を駐在させれば、その次には江戸城を見せるようにアメリカ側は要求するであろう。その次には将軍との縁組みなど無理難題を申し出るであろう、と懸念を表明した。さらに彼は老中松平忠優に、将軍との縁組みには至らなくても、忠優の娘との縁組みをアメリカ人が申し出たらどのように対応するのか、と尋ねた。すると松平忠優は冷笑したというのである。

また、斉昭は、領事の駐在によって「下田不残《のこらず》天主教に相成候はゞ此所へ砦出来」と、キリスト教が広がり、アメリカ人に慣れ親しむ者が出ることを憂慮した。すると老中松平忠優は、下田の人は、かき集めてもわずか三万人くらいなので、この人たちを「御捨」になればよいのである、と答えた。

ここに徳川斉昭の怒りは頂点に達した。斉昭は、この日の会談内容を息子の川越藩主松平直侯《まつだいらなおよし》に、やはり「御国法」で禁じていることは、どのようになっても拒否しなければならないのであり、それによって相手が「兵端を開」いたならば、やむをえず「戦争」するよりほかの手段はない、と領事の駐在を拒否して戦争に至ってもやむをえない、と強硬論を吐露している（『維新史料編纂会所蔵文書』〈五三四―四七〉）。

この日の会談内容は、松平直侯から福井藩主松平慶永にも回覧され（『昨夢紀事』一―二七八）、その後、慶永から宇和島藩主伊達宗城《だてむねなり》にも回覧されている。伊達宗城は、このような「売国論」者が老中の中にいては、徳川斉昭の「忠義」も何ら取り上げられないのは当然のことだ、と批判し、嘆いている（『宇和島侯書翰』〈五三四―五〇〉）。ここで批判されている「売国論」が、老中松平乗全や松平忠優を指していることは、これまでの経緯から明らかであろう。

このように、老中の中に領事の駐在を容認する意見があることに対して、強い批判が加えられたのであるが、さらに斉昭は五月十六日、領事の駐在は日本が奪われる契機（「はしご」）になる、との書翰を老中に送り、領事の駐在は認められない、と念を押している（『徳川斉昭手書類纂』〈五三四―四二〉）。

続いて斉昭は、測量問題についても懸念を表明した。老中阿部正弘は安政二年六月三日、この問題に関する評議書を徳川斉昭に回覧して意見を求め（『水戸藩史料　上編乾』六四四）、彼は六月六日、これに答えている。

その中で斉昭の意向がわかるのは、諸大名にこの問題を示すべきである、として提起した「諸大名へ御申諭之大意」である（同前、六四七）。この中で、測量に関しては、日本側が測量を実施して、そのうえで三年後には測量を許可すると伝え、そのように見せかけることで、アメリカ側を怒らせず、反対に油断させて三年の間に日本の武備を整えて、戦争になっても対処できるようにする、というのである（同前、六四八）。

ここでは、「下田三箇条」のうち、徳川斉昭と領事駐在問題・測量問題の関係を検討したが、この問題は、さらに幕政改革と連動することになるので、次にその経過を見ていくことにする。

安政二年の幕閣改造　徳川斉昭は安政二年六月晦日、幕閣改造を強く求める内容の書翰を老中阿部正弘に送った。老中牧野《まきの》忠雅《ただまさ》・松平乗全・松平忠優の罷免を発表したうえで、「墨夷断りハ勿論、大御改正等も被行可申《おこなわれもうすべく》候」と方針の決定を求めた（『聿脩叢書』〈五四六―一一七〉）。このように斉昭は、三人の老中の罷免と、「墨夷断り」だけでなく、「大御改正等」の実施を求めた。「墨夷断り」とは、これまで検討してきた測量・上陸止宿・領事駐在のいわゆる「下田三箇条」に対する拒否を指している。

一方、老中阿部正弘は、牧野忠雅・松平乗全・松平忠優の三人の老中の罷免に関してどのように考えていたのであろうか。老中阿部は、牧野忠雅と松平乗全の罷免は認めたものの、松平忠優に関しては「先々御用ニ立候よし」と老中を続けさせるつもりであった（同前〈五四六―一一八〉）。しかし斉昭は六月晦日の書翰で、この案に強く反発した。斉昭が老中阿部に求めたのは、まず何よりも老中松平忠優の罷免であった。その最も大きな理由は、「第一、此節下田三ヶ条之事御建議ニ而も四ハ必御同意中間敷《もうすまじく》」とあるように、老中松平忠優（「四」は〈老中席次〉）が「下田三箇条」の拒否に同意しないであろうという点であった。また、もし牧野忠雅と松平乗全だけを罷免して、松平忠優が老中席次で二番になったら、溜間詰《たまりのまづめ》をはじめ「俗論家」が忠優に味方するであろうと懸念したのである。斉昭は、牧野忠雅は老人なので残しておいたとしても、松平乗全と松平忠優の罷免を実行するように求めている。

ここでは、斉昭の幕閣改造を求める主要な理由が、「下田三箇条」の問題であったことを確認しておきたい。この幕閣改造は、従来指摘されているような、単に徳川斉昭と松平乗全・松平忠優の内政面の対立だけではなく、主には幕府の対外方針をめぐる政策対立だったのである。

松平乗全と松平忠優は八月四日、老中を罷免された。おそらく、先の斉昭の要求が実現したと捉えて間違いないであろう。その後、幕府は八月十三日、下田奉行に「下田三箇条」に関する指示を出し、さらに一万石以上の大名に測量拒否を伝達して、不測の事態に備えさせたのである。そのうえで、翌八月十四日には、徳川斉昭を「御政務御相談」とし、隔日の登城を要請するのである。

以上、「下田三箇条」に関する対立を検討した。この問題に関する幕府の評議と実際に出された指示の間には乖離があった。この乖離の理由とは、徳川斉昭による「下田三箇条」拒否という強い主張が老中指令となって発令されたのであった。そしてこの問題が、老中松平乗全と松平忠優を罷免させるという安政二年の幕閣改造を招いたのである（この点については、特に『水戸藩史料 上編乾』を参照した）。

しかし、実際には熊本藩の測量拒否問題に関するやりとりで検討したように、浦賀奉行は対外方針に変更がないことを藩側に伝えていた。また、島津斉彬や松平慶永は、勘定奉行水野忠徳の話から老中の指示が一時的な方策であろう、と予知していた。このことは、幕府の対外政策が、実際には八月十三日の下田奉行への指示や諸藩への幕令によって変化していないことを、彼らが理解していたことを示している。

三　ハリスの到来

最初の会談　安政三年（一八五六）七月二十一日、タウンゼント・ハリス（Townsend Harris）を乗せたサン・ジアシント号が下田に入港した。調役下役《しらべやくしたやく》斎藤源之丞・同心金子銕太郎・通詞《つうじ》名《な》村《むら》常之助《つねのすけ》・通詞立石得十郎《たていしとくじゅうろう》らがハリスと会見した。ハリスは、老中宛の書翰二通と下田奉行宛の一通の合計三通の書翰を提出し、翌日に上陸して下田奉行と会談することを申し入れた。下田奉行への書翰は、ハリスの来航の主旨が日本に総領事として派遣されたことであり、そして二つの書翰を老中に届けてくれるようにと依頼する内容であった。

老中宛の書翰の一通は、国務長官から老中宛の書翰で、総領事としてハリスを任命し、日本に派遣したことが記されていた。もう一通は、ハリスから老中への書翰で、自分が総領事に任命されたこと、両国人民の友好と諸案件を処理することが自分に委任されたことを伝えている。

下田奉行の岡田《おかだ》忠養《ただやす》は七月二十二日、「亜米利加蒸気船壱艘入津之儀ニ付申上候書付」を出して、アメリカ合衆国の軍艦の到来と書翰三通が提出されたこと、書翰の一通を翻訳したことと、それには領事の駐在について記されていたことを老中に伝達した。

ハ　リ　ス

老中の久世広周は七月二十五日、アメリカ側から提出された三通の書翰とその翻訳、および岡田からの書翰を、評定所・海防掛・林煒（大学頭）・伊沢《いざわ》政義《まさよし》（普請奉行）・浦賀奉行・箱館奉行・長崎奉行に回覧した（『村垣淡路守範正公務日記』七月二十五日）。それと同時に、在府の下田奉行の井上清直《いのうえきよなお》に下田へ向かうように指示が出され、翌日の七月二十六日、彼は下田に向かった。老中は七月二十七日、下田奉行に、ハリスたちには何も返答せず、提出された書翰もそのまま差し戻すように指示している（『海防雑記』〈六四六―六二〉）。

下田奉行の岡田忠養は七月二十五日、ハリスと下田奉行所で会談した。岡田は、支配組頭の若菜《わかな》三《み》男三郎《おさぶろう》をハリスに紹介し、これから彼と何度も話し合うことになる、と伝え、さらに調役並《しらべやく》勤方の森《もり》山多吉郎《やまたきちろう》はオランダ語に通じているので、取り決めの際にはオランダ語によって行なうことを提案した。若菜らは七月二十六日、ハリスと対談し、領事の駐在について次のように述べて拒否した（『町奉行所書類　外国事件書類雑纂』〈六四六―一〇五〉）。

来航する船舶には、薪水・食料などだけでなく、いろいろな「欠乏品」についても提供するので問題（「差支」）はない。領事を駐在させなければ処理できないことがあれば、事前に使節が来て、領事の駐在について交渉すべきである。

これに対してハリスは、領事を置くのは不都合なことがあるからではなく、不都合なことがないようにするためである、と切り返す。また、若菜三男三郎らは、昨年の地震などの災害で国家は多端な状況であるので、領事の駐在に十分対応できないので見合わせてほしい、と要請した。ハリスは、下田の状況が悪いのであれば江戸で構わない、と切り返した。若菜らは一時的な上陸を許可するとして、玉泉寺に逗留することをハリスに申し入れた。

ハリスは、「無拠《よんどころなき》義有之」ときは領事を置くことができる、と条約にあり、アメリカにはやむをえない事情があるからやってきた、と主張した。すると若菜らは、アメリカ側に「差支之義」があっても、日本がそれを知ることなどはできない。その事情があるときは、事前にそのことを交渉して領事の駐在を決定すべきである、と主張している（同前〈六四六―一一二〉）。

ハリスも「日記」に、日本側が領事の到来を予期していなかった。そして領事というものは、いくつかの問題が生じたときにのみ派遣されるものとなっていた。そのようなことは何も起こっていない、と主張した、と記している（『米国総領事ハリス日記』〈六四六―一二八〉）。

ハリス到来の予想　ここで紹介したのは、『海防雑記』と『麗斎叢書』の二つから作成され、『大日本維新史料稿本』に掲載された『下田港米船応接日記』である。

その七月二十六日条には、ハリスが領事の滞在は条約にもある、と発言したのに対して、若菜三男三郎は「申され候通、条約中には十八ケ月之後、両政府之中何れにか拠《よんどころ》なき義も候ハヽ、コンシュル（領事）を差置べしとは有之候」と、アメリカ条約のアメリカ側の解釈を明言している。そのうえで、若菜は、次のように述べた。アメリカ側が領事を置くと決定したら、領事を派遣する前に、そのための交渉の使節が派遣される、と理解していた。若菜は、この発言が個人的なものではなく、「皆政府の命也」と、幕府の指示であることも明言している。そのうえで、条約には「十八ケ月之後」とあるが、下田では地震と津波が発生し、その後も天災が続いていることをあげて、領事を派遣することに関して、協議するための使節が派遣されていれば、そのときには領事の派遣を「先暫《まずしばらく》と引延」しを求めるように指示されていることを明らかにした（『海防雑記』〈六四六―一五三〉）。

森山らは翌日の七月二十七日、次のように述べている。条約の「表」は同様であるが、捉え方はそれぞれの「心の趣く所」に従って理解するので同じではない。すでにアメリカ側は、すぐに領事を置けると理解しているが、日本側は、問題があった場合に話し合ったうえで取り決めると理解している（『町奉行所書類　外国事件書類雑纂』〈六四六─一三六〉）。

この七月二十七日でも、先に示した『大日本維新史料稿本』所収の『下田港米船応接日記』には、森山多吉郎が「昨日も段々申し述べ候通り、条約面之通り、十八ヶ月之後にはコンシュル《(領事)》を当所に差し置くと申す義は元より此方にて承知之事」とあり、森山が、前の日の若菜の発言と同様に、条約の締結から一八ヵ月後には領事を駐在させることができる、と捉えていたことがわかる（『海防雑記』〈六四六─一五六〉）。

また、森山は、前日の若菜と同様に、両国政府のうちのいずれかに「無拠」ときには、領事を駐在させる前に何らかの通知がある、と理解していた、と述べて、今回直接に領事がやってきて滞在するのはとても不都合である、という論法で対応した。しかし、領事を駐在させることが「不承知」というのではなく、津波や地震などの天災があり、国事多端なのでしばらく延期したい、と依頼している。それに対してハリスは、ここでの話し合いは不可能なので、蒸気船ですぐさま江戸へ向かって談判する、と言い放った。

若菜三男三郎は、翌七月二十八日のハリスとの対談でも、ハリスの滞在（「滞留」）が「不承知」というのではなく、ハリスの到来が「何分不意之事」と、事前の協議も通知もなくきたために、何の用意もできていないが、臨時に玉泉寺へ滞在するように求めた（『下田港米船応接日記』〈六四六─一五九〉）。

下田奉行との交渉　井上清直が八月二日に下田へ到着した。下田奉行の井上清直と岡田忠養は八月三日、ハリスと対談し、岡田は、アメリカ政府の命令によって渡来したのですぐに下田に滞在したい、とハリスがいうのは当然のこと（「尤之事」）である、と理解を示した。そのうえで、彼は、条約書には「無拠」ことがあった場合に領事を派遣する、と定められており、アメリカ政府に「無拠」ことがある、と考えられるので、それはどのようなことであるのか、と質問した。ハリスは、「両国の好情」が厚くなるように取り計らう、と回答している。実際にどのようなことをするのか、と岡田忠養が問い質すと、ハリスは次のように回答した。

アメリカ人が日本で乱暴を働いた場合に、取締を行なう。下田へ来るアメリカ船の証明書の確認を行なう。漂流民の処遇を行なう。そして、アメリカ合州国は二五〇ヵ所に領事を滞在させている、と付け加えた。

岡田忠養は、漂流民の処遇は日本側で行なう、としたうえで、下田は手狭《てぜま》であり、この後にオランダやロシアの領事がくると迷惑だ、と述べると、ハリスは、ペリーが求めていたのは横浜なのに日本側が下田にした、と切り返した。岡田は、領事の駐在はとても都合が悪く、引き払うようにアメリカ政府と談判したいので、ハリスから掛け合ってくれ、と申し入れたが、これはハリスにも艦長のジェームス・アームストロング（James Armstrong）にも拒否されている（『海防雑記』〈六四六―一六四〉）。

井上清直は八月三日、ハリスに、将来アメリカ政府と領事の駐在の取りやめについて交渉することを前提に、その交渉までのあいだ「当分之事」として玉泉寺に滞在するようにと述べた（『町奉行所書

類　外国事件書類雑纂』〈六四九―五四〉)。

ハリスの駐在についての評議　これらの会談を受けて、幕府内部で領事の常駐についての評議がもたれることになる。下田奉行の岡田忠養・井上清直は八月九日、勘定奉行の松平近直《まつだいらちかなお》・川路聖謨《かわじとしあきら》・水野忠徳に書翰を出した。その書翰には次のように記されている。

ハリスを船に押し戻すような説得はできないであろうし、対応によっては、彼は江戸に行くかもしれない。下田奉行としてアメリカ政府への協議書を作成して送付したとしても、それによってハリスが引き払うとは予想できない。領事を置く、と決定したならば、ハリスが求める外国にいるアメリカの領事と同様の取り扱いや、新しい法律を制定するなど、日本とアメリカ合衆国の利害を調整して協定を取り決めることができる。領事の駐在をどのようにするのか。また、それについてアメリカ政府と協議を実施するのか否かが決定されない間は、方策を講じることができない。早く指示を出してほしい（『海防雑記』〈六五五―七一〉)。

勘定奉行から八月八日付の「内状」が下田奉行に送られ、彼らはこれを八月十一日に受け取った。この八月八日付の勘定奉行の「内状」は未見であるが、下田奉行が八月十一日に、これに対する返書を勘定奉行松平近直・川路聖謨・水野忠徳に送っている。この返書から勘定奉行の「内状」の核心を理解することができる。

勘定奉行たちは、日本からアメリカ政府への協議など――これは領事の駐在を撤回させる協議と推定される――は実施すべきでないことを老中久世広周に上申することになったので、これを踏えて方策を考え、下田奉行にとって良策と考えられるものを上申するように、というのが勘定奉行たちの八月八日付の書翰の核心であった。

　これに対して下田奉行は八月十一日、勘定奉行に、ハリスを上陸させるのに「仮」（臨時）にと条件を付してあり、恒久的に駐在させるとは考えていなかったが、幕府ないしは下田奉行からアメリカ合衆国にこの問題について談判を実施しないのであれば、「條約之通彌《いよいよ》差置候方ニ治定いたし諸事取《とり》計《はからい》申度《もうしたし》」と、ハリスの駐在を認めるように求めた（同前〈六五五―七六〉）。ハリスを駐在させる、と決定されれば、取締の方策や領事の職務などについても協議して方策を講じることもできる。ここで、下田奉行がハリスの駐在を認める根拠として、「條約之通」と述べていることに注目したい。

　この下田奉行の上申を受けて、老中久世広周は八月十七日、評定所一座・海防掛・大小目付・浦賀奉行・箱館奉行に評議を指示した。これは、ハリスを「仮ニ差置」いてアメリカ船を出航させず、幕府からアメリカ政府への協議（「御掛合」）を行なうべきか、それとも条約にもとづいて領事を常駐させるか、という評議である（『村垣淡路守範正公務日記』八月十八日）。この評議について検討する。

　勘定奉行松平近直・川路聖謨・水野忠徳と、勘定吟味役中村為弥・設楽八三郎《しだらはちさぶろう》（能潜）は、安政三年（一八五六）八月、幕府ないしは下田奉行から外国――アメリカ合衆国――に交渉を行なった事例はなく、外国との書面のやりとりとなれば、どのような紛議が生じるかもしれないので行なわない方がよいであろう、と上申した。

　さらに、条約の「和文」と「横文字和解《わげ》」の相違を踏まえて、下田奉行の意見に同意したうえで、すでに条約を結んでいるのに、さらに議論してもつれるようなことになれば、「条約面御違約之姿」になって、アメリカ側が驕《おご》りたかぶり、日本にどのような「御国患」が生じるかわからない。ハリスを滞在させる方針で、取締なども下田奉行の都合がよいように調査して上申するように、下田奉行に指示するべきである。また、ハリスが下田以外の開港を希望しているようであるが、新規の取り扱いは拒否するように下田奉行に指示することも求めている。ここでも留意しておきたいのは、ハリスの滞留を認めずに問題が紛糾するのは、「条約面御違約之姿」になる、と彼らが懸念していたということである。

評定所は安政三年八月、領事の駐在を拒否もせず、一方で常駐もさせないのでは、地域の取締なども十分には行なえない、という下田奉行の意見は理解できるが、これが領事を常駐させる根拠にはならない、と指摘する。そして、和文と蘭文和解の相違を認めたうえで、和文にもオランダ文の翻訳にも「官吏差置不申候而《さしおきもうさずそうろうて》は難成時期《なりがたき》ニ至り可連渡《つれわたるべし》」と、必要が認められる際には領事を置くという意味は、両方の条文とも読み取れる。この点を利用して、アメリカ側がいかなる必要があって領事を置くのかを問い質せば、領事の永住を断る口実を得られるかもしれない、と上申している。

さらに評定所は、ハリスと交渉したうえで「彌《いよいよ》常住と差極《き》メ候場合」には、「旅館」を建設する場所をどこにするか、という点も検討する必要があると、常駐を認めた際の方策までも記している（『海防雑記』〈六五五―八四〉）。

大小目付と海防掛大小目付は八月十八日頃、次のように上申した。

ハリスは、すでにアメリカ領事として旗まで掲揚している。また、ロシアにもアメリカの領事が差し置かれることになったら、自動的（「無沙汰」）に領事を置くことを約束している。そこでロシア側に、ハリスは「仮」に駐在している、などと説明しても、問題が生じるだけである。ハリスを常駐させて取締を実施した方が、これからくるであろう他の国の領事を取り扱う基本にもなってよいので、下田奉行の見込みのとおり決定すべきである。このようにハリスの駐在に賛成した（同前〈六五五—一〇〇〉）。

八月二十日、大学頭林𥟿ならびに浦賀奉行土岐《とき》朝昌、箱館奉行村垣範正・竹内保徳《たけうちやすのり》、普請奉行伊沢政義は、下田奉行の見込みのとおり領事を置くことに決定し、取締などを実施すべきである、と上申した（同前〈六五五—一〇二〉）。

これらの評議を受けて、老中は八月二十四日、勘定奉行の松平近直・川路聖謨・水野忠徳を通じて、下田奉行の井上清直・岡田忠養に次のように指示した。

安政二年（一八五五）八月十三日に、「官吏」（領事）の駐在と「上陸止宿」は問題があるので、それを認めない心づもりで交渉を行なうように指示したが、もはや「仮ニ滞留」も許可したので、これから交渉しても時間もかかり、どのような問題が発生するかも予想できないので「官吏差置方ニ相心得」て活動し、キリスト教が広まることのないようにする。そして、ロシアとの条約のこと——アメリカの領事を駐在させたら自動的にロシアも領事を駐在させるということを意味していると推定される——や、イギリスまたはフランスなどからも要求があるだろうから、厳重に取締が行き届くようにして、領事の建物などもできるだけ小さくするようにして、「国患」が生じないように、と指示している（『大日本古文書　幕末外国関係文書』一四―二七〇）。

このように評議を指示された幕吏たちは、ハリスの駐在を受け入れる答申を行ない、老中もそれを踏まえて下田奉行に指示を出したのである。

この点は、石井孝氏が『日本開国史』の中で「（ハリスの駐在を）諮問された諸有司の間には、強い拒否の意見はみられなかった」（二一四頁）と指摘している。この石井氏の評価は正当であろう。ここで問題にしたいのは、安政三年（一八五六）八月の時点で、対外政策の担当者たちがハリスの駐在を強硬に拒否しなかった理由、すなわち下田奉行が「条約之通」と述べ、勘定奉行等もハリスの駐在拒否による「差縺《さしつれ》」はアメリカ条約に対して「違約之姿」になる、と考えていた点である。彼らは両国の条約解釈の相違を理解したうえでハリスの駐在許可という結論を導き出していた、と推定される。

ハリスの駐在許可と徳川斉昭の政治的地位

これまで検討したように、幕府はアメリカの要求する「下田三箇条」の拒否を決定していた。この三ヵ条のうち最初に問題となったのは、ハリス到来による領事駐在問題であった。安政三年八月の時点で、幕府内部ではハリスの駐在を認める意見が圧倒的であった。また、ハリスへの駐在許可という方針は、アメリカ条約の再検討による条約準拠という姿勢に支えられていた。この点は、安政二年五月以降の条約の再評議が影響していたのである。

次の問題は、ハリスの領事駐在要求を幕府が許可しようとした際に、徳川斉昭がとった態度である。老中は、先の領事の駐在を認める指示を下田奉行に伝達した安政三年八月二十四日に、徳川斉昭にも次のように書翰を送っている。

合議を再三繰り返し、ようやく決定されたことを下田奉行に指示した。関係の書類を「御心得」のために御覧に入れる。「御序《ついで》之節」に返却していただきたい。

老中の連署で出されたこの書類は、領事の駐在問題に斉昭が与えた影響を示唆している。領事駐在に関して、斉昭にも関連書類は示されていた。しかし、それらの書類の提示は、幕閣の決定を「御心得」のために通知する、というものであった。また、それらの書類の返却は、「序之節」でよい、とまで記されている。

安政二年八月十三日の「下田三箇条」に関する老中の指示は、斉昭の意向によって出されていた。一方で、実際にハリスが到来して領事の駐在が許可される際には、斉昭は政策の立案過程から排除され、審議の結果を通知されただけであった。ここで問題となるのは、一つには、斉昭がいつ頃から対外政策の立案過程から排除されるに至ったのか、また一つには、なぜ排除されるに至ったのか、という点である。この二点を検討することにしよう。

斉昭は安政三年九月二十一日、松平慶永に、「正月以来登城も不仕《つかまつらず》、異船之模様も不奉伺候《うかがいたてまつらず》」と、自分が対外関係の情報を得られなくなったのは、安政三年の一月以来だと記している。この点は、先の二つの疑問のうち、徳川斉昭がいつ頃から政策過程から排除されるに至ったのか、という問いに対する回答となるであろう。

さらに斉昭は、「墨夷も押かけ下田へ官吏連来り候由にて指置《さしおき》候儀御免ニ相成候へハ心得候様ニと先達て閣老《かくろう》より申参り」と書き送っている（『昨夢紀事』二―三）。この史料からも、ハリスの駐在に関する幕府の決定は、斉昭へ「心得」として伝達されていたことが確認できる。では、なぜこの頃から斉昭は対外関係の情報を幕府から得られなくなったのであろうか。

宇和島藩主の伊達宗城《だてむねなり》は安政三年四月二十五日、松平慶永に書翰を送り、島津斉彬から得た情報を伝えている。島津斉彬の話では、老中阿部正弘は、内実はもはや徳川斉昭の登城を望んでいない、というのである（同前、一―四四〇）。その理由についても、島津斉彬は老中阿部との会談内容として、くわしく伝えている。

それによれば斉昭は、十月九日に老中に再任された堀田正睦《ほったまさよし》を叱りつけたり、挨拶もしなかったというのである。そのため斉昭と堀田との関係はすこぶる悪くなっていた。そこで老中阿部は、斉昭に老中側から話をするまでは登城を控えてくれるよう求めたのである。斉昭は、それは良いこともあれば迷惑なこともある、と答えた（同前）。

おそらく斉昭が安政三年一月以来、登城しなくなり、対外政策の立案過程から排除されるようになった要因は、この堀田正睦との不和であろう。老中堀田正睦と徳川斉昭が不和であった点は、通説的見解である。本書が指摘したいのは、この不和が、徳川斉昭の対外政策の立案過程からの排除という結果を生じさせている点である。そして、より重要なことは、この頃から老中阿部正弘が開国通商方針を明確にすることである。

阿部正弘は、安政二年十二月十一日に島津斉彬と対談した際、「天下」を人の体に喩えて、通信・

通商が幕府の先例に齟齬しない、と指摘している。阿部は「異国通信之義ハ東照宮御代にハ頻《しきり》に有之」と、家康のときには外国船がやってきていて、具体的には「南蛮船」が八〇艘ほども長崎に来ていた。しかし、「御三代に至つて御禁絶ありしは葡萄牙《ポルトガル》人の妖教を日本へ相伝せしより御停止となりし事」と、徳川家光のときに、それが禁止されたのはポルトガル人から「妖教」（キリスト教）が伝播したからで、「通信商儀ハ敢而《あえて》神慮にも相背け申間敷」と外国との通信・通商は、「神慮」に背くものではない、と島津斉彬に述べている（同前、一―三八）。

この発言は、老中阿部正弘が、対外政策に対する自らの意向を明確にしている、という点で注目に値する。従来、幕府の「開国」から「通商」への転換の契機は、クリミヤ戦争後のイギリス到来の情報（安政三年七月頃）や、日蘭追加条約の締結に求められてきた。しかし、老中の阿部は、少なくとも安政二年十二月の時点で、「通信」・「通商」（「商議」）政策への転換の根拠を見いだしていたのである。

老中の阿部は、徳川斉昭を通じていわゆる雄藩との協調関係を保っていた。斉昭との関係を良好に保ちながら対外政策を遂行しなければならない阿部が、「開国」政策の拡大や「通商」政策を推進するような発言を公然と述べることは困難であった。斉昭の対外政策からの排除によって、阿部正弘は自らの意向を表明できるようになったと思われる。

議論をハリス来航時における徳川斉昭の政治的位置の問題に戻そう。ハリスが駐在を幕府に申し入れた際には、斉昭は対外政策の立案過程から排除されていた。そのため、領事駐在問題を幕府が再検討した際の評議、すなわちアメリカ条約に準拠して領事を駐在させることはやむをえない、が幕府の対外方針となって、領事の駐在が許可されたのである。

領事の駐在問題はこのように許可されることになるのだが、測量問題と上陸止宿問題の顚末についても確認しておこう。測量問題に関して幕府は、安政三年十月二日、玉泉寺で下田奉行の井上清直・岡田忠養とハリスが会談したさい、ハリスが「親睦取結候国柄」においては相手国に迷惑のかかることは実施しない、と明言したことで一応の決着がついた。

上陸止宿の問題に関しては、安政四年（一八五七）五月二十六日に議定されたいわゆる「下田協約」の第二条で、「下田并箱館の港ニ来る亜米利加船必要之品、日本於而得かたき分を弁せむ為ニ、亜米利加人を右の二港ニ置、且《かつ》合衆国の下領事を箱館の港に置ことを免許す」と、下田と箱館におけるアメリカ人の居留が明記された。居留開始の時期については、安政五年（一八五八）六月中旬となった。

おわりに

本書の課題は、幕府の対外政策を低く評価してきた研究の根拠を再検討することで、開国と条約締結の過程の特質を解明すること、すなわち、開国期における幕府の対外政策の特質を解明することであった。

この問題を解明するために三つの幕令に特に注目することになった。第一は嘉永六年（一八五三）十一月一日の幕令、第二は安政元年（一八五四）二月八日の幕令、第三は安政二年（一八五五）八月十三日の指令と幕令である。

第一の、嘉永六年十一月一日の「大号令」では次の点を解明した。この「大号令」の発布を強く求めていたのは、通説も指摘するように、「海岸防禦筋御用」に就任した徳川斉昭《とくがわなりあき》であった。「大号令」の形成は、大きく①〜③の三つに分けることができるであろう。

① 徳川斉昭が「海岸防禦筋御用」に登用される時期である。斉昭は七月八日、対外方針の決定と「大号令」の必要性を老中に説いていた。一方、筒井《つつい》政憲《まさのり》と川路聖謨《かわじとしあきら》は、斉昭の「海岸防禦筋御用」への就任以前（六月十四日・六月十八日）に、幕府の対外方針として交易の必要性を斉昭に示していた。斉昭自身、この嘉永六年六月の二度にわたる両者の訪問を、幕府内部の「交易論」との

確執の起点と捉えていた。

② 嘉永六年八月上旬に、「大号令」の原案が徳川斉昭と老中阿部正弘《あべまさひろ》によって作成された時期である。作成の契機となったのは、ロシアの宰相ネッセルローデの書翰の受け取り問題であった。この問題の審議過程で筒井が提出した評議書が、徳川斉昭に「大号令」の必要性を主張させることになった。

③ 嘉永六年十月下旬に、斉昭が「大号令」発布の必要性を強く主張して、「海岸防禦筋御用」の辞任を申し出た時期である。契機は二つある。一つは、九月十三日から開始された「大号令」の草案の審議である。また一つには、ネッセルローデの書翰についての評議であった。特に、露使応接掛の筒井政憲と川路聖謨が、二度にわたって提出した限定的通商論が関係していた。斉昭は、「大号令」の発布か、「海岸防禦筋御用」の免職かを老中に求めた。結局、露使応接掛の筒井と川路は、プチャーチンと交易についての交渉を開始することは許されなかった。

第二に、幕府は安政元年二月八日、「実地接戦」の準備を求める幕令を出した。これは、ペリーに対して交易を許可するという方針を、幕府が決定しかけた状況が関係していた。徳川斉昭は一月下旬にこの幕令の草案を作成していたが、それには、ペリーの要求をいくつか受け入れて乗り切ろうという幕府の対外方針に対抗する、という企図があった。二月四日に幕府内部で交易許可の方針が優勢になると、斉昭は再び「海岸防禦筋御用」の辞任を申し出た。老中阿部正弘は、方針を転換して交易を不許可とし、斉昭の辞任を思いとどまらせた。そして幕令が出されることになった。

第三に、幕府が安政二年八月十三日、「下田三箇条」に関する不許可を下田奉行に指示し、これを踏えて海岸における測量の禁止を諸大名に通達した幕令である。この「下田三箇条」をめぐっては、斉昭と老中松平忠優《まつだいらただます》・松平乗全《まつだいらのりやす》とが鋭く対立していた。この対立に勝利した斉昭は、「御政務御相談」になり、二人の老中は罷免されることになった。この「御政務御相談」は、徳川斉昭を嘉永六年（一八五三）六月に登用することが検討された外政・内政に参与できる「御参議」に近い役職であった、と推定される。

研究史との関連では、次の三つのことを確認しておきたい。

第一に、幕府の対外政策に対して低い評価を与えてきた研究にも、その根拠は存在するということである。本書が分析の対象としたこれらの幕令は、幕府が攘夷主義的でアメリカやロシアなどの国々との紛争を回避しないかのような方針を採用している、という印象を与える。それは幕府の対外政策を低く評価する根拠になっていた。それらは、「友好」や「交易」を推進しようとする勢力を押さえ込むために、斉昭と彼の攘夷論に期待する勢力によって希求されたものであった。

第二に、このことから幕府の対外政策が過度に拙劣であった、と評価することも妥当ではない。幕令は、徳川斉昭や老中阿部正弘の草案から、何度も修正が加えられた。老中阿部を中心とした幕閣にとって、幕令は、なによりも斉昭を対外政策の審議過程につなぎとめておくために出さざるをえないものであった。斉昭が対外政策の審議過程から離脱すると、どのような状況が創出されるのか、という点については、名古屋藩主徳川慶恕《とくがわよしくみ》の老中に対する譴責という事態を示した。このような事態を回避するために、斉昭を政策の審議過程につなぎとめる必要があったのである。

さらに、第一と第二の幕令でもわかるように、その草案の修正、それ自体にも大きな意義があった。それは、徳川斉昭が何度も求めていた開戦の契機を、幕府がその草案の修正過程で削除できたことである。このことによって幕府は、長州藩や熊本藩に開戦の主導権を与えずに済んだのである。すなわち、幕府がそれらの幕令を修正し、実際の運用――諸藩への具体的な指示――によって戦争の可能性を極めて低く押えることができたのは、幕吏たちの成果なのである。

これに関連して次のことを付言しておきたい。対外政策の決定に参画していない大名たちにとっては、これらの幕令は不可解な対外方針の表明であった。それは、松平慶永《まつだいらよしなが》や徳川慶恕が、徳川斉昭に「大号令」の意味を照会していたことや、「下田三箇条」の測量の不許可についての幕令が出されたときに、熊本藩がその意義を照会していたことなどからもわかる。ここから理解できるのは、対外政策の幕令の政治的意義は、その字面からは読み取れない、ということである。この点が、幕府の対外方針や対外政策の評価を困難にさせた要因なのである。

第三に、ペリーが当初要求していた通商を許さず、通信・通商を含まない条約の締結にこぎつけたことに幕府の対外政策を高く評価する根拠を見いだす見解についても触れておきたい。

石井孝氏は、『幕末の外交』(三一書房、一九四八年)の中で、ペリーが当初要求していた通商を許さず、通信・通商を含まない条約の締結にこぎつけたことを、幕府の対外政策を高く評価する根拠として指摘した。しかし、幕府に交易の許可を押しとどめさせたのは、徳川斉昭と彼に期待する勢力である。したがって、この点に幕府の対外政策を高く評価する根拠を見いだすことは困難であろう。実際には、川路聖謨や筒井政憲が述べていたように、小さな「交易」と評価される状況が創出されていた。

本書は、幕吏たちが多様な意見を持っていたことをできるだけ紹介することに努めた。これらの意見のうち、重要な局面では、多くの場合、攘夷主義的な方針が示されることになったことを理解していただけたと思う。それがまさに徳川斉昭の影響だったのである。この点で幕吏たちの穏健な方針が採用された事例は、スターリングへの対応で示すことができた。斉昭が主張した三港以外の外国船の寄港に対する排撃という幕令を回避することができた。それは、この問題で斉昭が自説を強く主張しなかったからである。

一方、ハリスが駐在するときには、幕府はアメリカ条約の日米両国の解釈の相違を理解したうえで、ハリスの駐在を最終的に受け入れた。それが大きな問題にならなかったのは、すでに徳川斉昭の影響力が失われていたからである。それは、安政二年（一八五五）十月に堀田《ほった》正睦《まさよし》が老中に再任されたことと関係していた。老中阿部正弘が、二人の不和に対して出した結論は、斉昭の差し控えであった。

ここで重要なのは、この時期に老中阿部が、通信・通商が幕府の政策として祖法《そほう》に悖《もと》るものではない、と表明するようになったことである。すなわち、研究史の幕府の対外政策に対する二つの評価は、幕府の対外方針や政策、それ自体に内包されていた二つの側面なのである。ハリスが来航したときには、その二つの側面は徳川斉昭の差し控えにより解消されていたのである。

ここで二点だけ留意しておきたいことがある。

第一に、本書は、徳川斉昭が幕府の対外方針にいかなる影響を与えたのか、という点を論証することになった。徳川斉昭の対外意見については、その発言と本心に乖離がある。いわゆる「内戦外和」論である。しかし、本書は、斉昭の本心ではなく、その発言に基づいて常に論証を進めた。なぜなら、幕府の対外方針が影響を受けるのは、彼の本心ではなく、彼の発言だからである。

これに関連して、山川菊栄は『覚書　幕末の水戸藩』（岩波書店、一九九一年）の中で、「その後（地震による藤田東湖の死後）の斉昭は意地もあり虚栄心もあって攘夷の看板をはずさずに終ったが、越前春嶽《（松平慶永）》へ送った手紙には、老人の自分はこのままで通すが、貴君は若くもあり、大いに新しい情勢に順応して働けといい、開国の必然を認めている」と記している点を付け加えておきたい。

第二に、「外交関係」や「外交政策」という言葉を使わず、常に「対外関係」や「対外政策」という言葉を使うことに努めた。本書が分析の対象にした開国期における幕府の対外政策は、その条約の締結も含めて、主権が確立して対外関係が「外交権」という近代的な権限のもとに遂行される時代ではなかった。まさに、「対外政策」を通じて幕府が「中央政府的性格」を増大していくのである。この点は、遠山茂樹氏の研究に大きな示唆を受けている（「近代史概説」『岩波講座　日本歴史　一四』岩波書店、一九六二年）。

これは、「はじめに」で記した「「開国」の過程、すなわち「鎖国」の崩壊過程がなぜこれほどまでにジグザグでわかりにくい道筋をたどるのか」という問いへの回答でもある。

あとがき

近世後期から明治期にかけての北方史を研究の対象にしていた私が、『開国と条約締結』という題名で本を上梓することになったのは次のような経緯による。

北海道教育大学で佐々木馨先生に歴史学を学び、この学問に惹かれた私は、北海道大学の大学院に進学して、幕末・維新期の北方史を研究することになった。このテーマはすでに多くの研究者によって論考が発表されていた。そのような研究状況の中で新しい史料を探していた私は、北海道大学の文学部に東京大学史料編纂所が所蔵している『大日本維新史料稿本』がマイクロフィルムで所蔵されていることを知った。

現在では、『大日本維新史料稿本』は、東京大学史料編纂所のウエブ・サイトで閲覧することができるが、私が大学院で研究を始めたころは東京大学以外では容易に見ることができない史料だった。それが、進学した北海道大学文学部に所蔵されていたことは、幸運なことだった。幕末から明治期の研究をされていた永井秀夫先生・田中彰先生・井上勝生先生というこの分野の泰斗がおられる大学ならではの所蔵だった。

また、研究の方法としては指導教官だった井上勝生先生が演習で『昨夢紀事』を取り上げてくださり、史料の読解について教わるとともに幕末政治史の史料として名高いこの史料が、開国期の幕府の対外政策を分析するのにも極めて有効であることを示唆していただいた。このことが、私をこのテーマに引き寄せる契機になった。

一方で、私は、『大日本維新史料稿本』の目録である『維新史料綱要』を見ながら、自分の研究テーマとしていた北方史や日露関係に関する史料を毎日のように見ることができた。そして、本書でも利用した『豆州下田港魯西亜船』や『聿脩叢書』といった、それまであまり利用されてない貴重な史料を読むことができた。

このような史料を使って北方史や日露関係史を研究していたが、『大日本維新史料稿本』には、北方史や日露関係だけでなく日米関係や日英関係においてもこれまであまり利用されていない史料が収録されていることを理解するに至った。たとえば、本書でも利用した『豆州下田港亜米利加船』や『長崎港暎咭唎船』などである。

そこで、日米関係を中心に、「日米和親条約後の幕府外交」（『歴史学研究』七四九号、二〇〇一年一一月）と「日米和親条約締結期における幕府の対外方針について」（『歴史学研究』八一八号、二〇〇六年九月）の二本の論文を書いた。この二つの論文が本書の核になっている。

さらに、従来の研究ではあまり利用されることのなかったロシアの文書館史料を分析することができた。これは、東京大学史料編纂所の保谷徹先生の御尽力による。また、ロシア国立海軍文書館をはじめとする文書館の職員の方々が短い滞在期間の私のために、猛烈なスピードで複写などの作業をしてくださった御蔭である。

このロシア語史料の利用については、最初の留学を仲介してくださったロシア史研究者の原暉之先生の御尽力がなければ不可能なことだったと思う。この場を借りて御礼を述べさせていただきたい。

また、ロシアを中心とした海外史料と東京などでの国内調査のために日本学術振興会からは、科学研究費補助金・基盤研究B「帝政ロシアによる露領アメリカ経営と環太平洋における海洋秩序の変容について」（研究代表者　麓慎一）など、多くの科学研究費を配分していただいた。このような支援がなければこれほど多くの史料を調査することはできなかったと思う。この点にも謝意を記しておきたい。

二〇一四年二月

麓　慎　一

関係年表

西暦	和暦	将軍	事項（◎は他国の動き。〔西〕は西暦〈グレゴリウス暦〉、〔露〕はロシア暦〈ユリウス暦〉）
一七九二	寛政 四	家斉	九月三日、ロシアのラクスマンが根室に来航
一八〇三	享和 三		◎一一月二九日〔露〕、日本にロシアのレザノフが派遣される
一八〇四	文化 元		九月六日、レザノフ長崎に来航
一八〇六	文化 三		九月一一日・一八日、フヴォストフ・ダヴィドフ事件
一八〇八	文化 五		八月、フェートン号事件
一八一一	文化 八		六月、ゴローニン事件
一八一三	文化一〇		◎ロシア、ゴローニン提督開放のため日本に船を派遣
一八二五	文政 八		打払令発布
一八三一	天保 二		◎漂流した日本船がアメリカのオレゴン・コロンビア川に打ち上げられる
一八三七	天保 八		モリソン号が漂流民を送るが砲撃が加えられる（モリソン号事件）
一八三九	一〇	家慶	◎アヘン戦争（〜一八四二）
一八四二	一三		◎八月〔西〕、南京条約締結 七月、薪水給与令が出される

一八四三	一四	閏九月、阿部正弘、老中就任 ◎ロシアにて日本に向かい通商に関する条約を結ぶ訓令が発令される（後に皇帝による中止命令が出される）
一八四四	弘化　元	五月六日、徳川斉昭、将軍家慶の命により家督を世子鶴千代麻呂（慶篤）に譲る 一一月二六日、徳川斉昭、「御慎之事」は解かれる
一八四五	弘化　二	七月、老中阿部正弘と牧野忠雅、海岸防禦筋之御用（海防掛）となる
一八四六	弘化　三	ラゴダ号・ローレンス号、日本にて座礁
一八五二	嘉永　五	◎五月七日〔露〕、ロシア外務省が作成した「日本の問題について」と題する文書が特別審議会に提出される ◎八月二九日〔露〕、ロシア第一の外務省訓令が皇帝の裁可を得る 八月一七日、長崎奉行、ジャカルタ（バタビア）総督からオランダ本国からの忠告の書類受け取りを決定 九月、阿部正弘、勘定奉行・目付・西丸留守居らにジャカルタ総督の書翰を示し意見を求める。カピタン（オランダ商館長）、ドンケル・クルチウスが長崎奉行牧義制・大沢秉哲にアメリカへの対応策を提示 ◎一〇月〔西〕、アメリカ国務卿ウェブスター死去 ◎一一月五日〔西〕、国務卿代理を兼任していた陸軍卿コンラッド、海軍卿ケネディにペリー派遣に関する大統領からの指令を伝達。一三日〔西〕、ケネディ、コンラッドの指令を添付し自らペリーに指令を出す 一〇月二三日、阿部正弘、徳川斉昭を登城させ徳川家慶に拝謁させる

西暦	和暦	将軍	事項（◎は他国の動き。〔西〕は西暦〈グレゴリウス暦〉、〔露〕はロシア暦〈ユリウス暦〉）
一八五三	嘉永　六		一一月二日、島津斉彬、異母弟忠教（久光）にアメリカの使節が到来すると江戸で噂になっていることを書翰で伝える。二二日、徳川斉昭に「不時登城」指示。二三日、徳川斉昭、阿部正弘に謝意の手紙と『大日本史』と「鮮魚」を送る。 一二月一四日、水戸藩主徳川慶篤と徳川家慶の養女で有栖川宮幟仁親王の娘の幟子（線姫）が婚姻 二月二日、島津斉彬、家老島津久寶に書翰を出す ◎二月二七日〔露〕、ロシアにて追加訓令が作成される ◎四月一一日〔露〕、ロシア、露米会社にサハリン島の占領を命じる 六月三日、アメリカ合衆国東インド艦隊司令長官ペリーが浦賀沖に到着、浦賀奉行組与力中島三郎助・香山栄左衛門・近藤良次・佐々倉桐太郎、同心通詞堀達之助・立石得十郎が対応。二度対談。四日早朝、香山栄左衛門、堀達之助・立石得十郎を伴いサスケハナ号に乗船、幕府からの指示を得るため四日間の猶予を申し入れる。香山栄左衛門、浦賀奉行戸田氏栄によって、江戸駐在の浦賀奉行井戸弘道のところへ派遣され、阿部正弘に戸田の書翰を提出。浦賀奉行、月番老中牧野忠雅、江戸湾警備にあたる諸藩に警戒を呼びかける。五日夜、老中阿部正弘、前水戸藩主徳川斉昭に老中たちの協議が開始されたことを伝え対応策を示すよう書き送る。斉昭、方針は衆評で決定するしかないと返答。六日、ペリー、ミシシッピ号に江戸湾内海の測量を行わせる。夜、阿部正弘、急登城、老中・若年寄・三奉行・大目付を招集、評議。受け取りが決定。七日、香山栄左衛門、

二日後久里浜にて書翰を受け取るとアメリカに伝達。八日、井戸弘道、横浜に到着。九日、ペリー、久里浜に上陸しアメリカ大統領フィルモアの親書を提出。夕方、艦隊、浦賀から金沢沖に侵入、測量開始。これについて香山栄左衛門らが抗議。一〇日、ミシシッピ号、羽田近くまで侵入。一二日、ペリー、江戸湾出航。一三日、阿部正弘、徳川斉昭にペリー再来航に対する方策を求める。一四日、目付戸川安鎮・鵜殿長鋭・大久保信弘、徳川斉昭に幕府の政策を相談すべきであると提案。徳川斉昭の幕政への参画についての評議。阿部正弘、川路聖謨と筒井政憲を徳川斉昭へ派遣。夕方、井戸弘道、ペリーの書翰を持って登城。一五日、老中、林健（大学頭）・筒井政憲（西丸留守居）・林韑（西丸留守居）・佐藤捨造（儒者）・古賀謹一郎（増〈儒者〉）・安積重信（艮斎〈儒者〉）に書翰の翻訳を命じる。また、山路弥左衛門（諧孝〈天文方蘭書翻訳御用兼帯〉）に「横文和解」が命じられ、杉田成卿と箕作阮甫が「翻訳御用掛手伝」として山路の翻訳を手伝う。一六日、阿部正弘、徳川斉昭の登用を老中たちに提起。本郷泰固・平岡道弘、これについて将軍家慶に意向を聞く。一七日、再度徳川斉昭の登用について評議。本郷泰固と平岡道弘が将軍徳川家慶の意向を伝える。一八日、川路・筒井、再度徳川斉昭訪問。二二日、将軍徳川家慶死去。二三日、老中、評定所・大目付・目付・海防掛にアメリカ船再来時の処置を諮問。二六日、老中、アメリカからの書翰の翻訳二冊を渡し、評定所に意見を求める。二七日、溜間詰の大名、松平頼胤・松平容保・松平忠国・堀田正篤（正睦）に書翰の翻訳を渡し、意見を上申するように伝える

七月一日、諸大名に意見を上申するよう指示。二日、『別段風説書』の翻訳ができあがる。三日、徳川斉昭、「海岸防禦筋御用」に就任、幕府の対外方針の決定と発布を求め

西暦	和暦	将軍	事項（◎は他国の動き。〔西〕は西暦〈グレゴリウス暦〉、〔露〕はロシア暦〈ユリウス暦〉）
			る。八日、徳川斉昭、一〇条にわたる対外方針を老中に提起。一〇日、徳川斉昭「十条五事」と言われる海防意見（「海防愚存」）を提出し、自説を展開。一七日、ロシア使節のプチャーチンが長崎に到着、書翰を長崎奉行に提出。一九日、プチャーチンの書翰、翻訳を添えて江戸に送られる。二一日、大沢秉哲、プチャーチンに回答の猶予を求める。二四日、阿部正弘、『別段風説書』を町奉行に回覧。二六日、プチャーチン、ボストーク号をタタール海峡に向けて出航させる。二七日、プチャーチンの書翰、翻訳が開始され、老中は幕吏らに対応を評議させる。二九日、評定所（寺社奉行・町奉行・本多安英〈加賀守、勘定奉行〉）が上申する。プチャーチン、メンシコフ号を上海に向け出航させる 八月一日、勘定奉行が、書翰を受け取るように長崎奉行へ指示すべきである、と上申。二日、評議書が揃い、徳川斉昭に回覧される。斉昭、目付の意見の採用を求めるとともにオランダを介してロシアに回答するよう阿部正弘に求める。三日、老中、長崎奉行に指示。徳川斉昭、「海防愚存」と題して一三条にわたる意見書を老中に提出。四日、ロシア方針の評議に対して筒井政憲が意見書を提出。五日朝、筒井政憲の意見書が徳川斉昭に回覧される。斉昭、筒井政憲を批判する。六日、徳川斉昭、「海岸防禦筋御用」を辞任したいと老中に願い出る。七日、老中阿部正弘、ロシアの書翰受け取りを布告。八日、阿部正弘、徳川斉昭に会い「大号令」の草案作成を求める。一一日、阿部正弘の「大号令」案が徳川斉昭にわたる。一二日、徳川斉昭、戸田忠敞（銀次郎）と藤田東湖

に書翰を送り、意見を上申するか、草案を出してもよい、という考えを示す。一三日、徳川斉昭、阿部正弘の「大号令」案に対する意見書作成。一九日、長崎奉行大沢安宅（秉哲）がプチャーチンの老中宛書翰とロシア宰相ネッセルローデの老中宛書翰を受け取る。二〇日朝、長崎奉行手附馬場五郎左衛門、これらの書翰を江戸に届けるために長崎を出発。二四日、プチャーチン、八月五日付の日本側の通知に拒否を伝える。メンシコフ号が戻りクリミヤ戦争の情報をもたらす。二九日、長崎奉行、プチャーチンの拒否を江戸に伝える。三〇日、クシュンコタンにロシア兵が上陸し占拠

◎一〇月〔西〕、クリミヤ戦争勃発（〜一八五六）

九月一日、メンシコフ号再び長崎出発。一五日夜、ネッセルローデの書翰、江戸に到着。一七日、古賀謹一郎と安積艮斎に翻訳が命じられる。松前藩、樺太に一番手派遣。一八日、松前藩、二番手派遣。一九日、松前藩主松前崇広が老中にクシュンコタンが占拠されたことを知らせる。二一日、老中、翻訳を命じていた古賀謹一郎にたいして、ロシアへの「返翰」案も起草するように指示。二二日、老中、評定所（寺社奉行・町奉行・本多加賀守〈安英〉）にロシアへの対応について意見を求める。二三日、阿部正弘、長崎奉行に回答には五〇日から六〇日は要することをロシア側に伝達するように指示。二八日、牧野忠雅がクシュンコタン占拠の情報を受け取る。（是月）「大号令」案に対し、三奉行（寺社奉行・町奉行・本多加賀守〈安英〉〔評定所〕）、出すべきではないと発布に反対する

一〇月一日、松前藩一番手と出発した役人、宗谷に到着。二日、メンシコフ号、上海から長崎に戻る。五日、阿部正弘と牧野忠雅、古賀謹一郎の「返翰」案を、評定所・海防

西暦	和暦	将軍	事項（◎は他国の動き。〔西〕は西暦〈グレゴリウス暦〉、〔露〕はロシア暦〈ユリウス暦〉）
			掛・大小目付に協議するよう求める。八日、老中が川路聖謨・筒井政憲・荒尾成允・古賀謹一郎を露使応接掛に任命する。石河政平と松平近直が、それを長崎奉行水野忠徳（忠篤）・大沢秉哲に伝達。九日、松前藩一番手が宗谷に到着するが樺太に渡航できず。一一日、川路聖謨と筒井政憲、老中に評議書提出。徳川斉昭、これに批判を加え真意を確かめる質問をする。一四日、「大号令」に関し老中が幕吏たちに再評議を求める。一五日、ボストーク号、長崎に戻る。一七日、プチャーチンが近日中に艦隊を長崎から出航させることを通知する。一八日、プチャーチンが老中宛の書翰を提出。一九日、徳川斉昭、「海岸防禦筋御用」辞任を申し出る。長崎奉行、勘定奉行に早急に露使応接掛の到着を求める。二一日、将軍徳川家慶の世子家祥（家定）が本丸に移る。二三日、プチャーチン、長崎出航、上海へ向かう。その際ポシェットが長崎奉行に書翰を渡す。二四日、川路聖謨と筒井政憲、徳川斉昭の質問に回答を示す。二六日、阿部正弘が徳川斉昭に「海岸防禦筋御用」の慰留を示唆する。二九日、老中が筒井政憲と川路聖謨に対してロシアに関する指示を出す。筒井政憲・川路聖謨・古賀謹一郎・荒尾成允、将軍徳川家祥（家定）と老中らに謁見。三〇日、露使応接掛、江戸を出発して長崎に向かう
		家定	一一月一日、ペリー再来に対する幕府の方針（「大号令」）が発布される。一一日、完成したロシアへの「返翰」をもって徒目付永坂半八郎が江戸を出発。一三日、老中が松前藩から報告を受ける。一五日、長州藩主毛利慶親が長州藩士たちに「大号令」を示しアメリカとの開戦に備えて藩士に戦闘の準備を指示。二三日、徳川家定、将軍就任

一八五四	安政　元	一二月五日、プチャーチンが長崎に戻る。八日、宇和島藩主伊達宗城が、松平慶永に対し「大号令」への不満を述べる。八～一〇日、露使応接掛が到着。一四日、筒井政憲・川路聖謨とプチャーチンが面会。一八日、露使応接掛、プチャーチンに「返翰」を渡す。二〇日、露使応接掛とプチャーチン、国境と通商について協議開始。二二日、川路聖謨、プチャーチンに樺太について五〇度で折半することを提案。二三日、プチャーチン、ポシェットを通じて露使応接掛に書翰を差し出す。二四日、プチャーチン、国境問題について、来春、樺太で双方の立会のうえで取り決めること提起。二六日、プチャーチン、樺太の境界を決定するため役人が派遣されなければロシアによる植民実施を通告。二八日、筒井政憲、樺太への幕吏の派遣に際して、現地のロシア士官たちが穏健に行動するようにプチャーチンに求める。二九日、阿部正弘が「公儀人」を通じて長州藩に「大号令」に関して指示する。幕府、老中松平乗全と松平忠優を海岸防禦筋之御用（海防掛）とする。三〇日、阿部正弘が、熊本藩に長州藩と同様、指示を伝達する。プチャーチン、組頭中村為弥に条約草案を手渡す 一月二日、プチャーチン、俄羅斯和約章程提出。同日、中村為弥、プチャーチンに条約草案を差し返す。四日、筒井政憲・川路聖謨・荒尾成允・古賀謹一郎らパルラダ号を訪問。六日、プチャーチンに日本側が書翰を渡す。八日、プチャーチン、長崎出航。一二日、毛利慶親、阿部正弘に「国禁」の内容を照会。これに対し松平乗全が明確な回答を避ける。一三日、阿部正弘、毛利慶親に会い、日本側から開戦することは許さない、と念を押す。また熊本藩主細川斉護にも争端を惹起しないよう指示。一三日頃、米使応接掛井戸弘道・井戸覚弘・伊沢政義・鵜殿長鋭がアメリカへの対応策を提示し老中の指示

西暦	和暦	将軍	事項（◎は他国の動き。〔西〕は西暦〈グレゴリウス暦〉、〔露〕はロシア暦〈ユリウス暦〉）
			を求める。一四日、ペリー、相模三浦郡長井村（現横須賀市）沖に停泊。一五日、松平乗全は、林煒・井戸覚弘・鵜殿長鋭・松崎満太郎に、ペリーと応接するよう指示。一八日、林煒ら、江戸出発。一九日、徳川斉昭、阿部正弘に対し「御触」の発布を求める。二〇日、小笠原を石炭置場としてアメリカに貸し与える意向が、福山藩士石川和助から水戸藩士藤田東湖に示される。徳川斉昭、これに反対。二一日、井戸覚弘、石河政平・松平近直に、江戸から浦賀に到着したことを中島三郎助を通じてアメリカ側に伝えることを通知。阿部正弘は、徳川斉昭に書翰で対応方針を示す。二三日、徳川斉昭、「幕令私案」を作成して提出。二五日、アダムス、浦賀に上陸。二七日、アメリカ船、神奈川・生麦辺で測量を行う。事態を受け松平乗全宅で海防掛が対応策協議。二八日、老中、三奉行・大目付・目付・海防掛・江川英龍に登城指示。阿部正弘の指示によりアメリカ船に対する対応が決定。老中、徳川斉昭と溜間詰大名を登城させ江戸城の「西湖之間」でペリーへの対応を巡り激論。二九日、徳川斉昭、米使応接掛に使者を派遣。限定付交易論提起。（是月）細川斉護、長岡是容にアメリカ人への対応を指示。（是月）徳川斉昭、大廊下・大広間の大名との評議を提案、諮問案を提示 二月一日、交渉地を横浜に決定。松平近直と江川英龍、神奈川派遣、浦賀奉行本陣にて米使応接掛と協議。二日、松平近直と江川英龍、帰府し評議。三日、老中、米使応接掛林煒・井戸覚弘・伊沢政義・鵜殿長鋭、うち二名が登城するよう指示。林と井戸が江戸に向かう。四日、老中・徳川斉昭・林・井戸が対応を協議。徳川斉昭、幕府の評議に不

満を示し、「海岸防禦筋御用」辞退を申し出る。六日、徳川斉昭、阿部正弘の要請を受け登城。八日、徳川斉昭の「幕令私案」が改変され幕令として発布。九日、米使応接掛、交渉開始をアメリカ側に通知。一〇日、米使応接掛、ペリーと交渉再開。ペリー、条約草案提起。一四日、条約草案、三奉行・海防掛へ回覧。一六日まで評議。一八日、米使応接掛、「申極書」草案をアメリカ側に手交。一九日、米使応接掛、横浜応接所にて対談。応接後、井戸覚弘ら、開港場として下田港を提起、アメリカ側と見分することを石河政平・松平近直に書翰で報告。二〇日、阿部正弘から徳川斉昭に井戸覚弘の書翰回覧。徳川斉昭、井戸の罷免と下田についての発言の撤回を老中に求める。二一日、林韑と井戸覚弘、登城。対米方針について大議論。二二日、下田と箱館を開港する「御評決」となり「下知」が出される。二三日早朝、林韑と井戸覚弘、江戸を出発し神奈川に向かう。二六日、阿部正弘、辞任書類作成。アメリカと第三回応接。二七日、村垣範正、樺太調査を命じられ江戸を出発。三〇日、ペリーと四度目の会談

三月二日、松平乗全、松前藩に穏便に取り計らうように指示。三日、アメリカ条約調印。一〇日、徳川斉昭、老中に辞任を申し入れる。一二日、ペリー、下田に向かうことを米使応接掛（伊沢政義・鵜殿長鋭・松崎満太郎）に通告。一八日、徳川斉昭、水戸藩家老興津克広を通じ正式に役職を辞任する願書を提出。二一日、アメリカ艦隊、小柴沖から姿を消す。二三日、ポシェット、長崎到来

四月一日、名古屋藩主徳川慶恕、江戸参勤。老中に対面。九日、アメリカ船の退帆をうけ幕府、ペリーへの対応について布告。一〇日、阿部正弘退任を申し出る。一一日、将軍徳川家定、阿部正弘の内願を退け出勤を命ずる。徳川慶恕、再度老中に対面。一三日、

西暦	和暦	将軍	事項（◎は他国の動き。〔西〕は西暦〈グレゴリウス暦〉、〔露〕はロシア暦〈ユリウス暦〉）
			阿部正弘、徳川斉昭に辞意を書翰で示す。一四日、徳川斉昭、返書。一五日、徳川斉昭、阿部正弘に書翰を出す。マセドニアン号・バンダリア号・サザムプトン号、箱館入港。徳川慶恕、阿部正弘に面会を求める。一六日、マセドニアン号ら、箱館港沖測量開始。二一日、ペリー、箱館入港。ウィリアムズ、松前藩に米使応接掛書翰提出。二三日、松前勘解由、船上でペリーと面会。村垣範正、三厩到着。二七日、松前藩町奉行田崎与兵衛、松前から三厩に到着し、村垣範正に状況報告。三〇日、阿部正弘、水戸藩家老興津克広を通じ、徳川斉昭に必要がある場合は登城するよう申し入れる 五月六日、安間純之進と平山謙二郎、武田斐三郎らを連れ、ポーハタン号に応接のために乗船。八日、ペリー箱館出発、下田に向かう。九日、松平近直と川路聖謨、阿部正弘の指示により、徳川斉昭に面会し、再登城を依頼。一二日、ペリー、ポーハタン号・ミシシッピ号で下田到着。一三日、了仙寺において米使応接掛林煒らとペリーの交渉開始。一五日、サザムプトン号、下田到着。一六日、マセドニアン号、下田到着。一七日、徳川斉昭、江戸城に出仕。アメリカ条約閲覧。二二日、川路聖謨、水戸藩藤田東湖に書翰を送る。条約の「附録」が完成。二五日、ウィリアムズらと米使応接掛、了仙寺で「附録」交換。条約附録調印。（是月）ロシアがクシュンコタンから撤退 閏七月一五日、イギリスのスターリング、長崎入港。一七日、長崎奉行水野忠徳、スターリングが提出した書翰を添え、老中に伺いを出す。二三日、サスケハナ号、下田到着。二四日、サザムプトン号、下田到着。二六日頃、水野忠徳書翰、江戸到着。二七日、老

中牧野忠雅、松平近直・川路聖謨にスターリングが提出した書翰を持たせ、徳川斉昭へ派遣。二九日、老中、長崎奉行にスターリングへの対応を指示。ミシシッピ号、下田到着

八月六日、スターリング、抗議のため江戸に回航すると長崎奉行に通告。一三日、水野忠徳・永井尚志、スターリングと会談。一四日、スターリング、五ヵ条にわたる書翰を長崎奉行に提出。一七日、老中阿部正弘、評定所一座・林煒・大目付・海防掛・浦賀奉行・下田奉行・箱館奉行・目付に評議を指示。二三日、長崎奉行水野忠徳・目付永井尚志・スターリング、「約条」調印。二九日、スターリング、長崎出航。三〇日、プチャーチン、ディアナ号で箱館入港

九月四日、プチャーチン、箱館奉行支配調役河津三郎太郎（祐邦）・平山謙二郎と箱館上陸について話し合い。八日、プチャーチン、箱館出航、大坂天保山沖に向かう。一二日、村垣範正、調査を終え箱館出発。一三日、幕府、イギリスに長崎と箱館の二港で「薪水欠乏之品」を給与することを布告

一〇月一五日、村垣範正、江戸城出仕。プチャーチン、下田到来。一七日、老中が筒井政憲・川路聖謨・伊沢政義・松本十郎兵衛（穀実）・村垣範正・古賀謹一郎らに下田に向かうことを指示。二三〜二六日、筒井政憲らそれぞれ下田到着

一一月一日、露使応接掛らプチャーチンに挨拶。二日、露使応接掛らディアナ号に乗船。三日、福泉寺にて筒井政憲らとプチャーチン、交渉開始。四日、地震発生。下田、津波による被害。ディアナ号損傷。五日、プチャーチン、船の修理のため下田以外の場所を要求。六日、村垣範正をロシア船修復場所判断のため江戸に派遣。七日、中村為弥・ポ

西暦	和暦	将軍	事項（◎は他国の動き。〔西〕は西暦〈グレゴリウス暦〉、〔露〕はロシア暦〈ユリウス暦〉）
			シェット、交渉再開。九日、阿部正弘、村垣範正に照会する書類作成。一〇日、村垣範正登城。一一日、阿部正弘、ロシア船修復に伊豆「妻良子浦」を修復場として提供することを指示。一二日、村垣範正、阿部正弘の照会に対し回答提出。一三日、筒井政憲・川路聖謨、プチャーチンと交渉。一五日、筒井政憲・川路聖謨、勘定奉行に交渉経過を報告。一六日、中村為弥、ポシェットと交渉。ポシェット激昂。一八日早朝、松平近直に筒井政憲らの報告到着。松平近直、阿部正弘に報告。一九日、一六日の交渉内容、江戸に届く。阿部正弘、三奉行・海防掛を招集し指示を検討、村垣範正派遣。二〇日、村垣範正、江戸出発。二三日、村垣、下田到着。修復場を戸田村にすることで合意。二六日、ディアナ号下田出航、戸田に向かう 一二月二日、ディアナ号、駿河国一本松付近で難破、沈没。九日、アダムス、ポーハタン号で下田に入港。一二日、牧野忠雅、下田に林韑・井戸覚弘・鵜殿長鋭を派遣。下田奉行伊沢政義・都筑峰重、アダムスと会談。一三日、牧野忠雅、条約批准を伊沢政義・都筑峰重に委任。露使応接掛、プチャーチンと交渉再開。一六日、伊沢政義、森山栄之助らとともにポーハタン号に向かう。老中、寺社奉行・池田播磨守（頼方）・勘定奉行に評議指示。二〇日、老中、箕作阮甫・宇田川興斎に、アダムスが持参した条約文の翻訳、批准などを指示。二一日、露使応接掛、九ヵ条からなる条約締結。二三日、箕作阮甫・宇田川興斎、翻訳開始。二五日、井戸覚弘、下田到着。二六日、箕作阮甫・宇田川興斎・堀達之助、条約文読み合わせ。二七日、井戸覚弘、長楽寺にてアダムスと交渉再

一八五五　安政　二

開。三〇日、老中、海防掛・評定所一座・大小目付に評議を指示、「山吹之間」で惣評議開始
一月三日、筒井政憲・川路聖謨、江戸に戻る。四日、筒井政憲・川路聖謨、登城。村垣範正と共に、阿部正弘にロシアと交換した条約書を提出。川路聖謨、宮崎又太郎を徳川斉昭に派遣。五日、長楽寺においてアメリカ条約書交換。一二日、徳川斉昭にロシア条約回覧。一五日、徳川斉昭、牧野忠雅および阿部正弘に書翰を送る。一六日、徳川斉昭登城。露使応接掛とプチャーチンの再応接決定。一八日、老中、川路聖謨・水野忠徳・岩瀬忠震を下田派遣、ロシアとの再交渉を指示
二月九日、カロラインフート号、乗組員を下田玉泉寺に残し出港。戸田に向かう。一二日、川路聖謨ら、江戸出発。一八日、川路聖謨ら、下田到着。二三日、川路聖謨ら、下田出発。二四日、川路聖謨・水野忠徳・岩瀬忠震、戸田の大行寺にてプチャーチンと会談。二五日、ロシア人士官ら、アメリカ船で戸田村出発。二六日、川路聖謨ら、プチャーチンと対談。二七日、ヤングアメリカ号、下田入港。二八日、川路ら、書面の案文を作成、プチャーチンに渡す。森山多吉郎（普請役）と藤田栄次郎（目付）をプチャーチンに派遣。三〇日、プチャーチン、返翰を提出
三月二一日、下田玉泉寺にてリードとの会談。二七日、ヴィンセンズ号・ハンコック号、下田に来航。二九日、ロジャース、日本沿岸の測量許可を要求
四月一三日、ロジャース、下田出港。一四日、老中久世広周、評定所一座・海防掛・大小目付に測量問題を評議するように指示。カロラインフート号、戸田来航。一六日、ハンコック号、下田出港。一七日、カロラインフート号、下田回航。二一日、カロライン

西暦	和暦	将軍	事項（◎は他国の動き。〔西〕は西暦〈グレゴリウス暦〉、〔露〕はロシア暦〈ユリウス暦〉）
			フート号、玉泉寺滞在のアメリカ人を乗せ退去。二三日、ロジャース、箱館入港。書翰提出 五月六日、徳川斉昭、登城し老中に「未来考」と題する書類を手渡す。また領事駐在交渉について問い質す。一五日、ロジャースの沿岸測量許可要求を評議。大議論となる。一七日、阿部正弘、箱館奉行からロジャース書翰について進達をうける。一九日、老中、評定所一座・米使応接掛・海防掛、長崎・浦賀・下田・箱館の各奉行に領事駐在問題について評議を命じる。二一日、阿部正弘、評定所一座・海防掛・応接掛にアメリカ人上陸止宿問題の評議を指示。二二日、評議を指示された幕吏たち、評議不可能を阿部正弘に申し立て。二十五日、米使応接掛、アメリカ条約第四条と第五条の解釈を具体的に提示 六月二日、評定所・海防掛・大小目付・長崎奉行・下田奉行・浦賀奉行、老中にアメリカ人上陸止宿について意見を上申。三日、老中阿部正弘、二日の評議書を斉昭に回覧。一六日、領事駐在問題に関し評議開始。三〇日、徳川斉昭、阿部正弘に幕閣改造を求める 八月四日、松平乗全・松平忠優、老中罷免。一三日、老中、「下田三箇条」への対応を決定し下田奉行に提示。一万石以上の諸大名に測量問題に関して申渡。一四日、徳川斉昭、「御政務御相談」を命じられて、隔日登城する。二三日、熊本藩江戸留守居吉田平之助、浦賀奉行松平信武に派遣され、一三日の幕令の意図を確認する。二四日、熊本藩

			留守居福田源兵衛、幕府奥右筆組頭に派遣され、一三日の幕令の意図を再確認。二五日、熊本藩在府重臣、国元家老に報告 一〇月九日、堀田正睦、老中に再任、首座に任じられる 一二月一一日、老中阿部正弘、島津斉彬と対談。一六日、越前藩主松平慶永、薩摩藩主島津斉彬と会談
一八五六	安政　三		七月二一日、ハリスを乗せたサン・ジアシント号、下田入港。斎藤源之丞・金子銕太郎・名村常之助・立石得十郎らが会見。二二日、下田奉行岡田忠養、アメリカの軍艦到来と書翰提出などを老中に伝達。二五日、老中久世広周、書翰を評定所・海防掛・林韑・伊沢政義・浦賀奉行・箱館奉行・長崎奉行に回覧。在府下田奉行井上清直に下田へ向かうよう指示。岡田忠養、ハリスと下田奉行所で会談。二六日、井上清直、下田に出発。若菜三男三郎ら、ハリスと対談、領事駐在について拒否。二七日、老中、下田奉行にハリスから提出された書翰を差し戻すよう指示。二八日、若菜三男三郎、ハリスと対談、玉泉寺への滞在を要求 八月二日、井上清直、下田到着。三日、井上清直、ハリスに玉泉寺への滞在を要求。九日、岡田忠養・井上清直、松平近直・川路聖謨・水野忠徳に書翰提出。一七日、老中久世広周、ハリスについて評定所一座・海防掛・大小目付・浦賀奉行・箱館奉行に評議を指示。二四日、ハリスについての評議を受け、老中、松平近直・川路聖謨・水野忠徳を通じ、井上清直・岡田忠養に指示。徳川斉昭に書翰を送る 一〇月二日、玉泉寺にて井上清直・岡田忠養とハリス会談
一八五八	安政　五	家茂	六月中旬、アメリカ人居留開始

利用史料

（1）頻出史料

本書では、東京大学史料編纂所の『大日本維新史料稿本』と『大日本維新史料』をできるだけ利用することを心掛けた。この二つの史料については、次の規則に従って注を付した。さらに、従来の研究が依拠してきた『水戸藩史料』に多くが採録されている『徳川圀順家文書』を利用した。

1 『大日本維新史料稿本』に所収されている史料については史料名を記した後に、カッコ〈 〉の中に「冊数」と「丁数」を記す。たとえば『豆州下田港魯西亜船』〈九八―二一二〉は、『大日本維新史料稿本』九八冊の二一二丁目に所収された『豆州下田港魯西亜船』を意味する。

2 『大日本維新史料』は、カッコ（ ）の中に「編」と「冊数」と「頁数」を記す。たとえば（二―一―四一二）は、『大日本維新史料』第二編・第一冊・四一二頁を意味する。

3 『徳川圀順家文書』は東京大学史料編纂所の写真帖を閲覧した。『徳川圀順家文書』には『聿脩叢書』『国事記』『豆州下田港亜米利加船』『海防雑記』など、本書が依拠した多くの史料が所収されているが、その中で『大日本維新史料稿本』に収録されているものは、既述のように東京大学史料編纂所のウェブ・サイトで閲覧できるため、できるだけそこから引用した。『大日本維新史料稿本』に収録されていないと推定されたものは、カッコ［ ］の中に冊数と丁数を付した。たとえば『聿脩叢書』［二―一四］は、『徳川圀順家文書』写真帖の第二巻の一四丁目を意味する。

(2) 利用史料

1 『照国公文書』は、①『照国公文書』(島津家臨時編輯所発行)と、②『大日本維新史料稿本』を利用した。①については「冊数」と「丁数」を記し、②についてはカッコ〈 〉の中に「冊数」と「丁数」を記した。

2 『新伊勢物語』は、①『茨城県史料　幕末編I』と、②『大日本維新史料稿本』を利用した。①については頁数を記し、②については、カッコ〈 〉の中に「冊数」と「丁数」を記した。

3 『米使日本航海日誌』は、後掲の『ペルリ提督日本遠征記』と原史料は同一である。

4 『ペルリ提督日本遠征記』は、土屋喬雄・玉城肇訳による岩波文庫版を利用し、「冊数」と「頁数」を記した。

5 『村垣淡路守範正公務日記』は、『大日本古文書　幕末外国関係文書附録』に所収されている復刻版を利用した。注記には月日を記した。

6 『水戸藩史料』は、①『水戸藩史料　上編乾』(大正四年に吉川弘文館から刊行)と、②『大日本維新史料稿本』を利用した。①については「頁数」を記し、②については、カッコ〈 〉の中に「冊数」と「丁数」を記した。

7 『大日本古文書　幕末外国関係文書』は、①『大日本古文書　幕末外国関係文書』(東京帝国大学文学部史料編纂掛編纂〈東京帝国大学蔵版〉)と、②『大日本維新史料稿本』を利用した。①については、「冊数」と「文書番号」を記し、②についてはカッコ〈 〉の中に「冊数」と「丁数」を記した。

8 『昨夢紀事』は、①日本史籍協会叢書(東京大学出版会)と、②『大日本維新史料稿本』を利用した。①については「冊数」と「頁数」を記し、②についてはカッコ〈 〉の中に「冊数」と「丁数」を記した。

9 『(改訂)肥後藩国事史料』は、①細川家編纂所版(国書刊行会)と、②『大日本維新史料稿本』を利用した。①については「冊数」と「頁数」を記し、②についてはカッコ〈 〉の中に「冊数」と「丁数」を記した。

（3）外国語の史料

1　アメリカ合衆国関係

アメリカ側の史料については、ペリーの報告書などを中心に利用した。『維新史料綱要』に Correspondence relative to the naval expedition to Japan. と表記され、『大日本維新史料稿本』に収録されている。

2　イギリス関係

イギリス側の史料について以下のイギリス議会文書を利用した。

Correspondence respecting the late negotiation with Japan. Session: 1856. Paper Numver: 2077.

3　ロシア関係

①『日本と中国への我々の艦隊の航行に関する侍従武官長プチャーチン伯爵の上奏報文―一八五二年～一八五五年―』〔『海軍収録』〈Морской Сборник〉一八五六年 NO10〕は、『上奏報文』と略記する。

② РГАВМФ はロシア国立海軍文書館（Российский государственный архив Военно-Морского Флота）の略である。この文書館の日本関係目録が二〇一〇年に出版されている（『ロシア国立海軍文書館所蔵日本関係史料解説目録』〔ロシア連邦公文書局・ロシア国立海軍文書館・東京大学史料編纂所〈ヒペリオン〉〕История Японии в документах Российского государственного архива Военно-Морского Флота（XVIII—начало XX вв./Федеральное архивное агентство, Российский государственный архив Военно-Морского Флота, Историографический институт Токийского университета.—СПб.: Гиперион; Токио, 2011.—368c.)。

参考文献

青山忠正『明治新の言語と史料』清文堂出版　二〇〇六年

青山忠正『明治維新』〈日本近世の歴史6〉吉川弘文館　二〇一二年

秋月俊幸『日露関係とサハリン島』筑摩書房　一九九四年

荒野泰典『近世日本と東アジア』東京大学出版会　一九八八年

石井　孝『日本開国史』吉川弘文館　一九七二年

石井　孝『幕末の外交』三一書房　一九四八年

井上　勲「徳川斉昭　海防の幕政参与に就任」（『日本歴史』六一六）　一九九九年

井上勝生『開国と幕末変革』講談社　二〇〇二年

井上勝生『幕末・維新』〈岩波新書〉岩波書店　二〇〇六年

井野辺茂雄『維新前史の研究』中文館書店　一九三五年

鵜飼政志「ペリー来航と内外の政治状況」（『講座明治維新　2』）有志社　二〇一一年

大久保利謙「開国と幕末政治」（『日本歴史大系4』）山川出版社　一九八七年

小野正雄「開国」（『岩波講座　日本歴史　一三』）岩波書店　一九七七年

加藤祐三『黒船前後の世界』岩波書店　一九八五年

加藤祐三『黒船異変』岩波書店　一九八八年

上白石　実「安政改革期における外交機構」（『日本歴史』五三七）　一九九三年

後藤敦史「海防掛の制度に関する基礎的研究」(『日本歴史』七三二)　南窓社　二〇〇九年
信夫清三郎『日本政治史Ⅰ』　小学館　一九七六年
芝原拓自『日本の歴史　開国』　一九七五年
田原嗣郎「将軍継嗣問題の法理」(『日本歴史』四五一)　一九八五年
田保橋潔『増訂　近代日本外国関係史』　刀江書院　一九四三年
遠山茂樹「開国──大政奉還」(『明治維新史研究講座　3』)　平凡社　一九五八年
遠山茂樹「幕末外交と祖法観念」(『専修史学』一六)　一九八四年
遠山茂樹『明治維新』〈岩波全書〉　岩波書店　一九七二年
羽賀祥二「和親条約期の幕府外交について」(『歴史学研究』四八二)　一九八〇年
平川新『開国への道』〈全集日本の歴史12〉　小学館　二〇〇八年
藤田覚『近世後期政治史と対外関係』　東京大学出版会　二〇〇五年
三谷博『明治維新とナショナリズム』　山川出版社　一九九七年
三谷博『ペリー来航』〈日本歴史叢書〉　吉川弘文館　二〇〇三年
森屋嘉美「阿部政権論」(『講座日本近世史　7』)　有斐閣　一九八五年
山口宗之『ペリー来航前後』　ぺりかん社　一九八八年
横山伊徳「幕末対外関係史の前提について」(『人民の歴史学』一六九)　二〇〇六年
横山伊徳『開国前後の世界』〈日本近世の歴史5〉　吉川弘文館　二〇一三年
和田春樹『開国』　日本放送出版協会　一九九一年

索　　引

一般事項

あ　行

か　行

さ　行

た　行

な　行

は 行

ま 行

や 行

ら 行

人　　名

あ　行

か　行

さ　行

た　行

な　行

は　行

ま　行

や　行

ら・わ行

著者略歴

一九六四年　札幌市生まれ
一九九四年　北海道大学大学院文学研究科日本史学専攻博士課程単位取得退学
現在、新潟大学人文社会・教育科学系（教育学部）教授、博士（文学）

〔主要著書〕
『近代日本とアイヌ社会』（山川出版社、二〇〇二年）

日本歴史叢書　新装版

開国と条約締結

二〇一四年（平成二十六）五月一日　第一版第一刷発行

著者　麓《ふもと》　慎《しん》一《いち》

編集者　日本歴史学会
代表者　笹山晴生

発行者　前田求恭

発行所　株式会社　吉川弘文館
東京都文京区本郷七丁目二番八号
郵便番号一一三—〇〇三三
電話〇三—三八一三—九一五一〈代表〉
振替口座〇〇一〇〇—五—二四四
http://www.yoshikawa-k.co.jp/

印刷＝株式会社 精興社
製本＝誠製本株式会社
装幀＝清水良洋・宮崎萌美

『日本歴史叢書』（新装版）刊行の辞

歴史学の研究は日に日に進み、新しい見解の提出や新史料の発見も稀ではない。そうした日本歴史研究の発展の中で、ある事件、ある問題、ある人物などについて、まとまった知識を得ようとすることは、歴史研究者と自認する人でも容易ではない。まして多くの方がたにとって、現在の日本歴史研究の成果を身近のものとすることは困難なことである。

日本歴史学会では、それぞれの研究に基づく正確な歴史知識の普及発達を計るために、『人物叢書』と『日本歴史叢書』の刊行を進めてきた。その目的達成のためには、それぞれの題目について最も権威ある執筆者を得ることが第一の要件であったが、幸いにすぐれた執筆者を得ることができて、学界に於ても高く評価され、多くの方に読者になって頂いた。

『日本歴史叢書』は四九冊に達したが、既に品切れになったものも多く、求められる方の希望に添えないことも稀ではなくなった。そこで、今回既刊本の体裁を一新し、定期的に配本できるようにして、読書界の要望に応えるようにした。なお、未刊の書目についても、鋭意刊行を進める方針であり、その体裁も新形式をとることとした。これによって正確な歴史知識の普及という当初の目的に添うことができれば幸いである。

平成六年八月

日本歴史学会

代表者 児玉幸多

著者略歴

1964年　札幌市生まれ
1994年　北海道大学大学院文学研究科日本史学専攻博士課程単位取得退学
現在、佛教大学教授、博士（文学）

〔主要著書〕

『近代日本とアイヌ社会』（山川出版社、2002年）

〈オンデマンド版〉
開国と条約締結

日本歴史叢書　新装版

2022年（令和4）4月1日　発行

著　者　麓《ふもと》　慎《しん》一《いち》

編集者　日本歴史学会
代表者　藤田　覚

発行者　吉川道郎

発行所　株式会社　吉川弘文館
〒113-0033　東京都文京区本郷7丁目2番8号
TEL　03-3813-9151〈代表〉
URL　http://www.yoshikawa-k.co.jp/

印刷・製本　大日本印刷株式会社

装　幀　清水良洋・宮崎萌美

麓　慎一（1964～）

ISBN978-4-642-76669-2